MARIO R. ARGUETA

RAMÓN VILLEDA MORALES

LUCES Y SOMBRAS DE UNA PRIMAVERA POLÍTICA

TEGUCIGALPA, HONDURAS, ENERO DE 2024

INDICE

NOTA DEL EDITOR

"Pajarito". Así, con visible orgullo, se referían los liberales de antes al doctor Ramón Villeda Morales. Eran los tiempos en los que la marea roja-blanca-roja inundaba las calles de las ciudades y pueblos del país. El partido de las milicias eternamente jóvenes…

¿Cómo era en realidad ese carismático líder de anteojos de marcos gruesos, de poco pelo y bigotito bien cuidado?

¿Un comunista? ¿Un megalómano? ¿Un oportunista? Esta investigación de Mario Argueta, uno de los historiadores más influyentes de las últimas décadas, nos da luces sobre el hombre al que le tocó la durísima tarea de resucitar al liberalismo después de los oscuros años de la dictadura de Tiburcio Carías Andino.

"Admirado por unos y adversado por otros, despertó lealtades y esperanzas, pero también rencores y antagonismos entre sus compatriotas", señala Argueta en la introducción de esta obra.

El autor destaca en Villeda Morales, estas cualidades: la simpatía personal, facilidad de oratoria, talento y visión política, sensibilidad social, sentido de flexibilidad y de realismo.

Pero…

"También tenía defectos como la vanidad, la ambición y su tendencia a la manipulación", agrega.

En su administración —continúa diciendo el historiador— impulsó las leyes de: Código del Trabajo, Reforma Agraria, Seguro Social, Fomento Industrial y la de Emisión del Pensamiento.

"La institucionalidad del Estado se amplió con la creación de la Junta Nacional de Bienestar Social, del Patronato Nacional de la Infancia, Banco Municipal Autónomo, Instituto Técnico Vocacional, la Escuela de Artes Industriales y el Hospital Materno-Infantil", expone Argueta.

Paradójicamente, durante el gobierno de Villeda Morales las Fuerzas Armadas se fortalecieron y alcanzaron tal fuerza que le dieron golpe de Estado, reviviendo aquello de "cría cuervos y te sacarán los ojos"…

Argueta, al hacer un recuento de los hechos que ensombrecieron la administración de Villeda Morales, señala: "El fusilamiento de civiles desarmados en Los Laureles, en 1961, acusados de conspirar contra el régimen, lo que causó justificada indignación y repudio; la ejecución sumaria de prisioneros nicaragüenses por parte del ejército hondureño en El Chaparral (1959), así como la ejecución, también sumaria, de los jóvenes Carlos Oquelí y Enrique Vargas en el Primer Batallón de Infantería".

Además de su capacidad investigativa, Mario Argueta da muestras de su habilidad de narrador y nos lleva, como si se tratara de una película, por un viaje que inicia en 1948 y concluye en con el violento golpe de Estado de 1963.

Precisamente, otro logro de este libro es el recuento de ese golpe militar encabezado por el general Oswaldo López Arellano. Las Fuerzas Armadas llegaron al poder dejando atrás a un gran número de asesinados.

Para Colección Erandique es una alegría publicar Ramón Villeda Morales, luces y sombras de una primavera política, que se suma a Tres caudillos, tres destinos y Tiburcio Carías, anatomía de una época, escritos por nuestro querido amigo, consejero y maestro, don MARIO ARGUETA.

Óscar Flores López

INTRODUCCIÓN

El doctor José Ramón Adolfo Villeda Morales nació en Ocotepeque el 26 de noviembre de 1908 y murió el 8 de octubre de 1971 en Nueva York, cuando se desempeñaba como presidente de la Misión Permanente de Honduras ante la Organización de las Naciones Unidas (ONU). Sus padres fueron José María Villeda Chávez y Dolores Morales Corleto.

El punto de partida de este libro es 1948, el año en que Villeda Morales inició su carrera política; luego se explican las accidentadas circunstancias de su ascenso a la Presidencia de la República en 1957, el surgimiento y consolidación del poder militar, y las complejas condiciones sociales, económicas y políticas que enfrentó durante su gestión. También se analizan las reformas sociales que impulsó, especialmente en materia agraria y laboral, así como las relaciones entre el Estado hondureño con el movimiento obrero y campesino durante su período. El libro termina con el golpe de Estado de 1963, por el cual las Fuerzas Armadas, en alianza con los sectores políticos más conservadores, interrumpieron el proceso democratizador que tenía lugar en Honduras.

Aunque esta no es una biografía de Ramón Villeda Morales, en estos trece capítulos y las conclusiones queda claro que fue una figura histórica destacada, que dejó la impronta de su personalidad entre sus contemporáneos y más allá de su existencia. Admirado por unos y adversado por otros, despertó lealtades y esperanzas, pero también rencores y antagonismos entre sus compatriotas.

Dotado de cualidades como la simpatía personal, facilidad oratoria, talento y visión política, sensibilidad social, sentido de flexibilidad y de realismo, pero también de defectos como la vanidad, ambición y tendencia a la manipulación, le tocó actuar en política en el espacio temporal de la posguerra, época caracterizada por la inconformidad de los pueblos con el status; estos, en consonancia con la victoria de los aliados sobre el totalitarismo y el militarismo, aspiraban a la democratización de sus sistemas políticos, al bienestar económico, a la paz, a la dignidad y a la igualdad entre las naciones. Y Villeda Morales supo captar el espíritu de los tiempos: se percató de que, a partir de 1954, con la irrupción de la clase obrera y las capas medias, se iniciaba en la historia nacional una nueva época, en la cual el autoritarismo debía ceder paso al diálogo y la negociación, tanto con la ciudadanía como con los poderes fácticos. Esa visión fue compartida por varios de sus más cercanos colaboradores, con quienes formó un equipo capaz de reorganizar y vigorizar al Partido Liberal, tras décadas de persecución y hostigamiento, especialmente de 1933 a 1948, cuando los destinos del país estuvieron regidos por el cariato.

Así, su trayectoria por el Partido Liberal significó una renovación ideológica —la llamada "izquierda democrática"— y un relevo generacional. Una vez que llegó a la Presidencia de la República, impulsó reformas que significaron la continuidad y la ampliación de las implementadas por Juan Manuel Gálvez y Julio Lozano Díaz entre 1949 y 1956. Para implementar su plan de gobierno contó con el respaldo inicial de amplios sectores sociales, desde capitalistas a proletarios, pero también encontró resistencias, unas expresadas abiertamente, otras encubiertamente, que buscaron neutralizar o, cuando menos diluir los alcances de las innovaciones. Sectores civiles y militares forjaron alianzas contrarreformistas que llegaron incluso a la rebelión armada y la conspiración; a ello deben agregarse las intrigas y maniobras de carácter personalista dentro de su partido, amén de las presiones diplomáticas y económicas aplicadas por Estados Unidos y las multinacionales bananeras, alarmadas por lo que veían como una radicalización del proceso reformista que afectaría sus inversiones en Honduras.

Washington empleó simultáneamente el garrote y la zanahoria. La Alianza para el Progreso, por ejemplo, sirvió para controlar -dentro de los límites permitidos por la Guerra Fría el experimento democratizador que tenía lugar en una de las naciones más pobres de América Latina y, simultáneamente, para presionar para que se reprimiera a los grupos de la izquierda local. Sin embargo, ese ensayo fue truncado de manera cruenta por el golpe de Estado que las Fuerzas Armadas, en alianza con civiles de derecha, perpetraron el 3 de octubre de 1963; y con éste implementaron, de nueva cuenta, la violencia oficial, el acoso y el exilio.

Villeda Morales y el villedismo no fueron borrados de la

conciencia colectiva. Por ello, se necesita contar con estudios que busquen investigar e interpretar, sin caer en la idealización ni en el vilipendio —extremos que en nada contribuyen a la comprensión de esta figura histórica—, al personaje y su época. Desde esa perspectiva, con este libro, aspiro contribuir al estudio del hombre, su tiempo y sus circunstancias. Será el lector quien valore este esfuerzo de síntesis. El autor, y solo él, es el responsable por los juicios aquí emitidos.

Nuevamente debo agradecer al Programa Fulbright por haberme otorgado una beca de investigación en la segunda mitad del año 2004, que hizo posible consultar la abundante documentación existente en los archivos nacionales de Estados Unidos, situados en Washington y Maryland.

También va mi gratitud para el personal de esas instituciones, por sus oportunas orientaciones y auxilios, al igual que para las y los bibliotecarios de la Colección Hondureña del Sistema Bibliotecario de la Universidad Nacional Autónoma de Honduras, por su permanente apoyo en la localización de información.

Mi reconocimiento para la secretaria ejecutiva Ana Julia Cerrato de Castro y la Lic. Lorena Castro, por el esmero y la paciencia que demostraron en la transcripción del manuscrito de este libro.

MARIO ARGUETA

CAPÍTULO I
EL SURGIMIENTO POLÍTICO

1948 puede considerarse como el año en que Ramón Villeda Morales inició su meteórica carrera política que, en poco tiempo, lo condujo del hostigamiento y la deportación, al poder y a la gloria.

Desde 1932, el Partido Liberal estaba excluido del juego político; al perder las elecciones presidenciales de ese año, quedó sujeto a una creciente persecución que obligó, tanto a la dirigencia como a las bases, a llamarse al silencio, a emigrar, o a languidecer en las cárceles del cariato.

Durante esos dieciséis años, el líder indiscutido del liberalismo fue José Ángel Zúñiga Huete quien, desde su exilio en México, intentó, sin éxito, provocar el derrocamiento del régimen del general Carías. Pero, su estilo autoritario y confrontativo militó en contra de una posible convergencia con otros grupos opositores, al punto que un sector de sus correligionarios empezó a cuestionar sus métodos excluyentes e ineficaces, que conducían al divisionismo antes que la necesaria unidad.

Cuando Carías decidió no continuar en la presidencia, y entregar el poder a la persona que expresamente escogió para que lo sucediera esto es, su ministro de Guerra Juan Manuel Gálvez, convocó a elecciones para finales de 1948, y permitió el retorno de Zúñiga Huete.

Tras el retorno del llamado "León del Liberalismo", grupos de liberales opuestos al control de Zúñiga Huete sobre el Partido Liberal, y descontentos ante el hecho de que, nuevamente, al igual que en 1932, fuese el candidato presidencial, presionaron para reemplazarlo, bien por Abraham Bueso Pineda, empresario radicado en San Pedro Sula, o por Ramón Villeda Morales, médico establecido en Tegucigalpa, que ya destacaba en las filas del liberalismo.

El 4 de julio de 1948, Villeda Morales integró en su calidad de presidente del Consejo Supremo del Partido Liberal, una delegación que visitó al embajador de Estados Unidos en Honduras, Herbert S. Bursley. También fueron parte de la delegación Héctor Valenzuela,

Antonio R. Reina y Ernesto Argueta, quienes expusieron los abusos del gobierno en contra de la oposición, y entregaron al diplomático una copia del folleto intitulado "Panorama Político de Honduras: dado el clima político de opresión que domina en el país, ¿estará capacitado el poder público —que se ha erigido en juez y parte a la vez— para garantizar el libre ejercicio del sufragio?". Nuevamente, el 9 de septiembre de 1948, Villeda Morales visitó la embajada, acompañado de Federico Smith. Antonio R. Reina, Héctor Valenzuela y Ernesto Argueta. En esa fecha ya circulaban rumores relativos a que los liberales se retirarían del proceso electoral. La representación diplomática estadounidense evaluaba en los siguientes términos la campaña proselitista de los liberales:

"...su organización es pobre; la mayor parte de la campaña ha sido llevada a cabo de manera ineficaz; si bien una parte de los hondureños más viejos, especialmente de las clases humildes, recuerda a Zúñiga Huete como símbolo de la oposición, él es más bien impopular. El país ha tenido un grado suficiente de prosperidad bajo el régimen de Carías para el desarrollo de una pequeña burguesía renuente a contemplar el establecimiento de un régimen que, a pesar de las protestas de algunos líderes de la oposición, mucho temen que se movería más hacia la izquierda de lo que la opinión pública está preparada a aceptar"[1].

En la sesión del 12 de septiembre de 1948 del Consejo Supremo del Partido Liberal, Villeda Morales se opuso a la iniciativa de Zúñiga Huete, en el sentido de que se le enviara una nota al presidente Carías para proponerle que los dos candidatos a la presidencia —Zúñiga Huete y Gálvez, al igual que sus compañeros de fórmula a la vicepresidencia—, se retiraran de la contienda a favor de un candidato de conciliación. La oposición del joven médico se fundamentaba en que tal propuesta sería vista como una señal de debilidad que desanimaría al 90% del electorado preparado para votar a favor de los liberales; también argumentó que no se estaba tomando en cuenta la mentalidad del gobernante, quien no deseaba saber nada de conciliación nacional. Por ello, presentó una

---

[1] Bursley al Departamento de Estado, despacho 201, 815.00/9-1548, 15 de septiembre 1948.

contrapropuesta: que el 15 de septiembre se emitiera un manifiesto exigiendo que Carías renunciara al poder, como condición para que el Partido Liberal participara en las elecciones. Si Carías no estaba dispuesto, se emitiría otro manifiesto el 20 del mismo mes, ordenando a los liberales abstenerse de participar en los comicios[2].

En los últimos meses de la campaña electoral, ya era visible que grupos inconformes con el control y el estilo de Zúñiga Huete presionaban para reemplazar su candidatura por la del empresario Abraham Bueso Pineda o por la de Villeda Morales. El primero tenía 55 años de edad, y el segundo contaba con 40 años. Pero estos hombres representaban algo más que dos diferentes generaciones de hondureños de elite. Bueso Pineda sostenía, en la década de 1950, cercanas relaciones con las compañías bananeras en San Pedro Sula: éste pertenecía a la generación de Carías y Gálvez, caudillos cuya fortuna política se había originado desde la década de 1920, en gran medida, gracias a sus conexiones con las empresas fruteras.

Villeda Morales, en cambio, ingresó a la Universidad, en Tegucigalpa, a finales de la década de 1920. En 1934 se graduó de doctor en Medicina con una tesis sobre la relación entre los problemas sociales y las enfermedades venéreas. Hizo estudios de posgrado en Hamburgo, entre 1938 y 1939, y en 1940 abrió una clínica en Tegucigalpa. Pronto se unió al Club Rotario, y se convirtió en uno de sus miembros más activos. A mediados de la década de 1940 ya era un comentador social reconocido en la revista Honduras Rotaria.

En esa misma época, ya se perfilaba como un reformador de la pequeña burguesía urbana con un estilo propio que, finalmente, a mediados del decenio de 1950, fue apoyado en Estados Unidos por liberales anticomunistas muy bien ubicados como Adolf A. Berle, quien después sería asesor político de la Administración Kennedy[3].

---

[2] 815.00/10-1148, 11 de octubre 1948.

[3] Darío Euraque. El capitalismo de San Pedro Sula y la historia política hondureña (1870-1972). Tegucigalpa, Guaymuras, 1977, pp. 125-126. Ya en 1946 el embajador estadounidense calificaba a Villeda Morales como un «prominente y bien vinculado médico de Tegucigalpa, quien se opone al gobierno de Carías». Erwin al Departamento de Estado, 815.00/2-446, 4 febrero 1946.

EL DECLIVE DE LA "VIEJA GUARDIA"

La orden de último minuto impartida por Zúñiga Huete a sus correligionarios, en el sentido de que no concurrieran a las urnas y se alzaran en armas para derrocar el régimen de Carias, no impidió que se realizaran las elecciones, en las que sólo participó el candidato oficial. Pero, además, provocó un desenlace trágico: la muerte violenta del general Mariano Bertrand Anduray, a quien le prometieron combatientes y armas para encabezar una insurrección que nunca contó con planificación previa ni con respaldo popular. Este fracaso político no le dejó a Zúñiga Huete más alternativa que retornar al exilio, a México, donde falleció en 1953.

La muerte de "Chángel" significó el principio del ocaso de la llamada "vieja guardia del liberalismo", representada por personalidades como Vicente Mejía Colindres, Santiago Meza Calix, Rafael Medina Raudales, Antonio Castillo Vega, Pompilio y Marcial Aguiluz, Céleo Dávila, Félix Canales Salazar, Roque J. Rivera y Ángel Sevilla, entre otros; y, con ello, su reemplazo generacional por jóvenes que reclamaban ser escuchados, así como ocupar puestos directivos dentro del partido.

Villeda Morales comprendió que la coyuntura le era auspiciosa para ir consolidando su liderazgo, lo que fue favorecido por la gradual distensión que propició el nuevo presidente de la República, Juan Manuel Gálvez, quien autorizó el retorno de varios emigrados que habían abandonado el país ante la persecución desatada por el régimen de los últimos dieciséis años. Un investigador de la historia nacional afirma que nadie dudaba que, una vez desaparecido el licenciado Zúñiga Huete, el papel de abanderado del Partido Liberal pasaría al Dr. Ramón Villeda Morales, a la sazón presidente del Consejo Supremo del partido.

El Dr. Villeda Morales no había figurado como el implacable organizador de un movimiento de resistencia a la dictadura de los dieciséis años. Nunca existió tal movimiento en Honduras ni tal empresa se avenía con el temperamento del Dr. Villeda Morales... Tampoco era conocido como un mártir que hubiera sufrido cárcel, persecución o exilio...

La verdadera razón por la que el Dr. Villeda Morales llegó al puesto más encumbrado del Partido Liberal fue el prestigio de su posición social y el hecho de que no había en el Partido un hombre con la ambición y con las prendas personales que él relucía...[4]

EL PERIODO DE LA REORGANIZACIÓN Y RENOVACIÓN (1949-1953)

El clima de distensión política hizo posible la difícil y lenta tarea de reorganizar el Partido Liberal, de cara a las elecciones que se realizarían a finales de 1954. El Consejo Supremo del Partido Liberal llamaba a sus militantes a la reorganización de los consejos locales y departamentales, como paso previo para emprender actividades opositoras. La primera prueba fueron las elecciones municipales de 1950, en las que votaron 100.682 ciudadanos, con el siguiente resultado: Partido Nacional 77.593 votos; Partido Liberal 8.104 votos. Según la embajada de los EUA, "el Partido Liberal no tuvo éxito, sin duda, al menos en parte, por el obstruccionismo del que se ha quejados"[5].

Un año después, también a escala municipal, los liberales obtuvieron un mayor número de sufragios: 18.486, en tanto que el Partido Nacional recibió 72.198. La oposición acusó de fraude e intimidación al gobierno, señalando que el presidente Gálvez era prisionero del cariísmo, "y sus aspiraciones democráticas son frustradas por las órdenes de Carías a sus caciques"[6]. A la vez que señalaba la comisión de dolo en la administración de las elecciones, reconocía que "el Gobierno hizo intentos sinceros por garantizar la libertad de sufragio".

Tierra adentro, las autoridades locales, en ocasiones, interferían con la labor organizativa y propagandística liberal. Para el caso, el Consejo Supremo elevó queja al ministro de Gobernación, Julio Lozano, en el sentido de que el gobernador político del

---

[4] Carlos A. Contreras, Entre el marasmo: análisis de la crisis del Partido Liberal de Honduras, 1933-1970. Tegucigalpa, 1970, pp. 69-70

[5] Blankinship al Departamento de Estado, 715.00 (W)/12-550, 5 de diciembre 1950.

[6] Erwin al Departamento de Estado, 715.00 (W), 11-2951, 29 de noviembre 1951.

departamento de Atlántida había prohibido una reunión de sus correligionarios en La Ceiba, cuyo propósito era reorganizar el partido en esa cabecera departamental[7].

La izquierda, por su parte, criticaba y cuestionaba a los liberales. Así, el Partido Democrático Revolucionario Hondureño (PDRH) —fundado en 1948 como una fusión del Partido Revolucionario Hondureño (PRH) y el Partido Democrático Hondureño (PDH)—, en una hoja suelta intitulada "El Partido Liberal en franca alianza con el Galvismo", formulaba interrogantes al Consejo Supremo del PL:

1) ¿Considera las pasadas elecciones para Presidente de la República enmarcadas dentro de la Constitución Política? 2) ¿Está el Licenciado Juan Manuel Gálvez ocupando la primera magistratura como voluntad expresa del pueblo hondureño? 3) ¿Hubo en la pasada campaña electoral amplia libertad para el Partido Liberal en lo que se refiere a su propaganda? 4) ¿Fue el Licenciado Gálvez el candidato del Dictador Tiburcio Carías Andino? 5)¿Domina política y económicamente a Honduras el trust bananero, y cuál fue su actitud en la pasada contienda electoral? 6) ¿Con qué derecho el Partido Liberal compromete sus simpatizantes a defender un régimen que es precisamente la continuación de la tenebrosa dictadura de los 16 años?

También criticaba a diario El Pueblo, vocero del Partido Liberal, por sostener la hipótesis de que existía una pugna entre el cariísmo y el galvismo. Esta volante, fechada en febrero de 1951, la firmaba el Comité Central Ejecutivo del PDRH.

1953 fue un año importante para el liberalismo por diversos acontecimientos. Al regresar a México en 1948, Zúñiga Huete comprendió que su vida política había llegado a su ocaso y que el tiempo y la distancia no habían transcurrido en vano. Su deceso, en abril de 1953, dio paso a un relevo generacional más adaptado a las cambiantes condiciones políticas de distensión, impulsadas por el presidente Gálvez.

El 1 de mayo de aquel año, se reunió la XI Convención Liberal, que aprobó los estatutos y el programa partidario que reemplazaron los elaborados en 1930. La comisión nombrada por el Consejo

---

[7] 715.00/4-2650, 26 de abril 1950.

Supremo para redactar ambos documentos estuvo integrada por Ramón Villeda Morales, Óscar A. Flores, Modesto Rodas Alvarado h... Juan Miguel Mejía y Alfonso Alvarado O.

Esta Convención, en la que estuvieron representados los grupos de liberales hondureños residentes en México, El Salvador y Costa Rica, así como el Frente Femenino Pro-Libertad, eligió en los cargos directivos a Santiago Meza Cálix, como presidente; Arturo Santos Pineda, vicepresidente; Modesto Rodas Alvarado h. y Enrique Ortez Pinel, secretarios; y. Alberto Paz Paredes, tesorero. En su artículo 1°, los estatutos declaraban:

"El Partido Liberal de Honduras es una entidad política de funciones permanentes, constituida para promover el bienestar del pueblo hondureño, mediante la justicia social y la independencia política y económica de la Nación"[8].

Este doble elemento de justicia social y nacionalismo inspiraría a dirigentes y a militantes de base durante al menos una década, y marcaba una diferencia respecto de las posiciones hasta entonces adoptadas por esa institución política.

Como veremos, ello tuvo implicaciones profundas, ya que posibilitó ampliar significativa- mente el poder de convocatoria del liberalismo, incrementar sus militantes y simpatizantes, así como fortalecer la popularidad de Ramón Villeda Morales, ya para entonces su más connotada figura pública.

La abrumadora mayoría de los firmantes de estos estatutos —que fueron los convencionales o delegados de los departamentos—, eran hombres (véase listado en anexo 1), algunos de los cuales figuraron años después en el equipo de gobierno de Villeda Morales. Unos provenían de zonas urbanas, otros de áreas rurales, y estaba representada tanto la vieja como la nueva guardia, pero ésta ya llevaba la iniciativa.

El 20 de octubre, el Partido Liberal recibió su personería jurídica y sus estatutos fueron aprobados por la Secretaría de Gobernación.

La percepción de la embajada estadounidense respecto a Villeda Morales era ésta: "Generalmente considerado como un oportunista

---

[8] Reproducidos en Edgardo Paz Barnica, La renovada ruta del Liberalismo. Tegucigalpa, Consejo Central Ejecutivo, 1989, p. 366.

inescrupuloso, que probablemente se aliaría con casi cualquier grupo en su deseo por llegar a ser Presidente. Aunque acusado por algunos de estar asociado con influencias comunistas, esto también está sujeto a debate"[9].

Oscar A. Flores era evaluado así:

"Ha exhibido... sus sentimientos anti-compañía frutera y pro-Guatemala; algunos sospechan que es un comunista. No obstante, la Embajada no está preparada para afirmar que es un comunista... Flores puede ser mejor descrito como un escritor muy hábil que, como director de El Pueblo, el vocero del Partido Liberal, ve la posibilidad de avanzar en sus intereses personales alineándose con grupos anti-Estados Unidos y pro-comunistas. Su asociación con el Dr. Ramón Villeda Morales, es un ejemplo... muchos de los escritos de Flores en El Pueblo, así como aquellos que pueden proceder de la mano de su compañero Villeda, huelen a tendencias comunistas, aunque debe admitirse... que pocos de este tipo han aparecido recientemente. Agregado a esto, (persiste) la sospecha de que El Pueblo es un conducto para los comunistas guatemaltecos y que, posiblemente, el periódico esté siendo subsidiado por tales intereses... En este momento, la Embajada no considera a Flores una persona cuya presencia en los Estados Unidos sería antagónica a los mejores intereses del país, pero cree que pronto podría serlo; por esta razón, sus artículos serán observados de cerca"[10].

La labor organizativa continuaba a lo largo del país. Así, durante 1953 hubo concentraciones en Danlí, donde los oradores fueron Villeda Morales, Félix Canales Salazar y Salomón Paredes Regalado. Paralelamente se intensificó la organización de subcomités en centros urbanos como Tegucigalpa, Comayagüela y Tela.

Las posibilidades de acceder nuevamente al poder, tras la derrota electoral de 1932, se acrecentaban porque el Partido Nacional mostraba divisionismo y un visible distanciamiento entre Carías y

---

[9] Samuel O. Lane, segundo secretario, 715.521/10-752, 7 de octubre 1952.

[10] Ídem.

sus seguidores, de una parte, y Gálvez, Lozano y Williams, de otra.

Además, el régimen de Gálvez no incorporaba las crecientes aspiraciones por el cambio social de los movimientos obrero, estudiantil y feminista, lo cual fue hábilmente capitalizado por la oposición.

La concentración realizada en el puerto caribeño de La Ceiba contó con los discursos de Villeda Morales, Modesto Rodas Alvarado, Andrés Alvarado Puerto, Félix Canales Salazar y Paca Navas de Miralda. Ahí prometieron la emisión de un Código del Trabajo[11] de triunfar en las elecciones que se realizarían en octubre de 1954, y la audiencia no olvidaría esa promesa.

[11] Erwin al Departamento de Estado, 715.00/11-653, 6 de noviembre 1953.

CAPÍTULO II
LOS ACONTECIMIENTOS DE 1954

Este año fue trascendental en la vida política y social del país; se puede afirmar que la historia hondureña del siglo XX tiene en esta fecha un parteaguas, un antes y un después, dada la importancia de los hechos acaecidos en esos doce meses. Condiciones de carácter internacional y local influyeron en esa eclosión, cuyas consecuencias se proyectaron durante las décadas siguientes. La Guerra Fría impactó antes, durante y después de esa fecha, constituyéndose en un punto referencial para interpretar los acontecimientos que, de manera vertiginosa, se dieron en 1954.

En conversación sostenida por el primer secretario Wymberley DeR. Coerr y el agregado militar Charles F. Sawyer con Ramón Villeda Morales, el 1 de marzo, éste afirmó que se vivía una era crucial para Honduras; calificó a Carías de "inepto" y aseguró que si el censo electoral era revisado y se realizaban elecciones libres, el Partido Liberal obtendría entre el 60 y el 80% de los votos; confiaba en que no ocurriría un golpe de Estado, y que los cariístas permitirían una elección libre, aunque no descartó que recurrieran al uso de la fuerza para defender su posición de ventaja. Aseveró que Estados Unidos, que profesaba ser el defensor principal de la democracia en el mundo, no debía estimular a las dictaduras y, siempre que fuera posible, apoyar los genuinos movimientos democráticos, como el Partido Liberal en Honduras.

Declaró que consideraba desafortunado que dictadores, y aun periódicos estadounidenses, automáticamente, calificaran de comunista a cualquier movimiento popular que temían o no entendían. DeR. Coerr adjuntó el siguiente comentario: "Villeda Morales es conocido en la Embajada como un hombre muy astuto y ambicioso que, probablemente, no tendría escrúpulos en colaborar con los comunistas para sus propios fines. (Sin embargo) La Embajada no tiene información que indique que él es comunista"[12].

---

12 DeR. Coerr al Departamento de Estado, despacho 419, 715.00/4-754, 7 de abril 1954.

En la misma entrevista, Villeda Morales manifestó que, en la próxima convención de su partido, en la que seleccionarían al candidato presidencial, su planilla recibiría unos doscientos votos del total de 261 delegados, y que contaba con el respaldo de algunos viejos correligionarios como Vicente Mejía Colindres y el general Pompilio Aguiluz. Señaló que Santiago Meza Cálix, Rafael Medina Raudales y Antonio Castillo Vega abrigaban ambiciones presidenciales y que existía un grupo opositor, el cual había tratado de postular a Céleo Dávila para la candidatura presidencial, pero que éste había rehusado, otorgándole su apoyo. Opinó que, si Dávila hubiera sido electo, Carías habría sostenido que era un hombre de la United Fruit Co., con lo que "hubiéramos perdido la totalidad de la Costa Norte".

Respecto a una posible alianza con el Movimiento Nacional Reformista (MNR) —grupo que se había separado del nacionalismo cariísta para brindar su lealtad a Gálvez y a Williams—, Villeda Morales expuso la posibilidad de que ningún partido político obtuviera la mayoría absoluta, y correspondería al Congreso Nacional escoger entre los dos candidatos más votados. Al preguntarle su opinión sobre el Partido Democrático Revolucionario Hondureño, dijo que a sus dirigentes les gustaba leer literatura marxista y socialista: "No son comunistas, pero tienen el marbete de serlo", por lo cual el Partido Liberal no aceptaría el apoyo del PDRH. Respecto al Comité de Unidad Sindical (CUS), declaró que no tenía ninguna importancia: no obstante, en su opinión. Honduras necesitaba de legislación laboral y debía reconocer el derecho obrero a organizarse.

En cuanto al comunismo, sostuvo que cualquiera que fuese escogido como candidato por el Partido Liberal incluiría en su discurso de aceptación un pronunciamiento por la paz y en contra del comunismo. Al respecto, el primer secretario de la embajada apuntó: "Los pronunciamientos anticomunistas de Villeda Morales, obviamente, no están respaldados por los hechos, pues frecuentemente entra en contacto muy cercano con grupos cuestionables"[13].

---

[13] Ídem.

EL AFIANZAMIENTO DE VILLEDA MORALES

La convención se realizó en Tegucigalpa el 24 de abril. El resultado favorable a la planilla Villeda Morales-Ortez Pinel fue abrumador, pues incluso superó los vaticinios de «Pajarito», sobrenombre con el que sus seguidores identificaban a Villeda Morales. En efecto, su planilla recibió 243 votos, en tanto que la fórmula Rafael Medina Raudales-Roque J. Rivera obtuvo apenas veinte.

El control villedista sobre el partido se afianzó, triunfando decisivamente sobre grupos derechistas del liberalismo, que no se percataron de las expectativas de amplios sectores populares y de las capas medias, que demandaban ser escuchados y atendidos en sus planteamientos. Ahora, el camino estaba expedito para reconquistar, vía sufragio, el poder político del que los liberales estaban marginados desde hacía veintidós años.

En otra entrevista realizada a finales de abril entre Villeda y diplomáticos estadounidenses, cuando se le preguntó sobre sus puntos de vista acerca de la temática laboral, contestó que los sindicatos o gremios eran susceptibles al control comunista u otro control demagógico; por tanto, proponía una forma de organización laboral adaptada a Honduras, en la que el trabajo, el capital y el gobierno estuvieran representados en partes iguales. Con esto se formaría una organización laboral responsable, capaz de mantener fuera a los comunistas, con la que podrían negociar las compañías. Hablaba de los tres ochos: ocho horas de trabajo, ocho horas de esparcimiento y ocho de descanso. Admitía haber lanzado esa idea en una conversación privada, y reconocía que hacerla pública en aquel momento sería demagógico.

Al referirse a su programa social, señaló el alto número de hijos ilegítimos, por lo que, de ser presidente, enfatizaría en la familia como unidad social, afirmando que este enfoque era la mejor forma de combatir el comunismo en el largo plazo. Concluía sosteniendo que Honduras tenía problemas únicos, por lo que tendría que arribar a respuesta propias.

Al ser interrogado respecto a Carías y el comunismo, replicó que el ex gobernante ni siquiera estaba consciente de la posibilidad de combatir el comunismo mediante medidas sociales constructivas; que no era genuinamente anticomunista, sino extremadamente anticuado, pues sólo entendía el uso de la fuerza. Garantizó que los liberales no apelarían a la violencia en la campaña electoral, pero que, de ser necesario, responderían a la violencia con violencia[14].

En este año, el embajador Erwin fue reemplazado por Whiting Willauer quien, además de representar a su gobierno ante el de Honduras, debía coordinar con su homólogo en Guatemala, y con la CIA, el derrocamiento del régimen reformista de Jacobo Arbenz Guzmán. Con tal fin se utilizaría el territorio hondureño como base de entrenamiento y operaciones para la fuerza militar que invadiría suelo guatemalteco, fundada, equipada y financiada por la Administración Eisenhower.

Simultáneamente, Willauer debía atender la problemática interna de Honduras, cada vez más compleja, no sólo por acercarse las elecciones, sino también por el estallido de las huelgas proletarias en el seno del enclave bananero. Estas se iniciaron en los primeros días de mayo y tendían a extenderse al resto del país, incorporando a un creciente número de asalariados, lo que ponía en riesgo el proyectado cambio de régimen en la vecina Guatemala. No obstante, el derrocamiento del presidente Arbenz se consumó el 27 de junio.

El 1 de julio, Villeda Morales anunció: "El Partido Liberal nunca ha tenido vínculos con el régimen en Guatemala y sus candidatos nunca han recibido apoyo económico de ese Gobierno"[15]. Con esta declaración buscaba evitar ser acusado de mantener algún nexo con aquella Administración, acusada por Washington de ser cabeza de puente de los designios soviéticos en Centroamérica.

---

[14] DeR. Coerr al Departamento de Estado, despacho 445, 715.00/4-2954, 29 de abril 1954.

[15] Reportado por DeR. Coerr, 715.00 (W) 7/-654, 6 de julio 1954.

EL PARTIDO LIBERAL ANTE LA HUELGA DE LOS OBREROS BANANEROS

En entrevista concedida al vocero de los estudiantes universitarios hondureños, cuando se le preguntó sobre la posición del liberalismo ante la huelga de los trabajadores de la United Fruit Co., Villeda Morales respondió:

"Los directores de la huelga recomendaron a las agrupaciones políticas la no intromisión en el conflicto huelguístico. No desconozco la complejidad del problema, así como las implicaciones de todo tipo que las relaciones obreras llevan consigo. El Partido Liberal anhela que en la huelga no haya vinculaciones con elementos totalitarios que pudieran deformar el carácter reivindicativo legítimo de los trabajadores. Yo, personalmente, estimo que la huelga es un fenómeno social, económico y patriótico"[16].

Unos días antes de estas declaraciones, diario El Pueblo criticó al Comité Central de Huelga en estos términos: "La actitud demagógica de los delegados del Comité Central de Huelga, responsables del fracaso de las negociaciones, ha causado entre otros compañeros una justa y natural indignación, según se deduce de una hoja volante impresa que circuló en San Pedro Sula, en la cual demandaban la renuncia o destitución de los líderes a quienes se considera como autores del fracaso de las negociaciones, cuyos procedimientos amenazan echar a perder todo lo bueno que los proletarios del banano podrían obtener como natural consecuencia de la huelga, si las personas acusadas de responsables del desastre hubieran adoptado una actitud conciliadora y menos insensata, y sobre todo si ellos hubiesen procedido con la seriedad que el caso, de suma gravedad, demanda... No es justo que el capricho o el izquierdismo irreal de uno o unos pocos líderes hagan fracasar en sus aspiraciones... de superación individual y colectiva a más de 25,000 hondureños y sus respectivas familias"[17].

---

[16] El Universitario, 6ª época, N° 35, 8 de junio 1954, p. 2.

[17] El Pueblo, 3 de junio 1954, pp. 1 y 4.

Era visible la preocupación de la dirigencia liberal, ya que el tiempo avanzaba y el principal conflicto laboral, el de los trabajadores de la Tela Railroado Co., no presentaba visos de solución. El Partido Liberal no descartaba la posibilidad de que, en la medida que la huelga continuara, el gobierno encontrara un pretexto para no convocar a elecciones.

De ahí que tanto El Pueblo como los líderes liberales centraran sus prédicas y exhortaciones en una rápida conclusión del movimiento huelguístico. El Partido Liberal deseaba que el presidente Gálvez, en persona, ofreciera su mediación. Pero, ante la renuencia de éste, se dirigió al Partido Nacional y al MNR, a fin de que se reunieran, con el propósito de ofrecerle al Gobierno su colaboración conjunta, a fin de encontrar la manera de poner término a la grave situación que ha creado la huelga, mediante una fórmula que satisfaga, a base de equidad, los intereses de la Tela Railroad Company y de sus trabajadores, ya que esta crisis está perjudicando la economía privada y fiscal, y para evitar que pueda degenerar en trastornos de orden político, cuyas consecuencias serían imprevisibles[18].

La iniciativa fue rechazada por el Partido Nacional, argumentando que ya se había dirigido en términos similares al gobierno. El Partido Liberal acusaba al cariísmo de utilizar la huelga bananera en perjuicio:

"del Partido Liberal y del Gobierno, con el fin avieso de crear una crisis al Gobierno de la República y de perjudicar al Partido Liberal, haciendo aparecer a este ante la opinión nacional e internacional como promotor e instigador de los mencionados acontecimientos... La maniobra no podía venir de otra parte, sino que del grupo solitario pero audaz que jefea el Doctor Tiburcio Carías, quien no se ha dado punto de reposo en su afán de perjudicar, por cuantos medios le fuera posible, al Partido de sus odios... el vocero del cariísmo ha arreciado su gritería contra el Partido Liberal acusándolo de tener nexos comunistas y de ser el responsable directo de la situación de la Costa Norte... hojas sueltas sin la firma responsable y sin pie de imprenta, en las cuales se

---

[18] «Partidos Políticos, Gobierno y Huelga», El Pueblo, 17 de junio 1954, pp. 1, 4.

instiga a la huelga y se viva al Partido Liberal, están siendo distribuidas por agentes del cariísmo en todos los campos bananeros... Como comprenderá cualquier persona que tenga dos dedos de frente, es completamente falta de lógica y reñida con el más rudimentario sentido común, la especie propalada por nuestros adversarios de que el Partido Liberal, que actualmente se prepara para presentarse a los comicios de octubre, y que por lo mismo necesita de un clima de libertad y de normalidad nacional, sea el fomentador de la situación por la que atraviesa la Costa Norte"[19].

En opinión de un estudioso del más importante movimiento huelguístico hondureño:

"La actitud de los liberales ante la huelga bananera puede ser calificada de temerosa y calculadora. Como resultado de una arraigada confianza en que el triunfo electoral sería suyo, los liberales se esforzaron en evitar que la huelga se generalizara o que provocara una situación de inestabilidad política que podría ser aprovechada por sus adversarios para oprimir indiscriminadamente a las fuerzas políticas de oposición, particularmente a su partido (...) El Partido Liberal proponía como solución a los problemas laborales del país la emisión de un Código del Trabajo y una legislación adecuada, lo cual sería posible si los electores lo favorecían en los comicios...."[20].

---

[19] El Pueblo, 7 de mayo 1954, pp. 1, 5.

[20] Marvin Barahona, comp. El silencio quedó atrás. Testimonios sobre la huelga bananera de 1954. Tegucigalpa, Guaymuras, 1994, pp. 31- 33.

CAPÍTULO III
LAS ELECCIONES DE 1954

Como ya se vio, 1954 fue el año en que Villeda Morales consolidó su liderazgo dentro del Partido Liberal, respaldado por una amplia coalición que incluía a obreros, campesinos y estratos medios. Contaba, incluso, con la simpatía de hombres y mujeres que no militaban en las filas del liberalismo, pero que se sentían atraídos por sus cualidades de dirigente y por sus promesas electorales.

Debe recordarse que el Partido Liberal no había retornado al poder desde su derrota en 1932, y que los años posteriores habían sido de acoso, exilio, cárcel y desorganización. Fue con el ascenso de Juan Manuel Gálvez a la presidencia que se inició una gradual distensión y democratización que permitieron la reconstitución partidaria bajo un nuevo liderazgo, parcialmente a tono con las aspiraciones y planteamientos de fuerzas sociopolíticas en ascenso.

Fueron tres las ofertas electorales que se presentaron a consideración de los votantes masculinos, ya que las mujeres aún estaban legalmente inhibidas para ejercer el sufragio: la del Partido Liberal, con la fórmula Ramón Villeda Morales y Enrique Ortez Pinel; la del Partido Nacional, encabezada nuevamente por Tiburcio Carías Andino y Gregorio Reyes Zelaya; y, la del Movimiento Nacional Reformista, con Abraham Williams Calderón y Filiberto Díaz Zelaya, como candidatos a la presidencia y vicepresidencia, respectivamente.

La convención del Partido Liberal, celebrada en Tegucigalpa en abril de ese año, seleccionó por una mayoría abrumadora a Villeda Morales y a Ortez Pinel. En su discurso de aceptación, Villeda enfatizó en el papel de la juventud y de la mujer. La embajada calculó que unas diez mil personas, de diferentes puntos del país, convergieron en la capital y el encargado de negocios comentó que la convención debía verse como un triunfo personal de Villeda Morales[21].

[21] Wymberley DeR. Coerr al Departamento de Estado, 715.00 (W)/4-2654, 26 de abril 1954.

La representación diplomática también observó que en la asamblea se presentaron tensiones entre los liberales que habían permanecido en el país y aquellos que debieron marchar al destierro, así como entre la vieja y la nueva guardia. Entre la vieja guardia se encontraban Marcial Aguiluz, con seguidores en Olancho; Céleo Dávila, abogado durante muchos años de la United Fruit Co., y residente en Costa Rica; el empresario Roque J. Rivera; Félix Canales Salazar, cuñado de Zúñiga Huete, y Rafael Medina Raudales. La nueva generación del liberalismo se aglutinaba en la Alianza de Juventud Democrática Hondureña, con sede en Guatemala, conformada por Alejandro Flores Morales, Jacinto Zelaya Lozano, Francisco Sánchez, Manuel Nover Zúñiga, Ramón Amaya Amador, Carlos Contreras y Arturo Santos Delgado, entre otros.

Villeda Morales no tuvo necesidad de exiliarse, debido a que su suegro fungió como canciller en los primeros años del régimen de Carías, durante los cuales él se dedicó, básicamente, al ejercicio de la Medicina. De hecho, él admitía que el conflicto en las filas liberales se limitaba al existente entre "jóvenes y viejos", afirmando que contaba con el respaldo de algunos elementos de la vieja guardia, como el ex mandatario Vicente Mejía Colindres y el general Aguiluz.

EL AMBIENTE PREELECTORAL

Una vez concluida la huelga, que se sostuvo desde principios de mayo hasta la primera quincena de junio, acaparando la atención de la nación entera, la actividad política se intensificó en la medida que se aproximaban las elecciones.

Villeda Morales y Williams Calderón realizaron giras proselitistas, buscando asegurar el voto de sus correligionarios y convencer a los indecisos. La concentración liberal realizada en San Pedro Sula en agosto, logró reunir a unas cuarenta mil personas; sin duda, una de las más grandes que Honduras había visto. Como el gobierno había prohibido utilizar los ferrocarriles para fines políticos, la gente se desplazó a pie, a caballo y en camiones.

El MNR llevó a cabo una concentración en Choluteca, el 15 de agosto, a la que asistieron unas 25 mil personas; sin embargo, en La Ceiba, Williams reunió a menos de mil personas. No era casual la diferencia numérica de correligionarios que el MNR logró captar en las zonas sur y norte. La primera era, tradicionalmente, un bastión nacionalista y reformista, en tanto que la segunda era un baluarte liberal indiscutible.

Villeda ya había admitido, en una entrevista con Willauer, que ninguno de los partidos alcanzaría la mayoría absoluta que establecía la Constitución para ser declarado triunfador en las elecciones presidenciales, por lo que tocaría al Congreso seleccionar al vencedor. Ante esta posibilidad, confió al diplomático que liberales y reformistas estaban considerando un posible arreglo para compartir los candidatos a diputados, a fin de que el caudal combinado de sufragios excediera al de los cariístas; así, la alianza parlamentaria votaría por el candidato que recibiera mayor cantidad de votos.

Villeda preguntó al embajador si tal arreglo podría ser garantizado por los Estados Unidos, a lo que Willauer replicó que tal acción sería, sin duda, vista por los cariístas como una intervención, al comprender que tal acuerdo estaba dirigido contra ellos. Previamente, el embajador de El Salvador en Honduras también expresó a Villeda que su país no actuaría como cogarante del acuerdo. Willauer comentó al Departamento de Estado que ésta era la primera confesión franca que la embajada recibía del candidato liberal, en el sentido de que los liberales no tenían esperanzas de ganar las elecciones por sí solos.

Por su parte, Williams comunicó a Willauer, el 20 de agosto, que había renunciado a cualquier posible alianza con los cariistas, pero que esperaba llegar a algún acuerdo con los liberales. Al respecto. Willauer informó a Washington:

"Con el reconocimiento liberal de que no esperan obtener la mayoría requerida, los reformistas adquieren creciente importancia, porque equilibran la balanza del poder entre liberales y cariístas. Es probable que cualquier elección democrática la gane la coalición que realicen los reformistas, lo que significa que deberán jugar un papel significativo en el nuevo gobierno"[22].

En los últimos días de septiembre, Willauer informó a sus superiores, en memorando clasificado como *top secret,* que parecía posible una coalición entre liberales y reformistas; que él la había estimulado activamente, en un intento por prevenir los graves problemas que podrían surgir durante o después de las elecciones. Pero este esfuerzo colapsó por lo que, de inmediato, informó:

Las negociaciones se han roto. Los nacionalistas cariístas, los reformistas de Williams y los liberales de Villeda Morales, por el momento, parecen decididos a participar en las elecciones sin coalición. Hay rumores de un golpe de Estado por parte de Gálvez, de levantamientos armados de los cariístas o los liberales o, cuando menos, una situación caótica con derramamiento de sangre y una interrupción general, política y económica... El egoísmo inherente a los tres candidatos y sus seguidores, y su estrechez, cuando se trata de su futuro político, hace imposible esperar un resultado deseable.

Al vaticinar que lo más probable es que ninguno de los tres partidos alcanzaría la mayoría absoluta, expuso las opciones siguientes:

- El Congreso Nacional escoge entre los dos más votados, lo que permitiría una alianza entre el tercer candidato y uno de los dos más votados.
- La Corte (dominada por Carías) elige entre los dos candidatos más votados.
- Que Gálvez continúe en el poder; podría hacerlo legalmente, declarando que ha sido violada la Ley Electoral, que prohíbe el fraude.

Respecto a las intenciones del titular del Poder Ejecutivo, opinaba que éste aún no descartaba un golpe de Estado, antes o después de las elecciones, pero que personalmente estaba muy renuente y actuaría solamente en las circunstancias más extremas. Finalmente, expresó:

"Prefiero una alianza reformista-liberal; creo, entre otras cosas, que esto propiciaría el mejor clima para la destrucción de los

[22] Willauer al Departamento de Estado, 715.00 (W)/8-2354, 23 de agosto 1954.

elementos comunistas. Pienso esto debido a que los reformistas y muchos buenos elementos liberales han manifestado su intención de extirpar el comunismo y, si el Partido Liberal logra una participación parcial en el Gobierno, será menos probable que dé la bienvenida al apoyo comunista..."[23]

La preocupación oficial de Estados Unidos por la posible penetración e influencia del comunismo internacional en los partidos políticos latinoamericanos se reflejaba en sus apreciaciones sobre el Partido Liberal y su candidato. Así lo indica uno de los periódicos informes de Willauer:

"En vista de la indudable fortaleza popular del Partido Liberal, debe ser un objetivo de la política estadounidense identificar y destruir la influencia comunista dentro de los liberales, preservando o forjando la amistad con los elementos no comunistas, probablemente preponderantes dentro de ese partido"[24].

El MNR se perfilaba como el partido que obtendría menos votos, pero, a la vez, como el fiel de la balanza; cualquier negociación que hiciera podría conducir a que los diputados electos por esa agrupación política favorecieran con su voto a Villeda o a Carías. No es casual, entonces, que se intentara influir sobre Williams para que se aliara bien con la oposición, o con sus antiguos correligionarios. Pero, la recíproca desconfianza y antipatía que persistía entre él y el caudillo de Zambrano dificultaba cualquier intento de reconciliación. Los análisis de la embajada evidencian ese papel clave que asignaba a los reformistas:

El papel de balanza del poder de los reformistas es cada vez más evidente, aunque, hasta ahora, los problemas para lograr cualquier coalición permanecen insuperables. La campaña ha propiciado, probablemente, una afinidad ideológica entre reformistas y liberales más que con los cariístas, pero no tanto como para descartar una alianza reformista-carlísta. Si los reformistas se unieran con los liberales, lo harían como socio menor. En cambio, si se unieran con

---

[23] Willauer al Departamento de Estado, RG 84, Foreign Service Posts of the Department of State, Honduras, Top Secret Records, 1950-1954, caja 1.

[24] Willauer al Departamento de Estado, 715.00 (W)/9-2054, 20 de septiembre 1954.

los carlistas, lo podrían hacer sobre una base más cercana a la Igualdad. Una coalición reformista-cariísta sería, probablemente, más beneficiosa para los Estados Unidos, porque disminuiría el peligro de guerra civil y excluiría la influencia comunista que, posiblemente, existe en cierta medida entre los liberales.

El 28 de agosto, Villeda Morales comunicó a Willauer que liberales y reformistas habían alcanzado un acuerdo definitivo para compartir sus candidatos a diputados en aquellos departamentos donde Carías era más fuerte, con el fin de presentar un frente sólido anticariísta. El mismo día había retornado al país Céleo Dávila, procedente de Costa Rica, pero no logró apoyo efectivo dentro del Partido Liberal y tampoco consiguió entrevistarse con el presidente Gálvez. Respecto a éste, la embajada informó:

"Está preocupado y descorazonado por la evidente renuencia de varios dirigentes a deponer sus ambiciones personales por el bienestar del país. Se prevé que no iniciará ninguna acción por sí mismo, al menos hasta la víspera de la elección, pero es muy posible que diera su bendición y apoyo encubierto a cualquier plan encaminado a una coalición entre reformistas y caristias"[25].

La embajada tampoco excluía la posibilidad de que Gálvez encontrara una excusa para decretar un estado de emergencia nacional:

"Muchos hondureños sienten y esperan que Gálvez enfrentará las elecciones como lo hizo con la huelga: esperar hasta que todas las partes hayan cometido errores y estén listas para un arreglo, entonces intervenir como árbitro y como dictador temporal, autoimpuesto"[26].

Hubo algunos intentos de acercamiento entre el MNR y el cariísmo: para el caso, acordaron unirse en aquellos departamentos donde los liberales eran tan fuertes, que solamente una coalición os podría derrotar: Francisco Morazán, Cortés, Atlántida, Yoro. Ocotepeque, Comayagua y El Paraíso, pero Williams rehusó compartir todos los candidatos a diputados con el cariísmo.

---

[25] 715.00 (W)/8-3054, 30 de agosto 1954.

[26] 715.00 (W)/9-754, 7 de septiembre 1954.

También contemplaron la posibilidad de realizar otro acuerdo cobre los votos en el Congreso para elegir al presidente de la República: los cartistas comprendían que, aun si sumaban sus respectivos diputados y lograban alcanzar la mayoría, Williams todavía estaría en posición de negociar con los liberales cuando llegara el momento crucial de votar en el Congreso Nacional. Por ello, la embajada opinaba que era poco probable que Williams modificara sus actuales términos o que Carias los aceptara[27].

En privado, Williams confió a los diplomáticos estadounidenses que había propuesto a los liberales ser él el candidato a la presidencia y Villeda Morales a la vicepresidencia, y que ambos partidos compartieran en partes iguales sus candidatos a diputados. Al respecto, la embajada comentó que ésta sería, sin duda, una formula triunfadora en cualquier elección razonablemente justa. En cuanto a la actitud del Ejecutivo sobre una posible alianza entre el Partido Liberal y el MNR, se comentó al Departamento de Estado: El Presidente Gálvez afirma que aprobaría tal esquema, si los liberales pudieran sustituir a Villeda Morales, a quien considera como demasiado cercano a los comunistas, y si los liberales adoptaran un firme compromiso de purgar a los comunistas. Le gusta el esquema como la única alternativa visible y posible al caos que teme puede surgir, si los tres partidos llegan al día de la elección en su actual status independiente e inadecuado. La coalición reformista-liberal tendría la desventaja de otorgar algún poder a los comunistas... Williams, confidencialmente, declara que, si se hace tal arreglo, él mismo emprenderá acciones contra todos los comunistas conocidos, inmediatamente después de asumir la presidencia[28].

En los diplomáticos estadounidenses prevalecía la incertidumbre respecto de los posibles resultados electorales. La siguiente evaluación así lo demuestra:

"Una característica dominante de la escena electoral de 1954 es la total ausencia de cualquier base adecuada para predecir el voto

---

[27] DeR. Coerr al Departamento de Estado. 715.00 (W)/9-1354, 13 de septiembre 1954.

[28] 715.00 (W)/9-2054, 20 de septiembre 1954.

popular... Las elecciones serán influidas por importantes nuevos factores... Los reformistas están debilitados por el retiro del Presidente Gálvez, pero fortalecidos por su primera campaña electoral. Una ventaja adicional, es que la mayoría de los funcionarios distritales, nombrados desde Tegucigalpa, tienden a ser reformistas. Los liberales también pueden beneficiarse de su campaña presidencial en gran escala y aparentemente más efectiva. Los cariístas parecen estar sufriendo de su evidente falta de atracción popular y de la fuerte aversión del país ante cualquier intento del General Carías por lanzar un golpe militar"[29].

El censo electoral de 1953 registraba 326.583 electores, en tanto que el de 1954 llegaba a 411.354; es decir, un aumento del 26%. Por tanto, la embajada no sólo comunicó a Washington el incremento del censo, sino su manipuleo: "Presumiblemente también ha sido adulterado y fácilmente puede estar viciado, hasta el punto que las predicciones no son realistas. Y calculó que habían inflado el censo con un mínimo de 46 mil y un máximo de 87 mil fantasmas", sobre todo en los departamentos de Cortés. Atlántida y Yoro, a los que correspondían doce diputados; el Congreso tendría un total de 56 diputados[30].

Algunos datos ilustrativos respecto al censo son: de los 411.354 electores registrados, el 54% eran analfabetas; el 91% estaba entre los 21 y más años de edad; y. el 9%, fluctuaba entre los 18 y 21 años. La población total de Honduras en 1954 era de 1.604.800.

Por otra parte, a la conmoción social que significaron las huelgas de mediados de año, le sucedió una catástrofe provocada por la naturaleza: el desbordamiento de los ríos Chamelecón y Ulúa en los últimos días de septiembre y los primeros de octubre, lo que causó la peor inundación registrada en la historia nacional hasta aquel momento. Se calcula que tres cuartas partes de las plantaciones bananeras fueron destruidas, lo que originó el desempleo masivo de los trabajadores de la Tela Railroad Co., la principal fuente de empleo en el país. Para paliar la crítica condición de sus empleados,

---

[29] 715.00 (W)/9-2754, despacho 126, 27 de septiembre 1954.

[30] Moskowitz al Departamento de Estado, 715.00/9-2854, despacho 123, 28 de septiembre 1954.

la Tela permitió que los cesantes cultivaran granos de primera necesidad en tierras de la empresa, y el gobierno contrató a dos mil de los despedidos para la construcción de obras públicas en el valle de Sula.

Raúl Edgardo Estrada, quien dirigía el Sindicato de la Tela Railroad Co. (SITRATERCO), se quejaba de que la empresa estaba despidiendo masivamente a sus asalariados, sin coordinar con el SITRATERCO ni con el Comité de Rehabilitación gubernamental, pese a que había prometido, verbalmente, limitar los despidos a tres mil. Sin embargo, estaba cesanteando a obreros con familia, a ex dirigentes de la recién concluida huelga, a miembros activos e incluso a directivos del SITRATERCO, con el fin de destruir el sindicato[31].

A pesar del desastre provocado por las intensas lluvias y los desbordamientos de los ríos en la Costa Norte, la fecha estipulada para las elecciones no se modificó: 10 de octubre para las presidenciales y el 24 para las departamentales, en las que se elegirían los diputados al Congreso Nacional.

ELECCIONES Y MANIOBRAS

Estos fueron los resultados oficiales: Partido Liberal, 121.000 votos y 26 diputados; Partido Nacional, 78.000 votos y 19 diputados: y Movimiento Nacional Reformista, 53.000 votos y 11 diputados. El liberalismo obtuvo, en términos porcentuales, el 48%; el nacionalismo el 31%; y. el reformismo, el 21%. Los liberales alcanzaron la mayoría relativa, pero no la absoluta requerida para ganar la Presidencia de la República. Como se puede ver, la suma de los votos obtenidos por el nacionalismo y el reformismo superaba los recibidos por el liberalismo en 9.554 votos; en otras palabras, si el Partido Nacional no hubiera estado dividido, habría triunfado, si bien por un escaso margen.

En un discurso pronunciado el 12 de octubre, Villeda Morales reiteró haber sido electo presidente de la República por la mayoría

---

31 715.00 (W)/11-254, 29 de noviembre 1954; 715.00 (W)/12-654, des- pacho 253, 6 de diciembre 1954.

del pueblo hondureño. Esta fue la respuesta del vocero oficial del Partido Nacional:

"Se ha basado el doctor Villeda Morales para hacer tal afirmación en el hecho de haber obtenido un poco más de 122 mil votos que efectivamente, constituyen mayoría sobre cada una de las otras dos candidaturas en lucha: pero olvida el doctor Villeda Morales que estas dos candidaturas que resultaron con menor número de sufragios, si se las compara singularmente con la suya, son parte integrante del pujante y poderoso Partido Nacional, que entró dividido a las urnas electorales para poner a prueba las capacidades directas de dos grupos antagónicos, pero unidos en el fondo en sus convicciones democráticas y anticomunistas"[32].

Las autoridades liberales sostenían que, de los 411 mil electores registrados, unos 173 mil no ejercieron el sufragio por falta de garantías; denunciaron que las Fuerzas Armadas habían cometido crímenes y ofensas de todo tipo en varias poblaciones, impidiendo el libre ejercicio del sufragio, y precisaron los lugares donde se incurrió en actos arbitrarios: Atlántida (La Ceiba, Jutiapa, El Porvenir, San Francisco, Esparta); Cortés (Villanueva, Potrerillos, Santa Cruz de Yojoa); Olancho (Catacamas, El Real, Culmí, San Francisco de la Paz, Guata, Guarizama, Yocón); Choluteca (Duyure, Morolica, Concepción de María, Apacilagua, El Triunfo, San Marcos de Colón); El Paraíso (Yuscarán, Oropolí, San Lucas, Güinope); Yoro (El Progreso); Santa Bárbara (Quimistán); Comayagua (El Espino); Copán (Santa Rosa); y, Lempira (Las Flores).

El Partido Liberal alcanzó mayoría absoluta en cuatro departamentos, incluyendo Francisco Morazán y Cortés. De los 26 diputados que obtuvo, ocho correspondían a Francisco Morazán; cinco a Cortés: cuatro a Santa Bárbara; tres a Atlántida; tres a Olancho y tres a El Paraíso.

El Partido Nacional logró mayoría absoluta apenas en Colón y,

---

[32] "Villeda Morales no ha sido electo Presidente de la República", La Época, año XXII, Nº 3.335, 12 de octubre 1954, p. 1, citado por S. Natalini de Castro, M. de los A. Mendoza y J. Pagán Solórzano, en Significado histórico del gobierno del Dr. Ramón Villeda Morales. Tegucigalpa, Universitaria, 1985, p. 53.

el reformismo, en Islas de la Bahía. Por tanto, los partidos Liberal y Nacional se disputarían 18 diputados correspondientes a seis departamentos: Choluteca, 4: Lempira, 4; Comayagua, 3: Valle, 3; Ocotepeque, 2; y, La Paz, 2; en tanto que el liberalismo y el reformismo medirían fuerzas en tres departamentos que sumaban diez diputaciones: Copán, 4; Yoro, 4; e Intibucá, 2. Correspondería a 152 agentes o delegados, que enviarían las municipalidades a la Junta Electoral de sus respectivas cabeceras departamentales, realizar la escogencia el 24 de octubre.

En los cómputos del 24 de octubre, el Partido Liberal sufrió un retroceso con relación a la elección del día 10, ya que el nacionalismo y el reformismo se aliaron en cada uno de los nueve departamentos en disputa. En Cortés, el Partido Nacional impidió que hubiera quórum, con lo que la Junta Electoral no pudo declarar la mayoría absoluta alcanzada por los liberales en ese departamento.

En El Paraíso, el nacionalismo maniobró para reducir la mayoría absoluta de los liberales a relativa, con lo que el Partido Nacional obtuvo once delegados departamentales y el Partido Liberal seis; en las elecciones municipales de 1953, el liberalismo había ganado catorce municipalidades y el nacionalismo apenas tres en ese departamento.

Luego de las maniobras y manipulaciones realizadas por las dos alas del nacionalismo, los resultados quedaron así: el Partido Liberal triunfó en cinco departamentos y obtuvo 23 curules; el Partido Nacional resultó vencedor en ocho departamentos, logrando 22 diputados; y el MNR en cuatro departamentos, con once curules. El informe de la embajada al Departamento de Estado concluía:

"La maquinaria electoral hondureña funcionó comparativamente fluida y justa el 10 de octubre, pero fue aparentemente interferida y manoseada el 24 de octubre. La diferencia es notable, e inevitablemente sugiere que ocurrió con el TOTAL CONOCIMIENTO Y PROBABLE APROBACIÓN DEL PRESIDENTE GÁLVEZ. Alguna gente especula que él arregló toda la elección para crear un conjunto de condiciones que demande su permanencia en el puesto. Los motivos de Gálvez son misteriosos, pero la Embajada ve, como más probable, que la debilidad electoral mostrada por los reformistas el 10 de octubre, y sobre todo, la fortaleza popular mostrada por los liberales lo sobresaltaron y, en impresionante compensación. desató la Fuerza Armada de los cariístas el 24. Cualesquiera que sean sus motivos, Gálvez es constantemente acusado por lo sucedido el 24, y su reputación de imparcialidad se ha dañado severamente ante muchos liberales y reformistas"[33].

El Partido Liberal continuó acusando a las Fuerzas Armadas de interferir en varios departamentos y el gobierno censuró noticias enviadas al exterior, acusación que confirmaron los corresponsales locales de United Press y France Press[34].

LA SOMBRA DE LA GUERRA FRÍA

Desde Washington, la cancillería estadounidense daba seguimiento a las evaluaciones periódicas de sus agentes diplomáticos destacados en Honduras; las analizaba y procedía a girar instrucciones sobre el rumbo a seguir. También intercambiaban puntos de vista sobre posibles estrategias a implementar. Como ejemplo, transcribimos el memorando interno enviado por Newbegin a Holland, subsecretario de Estado para Asuntos Latinoamericanos. Luego de escuchar al embajador Willauer, a quien llamaron a Washington para consultarlo, se propuso estimular la formación de un gobierno de coalición, con sustancial representación del Partido Liberal; las Instrucciones impartidas al embajador Willauer fueron precisas:

"Si no es posible una coalición, indicará a Gálvez, de la manera más discreta posible, que los Estados Unidos vería favorablemente su continuación en el poder por uno o dos años, lo que evitaría una situación caótica, como resultado de la emergencia de Carías como presidente, sin la influencia moderadora de una fuerte representación liberal en su gobierno; o que también podría resultar de la elección de Villeda... Villeda Morales y el Partido Liberal están renuentes a

---

[33] DeR. Coerr al Departamento de Estado, 715.00 (W)/10-2554, despacho 181, 25 de octubre 1954. Las mayúsculas son del autor.

[34] DeR. Coerr al Departamento de Estado, 715.00 (W)/11-254, 2 de noviembre 1954.

acordar cualquier coalición, como a que Gálvez continúe en el poder. Villeda piensa que sólo él es el presidente debidamente electo. Se recomienda a Willlauer no ser testigo de ningún arreglo, ya que se interpretaría como que lo estamos garantizando y comprometiéndonos a una obligación que no seremos capaces de poner en práctica si un partido no cumple".

Adicionalmente, se le ordenó que no buscara, por ninguna vía, influir en una coalición de partidos o en la continuación de Gálvez en la presidencia:

"Debe dejar este problema a los hondureños para que ellos lo resuelvan; pero si Gálvez le preguntara por la actitud de los Estados Unidos respecto a su continuidad en la Presidencia, el Embajador debe indicarle que hemos tenido y continuamos teniendo un alto concepto de la Administración del Presidente y que cooperaremos con él en el futuro en el mismo grado que en el pasado"[35].

Como puede deducirse, de las tres alternativas posibles. el Departamento de Estado optaba por la permanencia de Gálvez, preocupado ante la eventualidad de que Carías o Villeda Morales accedieran al poder. En el primero veía la continuación de un estilo de gobierno ya desfasado, cimentado en la represión y la inflexibilidad, cerrado a las aspiraciones y reclamos de las fuerzas sociales emergentes; en tanto que en el segundo percibía la infiltración de fuerzas de izquierda que tendrían algún grado de influencia en un régimen liberal.

Conforme a los parámetros de la Guerra Fría, existía un esfuerzo sostenido de la Unión Soviética por extender su influencia en el hemisferio occidental. Desde ese punto de vista, Guatemala, bajo Arbenz, confirmaba esos recelos. Una vez derrocado este régimen, el siguiente reto era impedir, por cualquier medio, que surgiera en América Latina otra fuerza política que cuestionara la hegemonía tradicional de los EUA en el área; o que, vía nacionalización, pusiera en peligro los intereses de las corporaciones privadas estadounidenses, como había sucedido con la United Fruit Co., cuyas tierras ociosas fueron expropiadas por la Administración Arbenz a fin de repartirlas. con fines de reforma agraria, entre el

---

[35] Holland a Newbegin, 715.00/11-1254, 12 de noviembre 1954.

campesinado guatemalteco.

El memorando que presentó a Willauer el primer secretario de la embajada, incluía reflexiones y sugerencias respecto a las posibles acciones a seguir:

"(...) los comunistas están utilizando dos tácticas: la conspirativa y la popular. Carías, como presidente, fortalecería al comunismo como frente conspirativo; Gálvez provocaría efectos similares, pero en menor grado, y probablemente sería preferible para los Estados Unidos. Una representación tripartidaria en el nuevo gobierno. independientemente de quien sea presidente, podrá: a) detener las tácticas comunistas conspirativas. b) detener las tácticas comunistas populares. Acción recomendada por Estados Unidos: apoyar la idea de un gobierno tripartidario. Evitar cualquier indicio de preferencia por el presidente. Concentrarse constantemente en convencer a los liberales no comunistas de la amistad de Estados Unidos. Posteriormente, trabajar por legislación laboral y social adecuada, y una efectiva unidad de investigación anticomunista. Numérica y emocionalmente, el Partido Liberal goza de mayor adhesión popular... Esto puede probarse con el logro de alcanzar el 48% del voto registrado el 10 de octubre, a pesar de abundante evidencia de que muchos liberales no fueron registrados y de que a muchos se les impidió votar. Probablemente, al menos el 75% de la población adulta es emocionalmente liberal, incluyendo a la mayoría de los trabajadores bananeros, campesinos, estudiantes, comerciantes y algunos empleados públicos. Los comunistas, por medio del Partido Democrático Revolucionario Hondureño, han infiltrado agentes en los partidos políticos con el fin de adquirir posiciones claves en el nuevo gobierno. Villeda Morales, aunque predica y confiesa ser anticomunista, nunca ha hecho nada para perjudicar a los comunistas en Honduras... se encuentra bajo alguna forma de influencia comunista por medio del PDRH, pero la gran mayoría de los liberales no son comunistas o, probablemente, son anticomunistas. Si Villeda Morales llega a la presidencia, probablemente nombrará a comunistas o simpatizantes comunistas en algunos puestos claves... Si Carías llega a convertirse en dictador militar, los comunistas obtendrían grandes ganancias en el frente popular al atraer a un creciente número de seguidores entre los liberales y al utilizar la nueva «dictadura» de Carías como un objetivo propagandístico. La Embajada sugiere dar representación a los tres partidos en el Congreso y en la Administración... Habría fricciones dentro de la coalición, pero menores que entre un gobierno no representativo y el pueblo"[36].

NEGOCIACIONES E INCERTIDUMBRE

Los conciliábulos y los intentos de arreglos de última hora se intensificaban en la medida que se acercaba el día en que el Congreso se reuniría para escoger al triunfador de la elección presidencial. Las opciones y posibles combinaciones se mantenían abiertas, lo que testimoniaba la incertidumbre prevaleciente. Él toma y daca era parte de las tentativas de negociación. Villeda Morales percibía, correctamente, que el fraude perpetrado por la oposición nacionalista-reformista le escamoteaba la victoria obtenida en las urnas y, con ello, el triunfo se le escapaba de las manos.

De otra parte, Carías, Williams y Gálvez se percataban de que tenían la sartén por el mango, pero que, primero, debían superar sus diferencias, cerrando filas y olvidándolas, así fuera temporalmente. Las mismas no tenían basamento ideológico, y se circunscribían al choque de personalidades fuertes y temperamentales. Desde la óptica de Carías, los reformistas no solo habían escindido su partido, debilitándolo, sino que, además, pagaban con la traición los favores concedidos durante los dieciséis años de su gestión, en la que otorgó nombramientos públicos, prebendas y canonjías que enriquecieron a más de un acólito, hoy transformado en cismático.

Por su parte los reformistas, y con ellos la representación diplomática de EUA, así como el Departamento de Estado, percibían a Carías como un anciano incapaz de entender las nuevas condiciones sociopolíticas que habían empezado a cristalizarse con la finalización de la Segunda Guerra Mundial y que, en el caso hondureño, irrumpieron vigorosamente en el histórico año de 1954. Se percataban, a la luz de los acontecimientos que estremecieron Centroamérica en 1944, que un estilo de gobierno basado

[36] DeR. Coerr al embajador Willauer, 715.00/11-654, 6 de noviembre 1954.

exclusivamente en el monopolio de la fuerza y en la represión, ya no era posible ni deseable.

En una ocasión, el embajador Willauer preguntó al presidente Gálvez si aún pensaba continuar en el poder. Recuérdese que el intento continuista emprendido por sus seguidores, a fin de que su período se prolongara más allá de los seis años establecidos en la Constitución, había sido rechazado por la bancada cariísta, que contaba con la mayoría de diputados. A continuación, la versión del embajador sobre la conversación sostenida con el mandatario:

"Generalmente en el pasado lo ha negado, pero esta vez... tuve la impresión definitiva de que desea continuar; le pregunté si compartiría el poder con el Congreso recién electo, a lo que dijo que sí, pero no con miembros individuales que, cree, se inclinan hacia el comunismo. Habló de la infiltración comunista entre los liberales, mencionando a Villeda Morales, Óscar Flores, Francisco Milla Bermúdez y otros, caracterizándolos como personas que han tenido contacto cercano con los comunistas. Continuó diciendo que el frente comunista, Partido Democrático Revolucionario Hondureño, tiene mucha mayor influencia que los líderes que conducen el Partido Liberal de lo que generalmente se piensa".

En otra entrevista, Willauer preguntó al candidato liberal a la vicepresidencia. Enrique Ortez Pinel, si era posible alcanzar un compromiso por el cual se reconociera a Carías como presidente, y si esto lo aceptarían los liberales; Ortez Pinel dio "una fuerte respuesta afirmativa". A continuación, le pidió su opinión respecto a la posibilidad de que Gálvez continuara en el poder —asumiendo que convocara al nuevo Congreso para que le asistiera y su continuismo fuera temporal—, ¿resultaría en la paz y sería aceptable? Ortez Pinel respondió que resultaría en la paz, pero que, probablemente, era preferible la primera solución; que podría satisfacer a los tres partidos y era menos probable que se prolongara tanto, antes de alcanzar una solución electoral definitiva. Y pidió a Willauer que, de llegar a un compromiso, actuara como testigo (lo mismo le había propuesto Gabriel Mejía). En criterio del primer secretario de la embajada, ésta tenía poca confianza en que Carías sería un opositor efectivo al comunismo. Apuntó que, por razones de oportunismo político, ya había apoyado a dirigentes obreros comunistas. "Aun si intentara combatir a los comunistas, solamente conoce la fuerza como método y es incapaz de entender los nuevos disturbios sociales que está sufriendo Honduras", concluyó[37].

[37] Memorandum de DeR. Coerr a Willauer, 715.00/11-654, 6 de noviembre 1954. Cuando habla del apoyo brindado por Carías a dirigentes obreros, se refiere a las instrucciones que éste dio para que los pertenecientes al primer Comité de Huelga, que habían sido capturados y trasladados a la Penitenciaría Central de Tegucigalpa, fueran liberados. Recuérdese que él controlaba el Poder Judicial, pues los magistrados de la Corte Suprema eran sus amigos políticos y personales.

CAPÍTULO IV
LA RUPTURA DEL ORDEN CONSTITUCIONAL

Dado que ninguno de los tres candidatos a la presidencia alcanzó la mayoría absoluta, de acuerdo con el conteo oficial, competía al Poder Legislativo seleccionar al vencedor. La Constitución Política vigente, emitida en 1936, establecía al respecto:

Artículo 101. Corresponden al Congreso las atribuciones siguientes:

...8) Hacer el escrutinio de votos para Presidente y Vicepresidente de la República y declarar electos a los ciudadanos que hubieran obtenido mayoría absoluta.

9) En caso de no haber mayoría absoluta, hacer la elección de Presidente y Vicepresidente, entre los dos ciudadanos que hubieran obtenido para cada cargo mayor número de sufragios populares. Y si el Congreso no hiciera la declaratoria o la elección de Presidente o Vicepresidente dentro de veinte días, contados desde su instalación, la hará la Corte Suprema de Justicia dentro de los siete días anteriores a la fecha señala- da para tomar posesión de esos cargos, quedando facultada dicha Corte, en este caso, para recibir la promesa de ley a los electos[38].

El 15 de noviembre, por decreto 119, el Consejo de Ministros autorizó al presidente Gálvez a abandonar el país por razones de salud, por tanto tiempo como sea necesario dentro de lo que resta del actual período constitucional, y traspasó los poderes ejecutivos al vicepresidente Julio Lozano Díaz. Al día siguiente, el presidente Gálvez salió rumbo a Panamá, donde se internó en el Hospital Gorgas, en la zona del Canal.

¿Hasta qué punto estaba enfermo Gálvez? ¿Si padecía quebrantos en su salud, ¿era necesario que se marchara en momentos tan álgidos? ¿No era su obligación legal y moral estar al frente del Estado en circunstancias tan especiales y extraordinarias?

---

[38] Universidad Nacional Autónoma de Honduras. Instituto de Investiga- ción Jurídica, comp. Recopilación de las Constituciones de Honduras (1825-1965). Tegucigalpa, 1977, p. 439.

¿No podía viajar hasta después de entregar el poder?

Estas preguntas relevantes necesitan ser exploradas pues, dependiendo de las conclusiones a las que se llegue, así se podrá evaluar la decisión trascendental de Gálvez de transferir el mando a su vicepresidente, quien alteró el curso de la historia política nacional, como veremos más adelante.

La Constitución establecía, en el capítulo relativo a su organización, artículo 89, que el Congreso debía reunirse en sesiones ordinarias el 5 de diciembre de cada año sin necesidad de convocatoria: el artículo 93 señalaba que el 1 de diciembre de cada año debían reunirse los diputados en juntas preparatorias, y con la concurrencia de cinco, por lo menos, organizar el directorio, a fin de dictar las providencias necesarias para instalar el Congreso: y el artículo 94 rezaba: "Dos terceras partes de los miembros de que se compone el Congreso, serán suficientes para celebrar sesiones"[39].

Los partidos cabildeaban, sopesando si asistirían o no a las sesiones legislativas. Gabriel Mejía, confidente de Carías, ya había informado a Willauer que don Tiburcio había ordenado a sus diputados no asistir a la sesión preliminar, lo que significaba que no habría quórum y que el gobierno, presidido por Gálvez o por Lozano, se prolongaría[40].

El 1 de diciembre, solamente se presentaron a la sede del Congreso los 23 diputados liberales. Los 22 del Partido Nacional y los 11 del MNR se abstuvieron de concurrir, lo cual era una estrategia previamente acordada. Debe recordarse que, inicialmente, los libe- rales contaban con 26 diputados; pero, debido al fraude perpetrado en el departamento de El Paraíso, su representación parlamentaria quedó reducida a 23 diputados: uno más que el nacionalismo y doce más que el reformismo que, en suma, tenían 33 escaños.

Los diputados liberales aguardaron durante varias horas a sus colegas opositores. Al comprender que era un hecho consumado que no asistirían, procedieron a elegir como presidente provisional de la

[39] Ibíd., p. 437.

[40] 715.00/12-154, 1 de diciembre 1954.

Cámara a Santiago Meza Cálix; sabían, sin embargo, que no eran suficientes como para alcanzar las dos terceras partes requeridas. Las señales se tornaban ominosas tanto para los liberales como para el mantenimiento del orden constitucional. La incertidumbre era el sentimiento generalizado entre la población, que no entendía cómo se resolvería una situación que había desembocado en un punto muerto.

En la segunda sesión preparatoria, realizada el 3 de diciembre, nuevamente sólo asistieron los parlamentarios liberales, quienes nombraron una comisión para que visitara y asegurara su apoyo al presidente en funciones, Julio Lozano; además, exhortaron a cariístas y reformistas a que asistieran a la cámara legislativa el 5 de diciembre, o aceptaran su responsabilidad por la ruptura del orden constitucional.

En la tercera sesión preparatoria aceptaron las credenciales de los tres diputados por el departamento de El Paraíso, que habían sido invalidadas por la coalición nacionalista-reformista, con lo que la bancada liberal aumentó a 26 parlamentarios; a la vez, nombraron otra comisión para invitar a cariístas y reformistas a una mesa redonda legislativa para buscar salida a la encrucijada.

Según la embajada de EUA, la ausencia de los diputados cariístas podía interpretarse como el resultado lógico del anuncio de los reformistas de no concurrir a la sesión del 5 de diciembre, con lo cual estarían en minoría: 22 diputados frente a los 23 liberales. Por tanto, su única opción consistía en bloquear día a día la elección de Villeda Morales. La embajada temía que, de seguir, así las cosas, se desatara un resentimiento público incontrolable. Por ello es posible que estuviera resignada a aceptar el continuismo de Gálvez o Lozano, como mal menor. Los reformistas, por su parte, al ausentarse de las sesiones del Congreso, aseguraban el continuismo de Gálvez, su candidato original[41].

La cuarta sesión preparatoria contó, de nuevo, con la solitaria presencia de los diputados liberales. Mientras, Carías comunicó a la comisión parlamentaria que lo visitó que ya era muy tarde para un pacto, y que la sesión preliminar del 3 de diciembre había sido ilegal

[41] DeR. Coerr al Departamento de Estado, 715.00/12354, 3 de diciembre 1954.

por falta de quórum. Igualmente, infructuosas fueron las gestiones de la comisión de congresistas liberales que se entrevistó con Williams.

El secretario del Congreso Nacional, Modesto Rodas Alvarado, aseguró que los liberales asistirían a la sesión del domingo, y que permanecerían en el Congreso más allá de la medianoche, hasta que los expulsaran con bayonetas. El presidente del Legislativo, Santiago Meza Cálix, comunicó a Villeda Morales que se veía venir la dictadura del Ejecutivo, y que lo mejor para el liberalismo era proponer un pacto a Carías por el cual ambos partidos se reunirían en la sede del Legislativo el 5 de diciembre, con el fin de evitar la ruptura del orden constitucional y votar para que Lozano asumiera la presidencia por dos años. Villeda Morales debía consultar a Lozano esas propuestas[42].

Sin embargo, en la madrugada del 6 de diciembre de 1954, Lozano Díaz emitió el decreto N° 1, por el cual asumió todos los poderes del Estado y anunció que convocaría a una Asamblea Nacional Constituyente en el tiempo y forma que considerara oportunos. Y, mediante el decreto N° 2, creó el Consejo de Estado como órgano asesor: Antonio Castillo Vega, liberal, era el presidente; Salomón Jiménez Castro, cariísta, el vicepresidente, y Céleo Murillo Soto, reformista, el secretario.

Gálvez regresó el 8 de diciembre: lo recibieron Lozano y su gabinete, en el que figuraban los siguientes ministros liberales: Enrique Ortez Pinel, a cargo de la cartera de Educación, y Ángel Sevilla, de Recursos Naturales. También lo recibieron representantes de los tres partidos políticos. Se especulaba, equivocadamente, que Lozano devolvería la presidencia a Gálvez[43].

El Jefe de Estado confesó a Willauer que quería "hacer algo bueno por Villeda Morales", por lo que pensaba ofrecerle una embajada, por ejemplo la de Argentina, o la de Francia e Inglaterra, si estas naciones elevaban su representación diplomática de misión a embajada. Lozano no deseaba, de ninguna manera, que Willauer tuviera la impresión de

[42] 715.00/12-454, 4 de diciembre 1954.

[43] Willauer al Departamento de Estado, 715.00/12-854, 8 de diciembre 1954.

que estaba en contra del futuro político de Villeda Morales; por ello le manifestó que, si él aceptaba una embajada, le permitiría regresar a Honduras tan a menudo como lo deseara, y que podría intervenir en asuntos del Partido Liberal, sin limitantes.

Me preguntó qué pensaba de las posibles tendencias izquierdistas de Villeda Morales. Le respondí que no tenía evidencia concluyente de que él fuera un comunista; que carecía de una investigación firme y no podía estar seguro si había o no elementos comunistas en el Partido Liberal, o alguna influencia comunista operando en éste. Se propone eliminar la corrupción, pero admite que quizá no pueda lograrlo, no solo por falta de información y facilidades, sino por presiones políticas[44].

LOS INTENTOS POR INTEGRAR UN GOBIERNO DE UNIDAD

En su primer mensaje a la nación como Jefe de Estado, Julio Lozano, entre otros conceptos, expuso:

"El Gobierno que el destino ha querido que yo presida, ha decidido crear un Cuerpo Consultivo, integrado con los Honorables Diputados al Congreso Nacional, electo en octubre último, y con otras personas de reconocida capacidad y honradez pertenecientes todas a los tres partidos políticos hondureños. Función primordial de ese organismo será la de preparar y estudiar... un proyecto de Constitución Política, para someterlo a la aprobación de una Asamblea Constituyente, que será electa al efecto, cuando aquel proyecto esté definitivamente listo. Y estoy seguro que un proyecto de Constitución, preparado por los representantes de los tres partidos políticos, estará más en armonía con las necesidades y aspiraciones del país... Ciudadanos: Honduras ha llegado al punto crucial de su destino histórico: o continuamos desunidos en el largo y penoso vía crucis de nuestras infecundas luchas fratricidas, o seguimos, por el contrario, la senda amplia y promisoria de la unión nacional. La hora es de prueba. Tenemos todos que poner a contribución nuestro

[44] Willauer al Departamento de Estado, 715.11/12-2054, 20 de diciembre 1954.

patriotismo. Si es cierto que estamos prestos a sacrificar por la Patria nuestras vidas... menos difícil ha de ser para nosotros, hacer a un lado nuestros intereses personales y de partido, en bien exclusivo de nuestra querida Honduras...".[45]

Lucas Paredes, un estudioso de nuestra historia política, sostiene que el Partido Liberal ofreció por intermedio de Ramón Villeda Morales, su cooperación a la política de unidad nacional que propuso el Jefe de Estado. El general Carías también había prometido apoyo al nuevo régimen. Don Julio contaba también con el respaldo del minoritario grupo reformista. Esto lo colocaba en la mejor de las condiciones políticas para hacer un gobierno excelente y encauzar al país por la senda de las rectificaciones honorables[46].

El año 1955 inició con buenos augurios, pese a que las huelgas e inundaciones causaron un descenso en las exportaciones, reduciéndose los ingresos por concepto de venta de bienes al 75% de los niveles normales; además, se incrementó la importación de alimentos básicos, como resultado de las pobres cosechas habidas en 1954, lo que aumentó el déficit comercial. Sin embargo, la inversión pública aumentó al implementarse- por vez primera en la historia económica del país, un Plan Quinquenal de Desarrollo Económico, administrado por el Consejo Nacional de Economía como organismo central de planificación. Este contemplaba desembolsos por $ 94 millones, entre 1956 y 1961, en carreteras, desarrollo hidroeléctrico, expansión agrícola y mejoramiento portuario[47].

---

[45] "Manifiesto del Jefe del Estado al pueblo hondureño", Revista Política de Honduras, año I, N° 5, mayo 1999, pp. 188-190. En diciembre había manifestado a los diplomáticos estadounidenses que esperaba dejar la jefatura de Estado al cabo de uno o dos años y medio, si el Consejo de Estado realizaba su cometido, abandonaba la intriga política, y creaba un clima y un conjunto de leyes que permitieran elecciones libres. Afirmó estar comprometido y determinado a generar una situación en la que Honduras tuviera elecciones completamente libres y democráticas (715.11/12-2054m, 20 de diciembre 1954).

[46] Lucas Paredes, Drama Político de Honduras, México, Latinoamericana, 1958, p. 632.

[47] "Annual Economic and Financial Review-Honduras, 1955", Roy I. Kimmel al Departamento de Estado, despacho 454, 2 de mayo 1956, RG 84, caja 8. También incluía inversión en programas sociales: escuelas, hospitales, rehabilitación del

En febrero de 1955 se emitió la Carta Constitutiva de Garantías del Trabajo, decreto N° 50, que incluía el derecho de los trabajadores a organizarse, a la contratación colectiva, a la huelga y a los paros laborales; establecía las bases para la conciliación y el arbitraje, así como la jornada laboral de ocho horas diarias y 48 semanales, con pago doble por trabajo realizado en días festivos y feriados. También anticipaba la futura emisión de regulaciones laborales para todas las empresas con al menos diez empleados. Esta legislación, calificada como la primera ley laboral básica de Honduras, fue respaldada por los tres partidos políticos. Un diplomático estadounidense aseveró que ésta tomó en cuenta muchos de los principios básicos contenidos en las convenciones de la Organización Internacional del Trabajo (OIT) y aceptadas en los países más avanzados socialmente[48].

A pesar de estas medidas progresistas, ya se perfilaban nubarrones en el horizonte político. Para el caso, Lozano expresó a Willauer que estaba seguro de que Villeda Morales no tenía intención de cooperar con su administración. También se quejó de que no estaba recibiendo todo el apoyo de los partidos para preparar el camino que condujera a una Asamblea Nacional Constituyente y realizar elecciones. El Jefe de Estado, además, tenía la certeza de que la negativa del Banco Internacional de Reconstrucción y Fomento (BIRF) para financiar el Proyecto Río Lindo, se debía a la intervención de Villeda Morales quien, al parecer, sostenía que el préstamo debía otorgarse hasta que hubiera elecciones y se restableciera la constitucionalidad[49]. El 17 de junio, Lozano solicitó a dicho ente financiero que se retirara del país por haber excluido a Honduras de la lista de países centroamericanos a los que otorgaría préstamos por vez primera.

---

valle de Sula, Proyecto Hidroeléctrico Río Lindo. El financiamiento provendría de préstamos internos y externos.

48 815.00/3-1655, 16 de marzo 1955.

49 815.00/5-2055, 20 de mayo 1955.

SE ACUMULAN LAS TENSIONES Y LAS INTRIGAS

En 1955, Villeda Morales ya controlaba los consejos locales de su partido. Esto significaba un gran logro, pues eran la fuente de poder para controlar la maquinaria partidaria; de ello se deducía que los diputados liberales a la Asamblea Constituyente serían villedistas[50], El embajador Willauer tenía la impresión de que el objetivo del dirigente liberal era que se realizara la elección de diputados a una Asamblea Constituyente, que estaría investida de la facultad para elegir al presidente de la República, alrededor de marzo de 1956. Villeda Morales le afirmó que el Partido Liberal planeaba redactar una constitución fuera de la maquinaria gubernamental, que podría someterse, junto con otros posibles proyectos, a consideración de los votantes[51].

Pero el sector conservador del liberalismo albergaba otros planes. Así, Santiago Meza Cálix presentó una iniciativa al Jefe de Estado, escrita pero sin firmas, en la que proponía que los delegados liberales a la Constituyente, controlados por esa corriente, votarían en favor de la continuación de Lozano, ya como presidente, siempre que aceptara a uno de ellos como vicepresidente y se le otorgara a esa facción una representación en el Poder Ejecutivo del nuevo gobierno, en proporción al "verdadero voto liberal", en oposición a los resultados oficiales.

Después de reunirse con Lozano, Willauer concluyó que a éste le interesaba continuar en el poder[52]: él le aseguró haber recibido el apoyo de Williams para permanecer en el mando, y que éste había admitido, tácitamente, no tener el poder para emerger como presidente de la República. El embajador percibió que el Jefe de Estado aún estaba inseguro respecto al juego político de Carías; si bien creía que no pensaba retornar a la presidencia, no sabía a quién otorgaría su respaldo. Enrique Ortez Pinel, otro prominente liberal

---

[50] Ídem.

[51] Willauer al Departamento de Estado, 715.00/8-155, despacho 60, 1 de agosto 1955.

[52] Willauer al Departamento de Estado, 715.00/9-2355, 23 de septiembre 1955.

que había roto con Villeda, también apoyó públicamente a Lozano en un discurso pronunciado en San Pedro Sula el 19 de octubre de 1955, lo que reiteró en otra arenga realizada en Olanchito[53].

Los liberales conservadores, a los que se había unido Rafael Medina Raudales, comunicaron al canciller Esteban Mendoza que no podían hablar de unificar todos los partidos alrededor de Lozano, sin que éste lanzara previamente una invitación al respecto: de otra manera, pensaban que podrían ser acusados de traidores a la causa del Partido Liberal[54].

En una reunión del liberalismo, conformada por diecisiete delegados, uno por cada departamento, para decidir si debían acordar con el Jefe de Estado la integración de un gobierno de conciliación nacional antes de las elecciones, Villeda Morales sostuvo que si se daban elecciones libres, ellos obtendrían el 80% de los votos; y que si eran fraudulentas, el pueblo se rebelaría. Al llevarse a cabo la votación, la posición de Villeda de no apoyar la conciliación obtuvo ocho votos; a favor de un acuerdo con el Jefe de Estado, siete votos, en tanto que dos comisionados se abstuvieron. Se realizó una segunda reunión, en la que triunfó la moción villedista con diez votos[55].

Willauer opinaba que el temor básico y legítimo de los conservadores era que si las elecciones se celebraban, el ganador - posiblemente el Partido Liberal, podría proceder a redactar una constitución que le permitiera perpetuarse en el poder[56].

El Partido Liberal criticaba a la Corte Suprema de Justicia por no haber realizado cambios en el nombramiento de jueces, así como a su correligionario, Antonio Castillo Vega -nombrado presidente del Consejo de Estado por Lozano, quien había declarado no pertenecer a ningún partido y apoyar las políticas del Jefe de Estado. Como puede apreciarse, las tensiones se acumulaban tanto en las relaciones

---

53 Willauer al Departamento de Estado, 715.00/10-2655, 26 de octubre, 1955.

54 Willauer al Departamento de Estado, 715.00/11-2955, 29 de noviembre 1955.

55 Willauer al Departamento de Estado, 715.00/12-1455, 14 de diciembre 1955.

56 Willauer al Departamento de Estado, 715.00/3-256, despacho 400, 2 de marzo 1956.

de la oposición con el gobierno como dentro de los partidos; mientras, el proyecto de conciliación nacional se resquebrajaba y mostraba grietas cada vez más profundas, en la medida que se perfilaba la intención de perpetuar a Lozano. Ya a inicios de 1955, éste había dicho a DeR. Coerr sentirse "muy desalentado" por la falta de apoyo de los tres partidos a su política de conciliación; manifestó que ésta era un fracaso completo, pues cada ministro actuaba en forma sectaria, convirtiendo su respectiva cartera ministerial en un feudo en el que solo empleaba a correligionarios afines.

De otra parte, varios de sus asesores y hombres de confianza, obsesionados por conservar indefinidamente sus privilegios y cargos burocráticos, infundían en el Jefe de Estado la idea de que continuará en el mando más allá de la convocatoria a la Constituyente, buscando instrumentalizarlo para sus intereses personales. Para concretizar sus designios, el 12 de octubre de 1955 organizaron el Movimiento de Unidad Nacional (MUN). Los firmantes del acta constitutiva expresaron que la resolución de crear el instituto cívico tenía como finalidad (llevar a la Presidencia de la República al ciudadano Julio Lozano Díaz para un período presidencial)[57]. Una delegación del MUN visitó a Carías, quien la rechazó y rehusó discutir sus planes, lo que revelaba su aversión hacia aquellos que consideraba tránsfugas por desafiar su liderazgo dentro del Partido Nacional.

Lozano presentó un calendario para instalar la Asamblea Nacional Constituyente, que incluía: haber completado el registro de electores al 31 de diciembre de 1955; una campaña política limitada a tres meses; y el anuncio de que depositaría el poder en la Constituyente, el 1 de julio del siguiente año[58].

Villeda Morales emitió sus puntos de vista respecto a la situación política, al contestar un cuestionario que le remitió diario El Pueblo. Opinó que no creía que Lozano pretendiera continuar en el poder, manteniendo una posición que no buscó ni deseó. También

---

[57] Citado por Juan Ramón Martínez, en El asalto al cuartel San Francisco: el día que la juventud hizo temblar a la dictadura. Tegucigalpa, 18 Conejo, 2003, p. 32.

[58] 715.00/11-255, 2 de noviembre 1955.

expresó que la unión del Partido Nacional con el MNR sería beneficiosa para el Partido Liberal y para el pueblo, ya que neutralizaría la posibilidad de mayorías electorales relativas. Expresó que los fundadores del PUN —como llegó a ser conocido popularmente el Movimiento de Unidad Nacional—, habían cometido un error táctico, y no descartó que adulteraran el censo electoral para ganar, de manera fraudulenta, la elección de diputados a la Constituyente; pero que esa adulteración no sería suficiente para superar la mayoría liberal.

A la pregunta de cuál sería la posición de su partido si impedían de nuevo su triunfo electoral, respondió que era difícil para la gente soportar dos burlas consecutivas... si a finales de 1954 el gobierno de facto había sido aceptado como un mal necesario, ahora ese mismo gobierno tenía el deber de velar para que el retorno a la constitucionalidad no se constituyera en otro fraude nacional. Al preguntársele si pensaba que la Asamblea Constituyente nombraría al futuro presidente constitucional de la República, respondió que, si los adversarios obtenían la mayoría en la Asamblea Constituyente, sí podría. Y recordó que el Jefe de Estado expresó a los liberales integrantes del Consejo de Estado que la Constituyente debía nombrar al presidente de la República. A partir de ello, la encrucijada en la próxima lucha electoral sería la prolongación del orden de cosas, por medio de un mandato constitucional, o la elección directa y popular de un presidente constitucional.

La emisión del decreto-ley 181 —con las firmas de los ministros, incluidos los liberales Ortez Pinel y Sevilla—, que establecía la revisión de la Ley Electoral en un plazo de seis meses, en lugar de los dos previamente decretados, fue interpretada por diario El Pueblo como un mecanismo para demorar las elecciones de la Asamblea Nacional Constituyente y facilitar el continuismo de Lozano[59].

Sin embargo, El Pueblo informó que Lozano había garantizado elecciones libres y que no albergaba ambiciones personales ni pretensiones de continuar en el poder, a Villeda Morales y otros dirigentes liberales, en una reunión que celebraron con el fin de buscar medios y formas para crear un gobierno tripartito de

---

[59] 715.00/12-2155, 21 de diciembre 1955.

conciliación nacional después de las elecciones de 1956[60].

Por otra parte, es innegable que 1955 concluía con logros significativos emprendidos por Julio Lozano. Cabe destacar la implementación del Plan Quinquenal para el Desarrollo Económico: la creación de dos nuevas secretarías de Estado, Salud Pública y Trabajo; el nombramiento de nuevos magistrados a la Corte Suprema de Justicia, al haber expirado el período para el cual habían sido electos: la creación del Consejo Nacional de Economía; y, la emisión de una nueva Ley del Impuesto sobre la Renta, así como un Código de Aduanas. Un estudioso del período opina que:

"posiblemente, la medida política más inteligente de don Julio Lozano fue la integración del Consejo de Estado... por ese medio aceptó la voluntad de las urnas, en vista de que sus integrantes fueron escogidos entre las listas presentadas por los tres partidos políticos; en tanto que... transmitió a la opinión internacional la idea de un gobierno estable, formalmente legítimo que, además. gozaba del respaldo de todas las fuerzas políticas que se disputaban el control del poder del Estado hondureño"[61].

Desafortunadamente, prevalecieron las ambiciones continuistas; y, con ellas, las zancadillas y la intolerancia. Como veremos, la tregua alcanzada en 1955 dio paso a la polarización y el enfrentamiento entre el gobierno y las fuerzas opositoras a lo largo de los diez primeros meses de 1956.

EL TIRO DE GRACIA A LA POLÍTICA DE CONCILIACIÓN NACIONAL

El 3 de enero de 1956 se iniciaron pláticas entre los tres partidos políticos, coordinadas por Lozano Díaz. El propósito era discutir sobre el retorno a la constitucionalidad y la forma de encontrar una solución patriótica para designar y apoyar al ciudadano que sería electo presidente de la República.

"Conocido el proyecto, se le advirtió a don Julio... que era

---

[60] 715.00/1-356, 3 de enero 1956.

[61] J. R. Martínez, op. cit.

peligrosa su inaceptable idea de Mesa Redonda, donde las deliberaciones de los representantes de los partidos estarían cohibidas por su presencia en ella. Y porque, además, el Jefe de Estado era parte interesada en el asunto... el señor Lozano no atendió las sinceras sugerencias, y provocó la Mesa Redonda con una insistencia que a las claras dejaba comprender cuán interesado estaba en que el problema político se ventilara en su presencia, sin atinar que aquello era el principio de su fin. Todas las dificultades que le sobrevinieron al Jefe de Estado tuvieron su origen en el fracaso de aquellas pláticas que tan violenta e inopinadamente dio por terminadas, rompiendo desde aquel día la cordialidad que venía cultivando con el liberalismo villedista...".[62]

Los funcionarios de la embajada, por su parte, notificaron a sus superiores que una victoria liberal sería motivo de preocupación para los gobiernos de Nicaragua y Guatemala: «Entre más frustrados están, más violento será su ingreso al poder. Si los comunistas son capaces de atrincherarse durante un período de dificultades internas, la situación puede llegar a ser como la de Guatemala antes de 1954[63].

La posibilidad de que la izquierda hondureña aprovechara la coyuntura para tomar ventaja y avanzar en sus objetivos, es una constante en la correspondencia diplomática consultada. A continuación, otros ejemplos:

En hoja suelta, Lozano ataca a Villeda Morales, y en vista de la conexión de éste con el comunismo internacional, Lozano se ve obligado a emitir una ley anticomunista (Decreto-Ley 206, Ley de Defensa del Régimen Democrático) para salvar al país y detener la infiltración comunista[64].

Aunque las declaraciones públicas de Villeda han sido nacionalistas, ligeramente pro estadounidenses y anticomunistas, hay razón para dudar de él. Se cree que, fundamentalmente, es oportunista[65].

---

62 L. Paredes, op. cit., pp. 637-638.

63 715.00/2-1056, 10 de febrero 1956.

64 715.00/2-2156, 22 de febrero 1956.

65 Memorandum de Neal a Holland, 715.00/5-2456, 24 de mayo 1956.

Días después, Willauer envió este comentario al subsecretario de Estado para Asuntos Latinoamericanos:

"Si Villeda realmente cuenta con los seguidores que a menudo se le atribuyen, esto surge, principalmente, de un compendio de las esperanzas no pensadas de votantes ignorantes y no educados que son arrastrados por su elocuente y demagógica oratoria, un deseo vago y generalizado por un cambio, estimulado por el conflicto que Honduras ha tenido en los dos pasados años (nada de lo cual fue culpa de Lozano), más la prolongada presencia de los nacionalistas en el poder y, más importante, un apetito de los políticos alineados con Villeda Morales por acceder a las sinecuras gubernamentales".[66]

Su análisis prejuiciado continuaba así:

"Las declaraciones públicas y la actitud de Villeda en general, seriamente, me atemorizan para el futuro... ha formulado algunas promesas irresponsables, como cuadriplicar la actual escala salarial y abolir los monopolios extranjeros... Si realmente cumple lo que dice, entonces su victoria arruinará cualquier esperanza de progreso económico y desarrollo social. Villeda ataca el programa económico de Lozano, pero no formula sugerencias sobre lo que él hará. Ofrece señales perturbadoras de ser, potencialmente, otro Arbenz. Existe mucha evidencia de su asociación comunista, y varios de sus más cercanos consejeros son miembros del Partido. o bien fervientes compañeros de viaje".

Indicó en su informe que Oscar Flores había expresado elogios a la Unión Soviética, y que la dirigencia liberal trató de nombrar como su representante en el Tribunal de Elecciones a José María Palacios. "quien pertenece al Secretariado del Partido Comunista". Y proseguía así:

"Villeda Morales y sus más cercanos seguidores no han tenido absolutamente ninguna experiencia en administración pública... finalmente, Villeda fue abierto admirador de Árbenz y su régimen... Personalmente es egoísta... tiene una esposa dominante que a ratos parece controlarlo, es extremadamente ambiciosa y muy izquierdista. La reciente causa común de Villeda con su tradicional archienemigo Carías revela su oportunismo político, que considero

[66] Willauer a Holland, 715.006-756, 7 de junio 1956.

peligroso, ya que, si se une a Carías por conveniencia política, también puede hacerlo con el comunismo, si piensa que eso puede ayudarlo. De hecho... parece que ya trata de forjar un pacto con el Partido Comunista. Dejando de lado el comunismo, temo grandemente por la estabilidad y orientación política de un régimen bajo el dominio de Villeda, algo que es compartido por muchos hondureños y extranjeros residentes en Honduras... su ascenso al poder, probablemente, causará graves aprehensiones en, al menos, dos de las cinco repúblicas centroamericanas"[67].

También recordó que Villeda había visitado Estados Unidos. en abril de 1955, con el propósito de influir en el BIRF para que no desembolsara un préstamo al gobierno.

DEPORTACIONES Y DESCONTENTO POPULAR

En junio, Lozano confió a Willauer que pensaba deportar a Villeda y a cuatro o cinco de sus asesores, a Cuba o a la República Dominicana, pero el embajador le advirtió que tal medida dañaría la reputación internacional de Honduras[68]. Aparentemente, el Jefe de Estado estuvo anuente a no emprender la acción, al menos por el momento. Sin embargo, el 10 de julio el gobierno desterró a Villeda Morales, Oscar Flores y Francisco Milla Bermúdez: los enviaron a Guatemala, donde Villeda declaró a la prensa que tal decisión era un signo de la debilidad e inseguridad del Jefe de Estado[69].

Al llegar a Guatemala, el gobierno de ese país les dio un plazo de 24 horas para que lo abandonaran, debido a las declaraciones ofrecidas a la prensa, con lo que habían violado el derecho de asilo, por lo que debieron partir hacia Costa Rica, donde gobernaba el socialdemócrata José Figueres Ferrer, amigo personal del dirigente liberal. Juan Milla Bermúdez también fue expulsado del país y

---

[67] Ídem.

[68] 715.00/2756, 27 de junio 1956

[69] 715.00/7-1056, 10 de julio 1956. El gobierno justificó la medida responsabilizándolos de preparar una huelga de brazos caídos, que sería el preludio de un alzamiento, para lo que recibirían un millón de lempiras del extranjero. Véase S. Natalini de Castro, et al., op. cit., p. 47.

enviado a Guatemala el 12 de julio[70].

El secretario asistente del Departamento de Estado, Henry Holland, sostenía que se debían encontrar formas para impedir que Villeda Morales se constituyera en otro Rómulo Betancourt en el exilio, fomentando revoluciones y aliándose con los comunistas[71].

Lozano explicó a Willauer las razones que lo llevaron a adoptar tal determinación. Según su versión, el Partido Liberal intentó interrumpir el orden público convocando a una huelga general, que había fracasado, durante la semana del 25 de junio. Ese día, el comité reorganizador del Partido Liberal, conformado por liberales antivilledistas y que ocupaban puestos burocráticos, lanzaron un manifiesto atacando a la dirigencia de su partido, especialmente a Villeda Morales, y expresando su apoyo a Lozano; lo firmaron, entre otros, José María Brito, Manuel Torres Ramos, Pedro Rovelo Landa, Víctor Ceferino Muñoz, Virgilio Cardona y Medardo Mejía[72].

La oposición liberal a Villeda Morales había formado el Comité para la Reorganización del Partido Liberal, integrado por Enrique Ortez Pinel, Roque Rivera, Rafael Medina Raudales, Antonio Castillo Vega y Medardo Mejía, como coordinador, a quien el villedismo acusó de comunista. El 19 de julio apareció como vocero de este grupo el periódico El Constitucional, editado precisamente por el escritor Medardo Mejía. Los autoproclamados liberales (auténticos) habían llamado a Céleo Dávila para que regresara a Honduras y se uniera a ellos, insinuando que él podía ser candidato a la presidencia; desde hacía muchos años Dávila residía en Costa Rica, donde se desempeñaba como abogado de la United Fruit Co.

Pocos días antes, Villeda Morales había visitado la embajada de EUA para presentar a los recién electos miembros del Central Ejecutivo y para solicitar que interpusiera sus buenos oficios a fin de

---

[70] 715/00/7-1156, 11 de julio 1956.

[71] 715.00/8-1556, 15 de agosto 1956. El político venezolano Rómulo Betancourt pasó varios años en el exilio, a partir de 1928; retornó a su país en 1936, pero fue nuevamente desterrado en 1939; de 1948 a 1958 de nuevo vivió en el exilio, pero en 1959 ganó las elecciones presidenciales.

[72] Ramón Oquelí. «Gobiernos hondureños durante el presente siglo». citado por J. R. Martínez, op. cit., p. 23.

facilitar una solución pacífica a la situación política. El embajador le recordó que la política oficial de su gobierno era no intervenir en los asuntos internos de otras naciones, a lo que Villeda replicó que, a veces, el no intervenir equivalía a intervenir[73].

Entre tanto, desde el mes de junio, estudiantes de nivel medio y superior protestaban en las calles reclamando la destitución del rector de la Universidad Nacional, Ernesto Argueta, a lo que se negaba el Jefe de Estado. Esta demanda se fue ampliando, hasta adquirir connotaciones políticas. El movimiento, originado en Tegucigalpa, se fue extendiendo a medida que los estudiantes de la Costa Norte y Occidente se sumaron a las protestas, violentamente reprimidas por fuerzas policiales que arrestaron a algunos de los dirigentes. El conflicto continuó durante junio y julio. Estas protestas juveniles pueden considerarse como el principio del fin del régimen lozanista, y evidenciaron su debilidad intrínseca, ya que utilizó la fuerza bruta para sofocarlas.

El canciller Mendoza informó a Willauer que, durante la sesión del gabinete donde decidieron desterrar a los dirigentes liberales, defendieron la medida el ministro de Educación, Enrique Ortez Pinel y Santiago Meza Cálix, ministro de Recursos Naturales, al igual que el reformista Mariano Guevara, ministro de Trabajo. Ortez Pinel y Guevara la justificaron con el argumento de que los tres dirigentes habían estado influyendo en estudiantes universitarios y otros elementos políticos para que se opusieran a las políticas del Jefe de Estado; se afirmó que Milla Bermúdez había incitado al presidente del SITRATERCO, Francisco Panchamé, a que declarara una huelga de los trabajadores de la Tela, lo que éste rechazó, procediendo a informar al ministro de Trabajo. Ortez Pinel y Meza Cálix pensaban que en ausencia de Villeda Morales podrían controlar el Partido Liberal.

Pero la embajada opinó que esta acción drástica está siendo interpretada como una clara evidencia de que Lozano ha decidido continuar en el poder mediante la fuerza... la Embajada cree que exiliar a estos tres prominente liberales puede crear más problemas de los que soluciona y, una vez se ha apelado a este tipo de

---

[73] Pool al Departamento de Estado, despacho 2, 715/7/656, 6 de julio 1956.

"solución" simple, pero arbitraria, Lozano puede estar tentado a probar de nuevo...[74].

El 11 de julio, Lozano se dirigió a la nación para explicar las razones que lo habían motivado a exiliarlos, y condicionó el retorno al momento "cuando la tranquilidad haya sido restaurada y renuncien a su actividad subversiva".

LA INEVITABLE CAÍDA DE JULIO LOZANO DÍAZ

El 1 de agosto de 1956, un grupo de liberales, que incluía a estudiantes universitarios, asaltó el cuartel San Francisco, ubicado en el centro de Tegucigalpa, el cual, a las pocas horas, fue recuperado por fuerzas militares gubernamentales[75].

Villeda Morales se encontraba en el exilio, y no existe evidencia que lo vincule con el intento de apoderarse de la guarnición. No obstante, para Lozano Díaz y su círculo, el responsable del conato de levantamiento militar no era otro más que Villeda Morales. El canciller Mendoza incluso afirmó que Villeda podía regresar cuando lo deseara, pero que sería arrestado por su complicidad en la revuelta[76].

"Aunque no tienen evidencia, y más bien las cosas apuntan a un movimiento en el que el líder exiliado en Costa Rica no tiene injerencia, la prensa adicta al gobierno se encarga de acusar de la autoría intelectual de los hechos a los villedistas a quienes, además, apodan de comunistas"[77].

El 8 de agosto, por decreto-ley 277, el régimen convocó a elecciones para integrar la Asamblea Nacional Constituyente; se

---

[74] 715.00 (W)/7-1056, despacho 6, 10 de julio 1956. El secretario de la embajada, John C. Pool, opinó que la agitación estudiantil, más que cualquier otra cosa, pudo haber motivado el exilio de Villeda y sus compañeros.

[75] Los detalles de la toma, la lucha y la derrota de los alzados se encuentran en: Juan Ramón Martínez. El asalto al Cuartel San Francisco: el día que la juventud hizo temblar a la dictadura, op. cit., por lo que remitimos al interesado a la lectura de este libro.

[76] 715.00/9-356, 3 de septiembre 1956.

[77] J. R. Martínez, op. cit., p. 153.

escogerían 59 diputados, uno por cada 25 mil habitantes. La fecha establecida fue el 7 de octubre. Pero, el primer día de ese mes, el Partido Nacional anunció públicamente que se abstendría de participar en la contienda electoral, ante la evidencia del fraude planificado. El 6 de octubre, el Partido Liberal asumió similar posición.

Pese al abstencionismo de las dos principales fuerzas políticas, lo que le restaba credibilidad al proceso, la dirección del PUN decidió continuar con la organización de las elecciones. Así, el 6 de octubre, el Tribunal Supremo Electoral declaró «sin lugar el retiro de planillas de diputados a la Asamblea Nacional Constituyente postulados por el Partido Nacional, y mantener en vigor la inscripción que de ellos se hizo en el término legal[78].

El resultado oficial de las elecciones fue la prueba más elocuente de su ilegitimidad: el oficialismo alcanzó todas las diputaciones, con 370.318 votos; el Partido Liberal, 41.724; y, el Partido Nacional, 2.008 votos.

El 15 de octubre, el MNR y el MUN ratificaron la decisión de que los diputados electos por ambas agrupaciones elegirían a Lozano como presidente constitucional[79]. Se fijó el 1 de noviembre como el día en que se inauguraría la Asamblea Nacional Constituyente.

La imposición del gobernante era un hecho decidido en las más altas esferas oficiales, lo que cerró todas las puertas hacia un posible entendimiento de última hora. La ciudadanía tenía dos opciones: mantener una actitud pasiva y, con ello, permitir tácitamente el continuismo, o reaccionar ante la fraguada arbitrariedad, haciendo que se respetara la voluntad popular, que clamaba por elecciones y el retorno al Estado de derecho.

En octubre, los altos mandos castrenses ya habían decidido impedir la permanencia de Lozano. A partir de la administración Gálvez se había iniciado un gradual pero sostenido proceso de profesionalización del cuerpo armado, con la asesoría militar y

---

[78] Ídem.

[79] Ibíd., p. 462.

económica del gobierno estadounidense[80]; algunos de sus oficiales empezaban a abrigar ambiciones personales, y buscaban instrumentalizar a las Fuerzas Armadas para promover sus proyectos individuales. Esa combinación de espíritu de cuerpo, de conciencia grupal y de apetencias de orden privado, es la que explica la incursión de los militares en la política nacional a partir del 21 de octubre de 1956.

Ese día, de manera incruenta, fue derrocado el Jefe de Estado quien, pocas semanas antes, había viajado a Estados Unidos en procura de asistencia médica para sus afecciones cardíacas. Su caída fue saludada por los civiles, quienes esperaban el restablecimiento de un gobierno directamente electo por el pueblo, incluyendo a las mujeres, que ahora sí podrían ejercer el sufragio, luego de la emisión del decreto del 24 de enero de 1955 que les reconocía ese derecho cívico.

Sin duda, don Julio Lozano no logró superar el autoritarismo en el que se formó, a diferencia de su antecesor Juan Manuel Gálvez. Fue un personaje contradictorio, dotado de talento administrativo pero huérfano de una visión política que le aportara la suficiente dosis de realismo y flexibilidad para preparar el retorno a la constitucionalidad. Por tanto, su caída fue tan inevitable como esperada.

---

[80] En 1954, el coronel M. C. Stalluck, jefe del Grupo Asesor de Asistencia Militar, afirmaba: «...este país ha dependido de unidades militares pequeñas, separadas y casi autónomas, ubicadas en 'cuarteles' en casi cada pueblo y en cada ciudad... El tamaño varía de 10 a 200 hombres en los cuarteles más grandes. No existe organización en el sentido de escuadras, pelotones o compañías. El armamento es una colección heterogénea de armas obsoletas con poquísimas armas modernas estadounidenses... El número actual de efectivos se calcula entre cuatro y siete mil. No existe un registro centralizado y, debido a que los comandantes locales son casi autónomos, es difícil calcular su verdadero número. La única unidad militar que amerita su nombre es la Fuerza Aérea Hondureña. Está organizada, disciplinada, integrada y bien dirigida... El objetivo es crear y organizar una fuerza militar confiable, fuerte, con actitud profesional y leal al país» (en, decimal file 1950-1954, RG 59, caja 3255, 28 de junio 1954).

CAPÍTULO V
EL ASCENSO DE LOS MILITARES

Tras la forzada renuncia del Jefe de Estado, se anunció la conformación del nuevo gobierno; lo integraría un triunvirato, en el que la rama de Infantería la representaría el general Roque J. Rodríguez y, la de Aviación, el coronel Héctor Carraccioli y el mayor Roberto Gálvez Barnes.

La Junta Militar pidió a Villeda Morales que continuara por el momento en Costa Rica, y otorgó amnistía incondicional por ofensas políticas cometidas a partir del 17 de diciembre de 1954. El 10 de noviembre, el gobierno despachó una aeronave a aquel país para que trasladara al dirigente liberal a Honduras. Al retornar, éste ofreció su cooperación a la Junta y aceptó el cargo de embajador en Washington.

Sin embargo, su partido se mostró dividido respecto a la conveniencia de que asumiera el cargo diplomático, por lo que Villeda Morales declaró que ello dependía de lo que decidiera el Consejo Central Ejecutivo y de que se cumplieran las siguientes condiciones: despido de los funcionarios lozanistas, establecimiento de una fecha definitiva para celebrar elecciones, y que el gobierno le permitiera regresar para realizar campaña política cuando se acercaran los comicios.

Al respecto, la embajada de EUA comentó que Villeda quería el puesto, pero temía arriesgar su popularidad al aceptarlo. También lo calificó de ambicioso y oportunista, sin la suficiente fortaleza moral para equilibrar su gusto por la popularidad, respecto a la cual, aparentemente, no tenía competidores.

"La Junta piensa que es inadecuado autorizar a Villeda para que llegue a la presidencia; con su demagogia, falta de principios y su jauría de liberales hambrientos, por largo tiempo fuera del empleo público, sería un desastre nacional. ¿Para qué fortalecer la economía si Villeda la arruinará? Existen dos opciones: continuar manejando el país... hasta que Villeda tenga alguna oposición efectiva y más deseable; o renunciar al esfuerzo actual para alcanzar estabilidad, cediendo ante la campaña liberal de celebrar elecciones y entregar a

Villeda el país. cuando apenas se está recuperando del agotamiento político y económico, confiando en que se desgastará rápidamente como figura popular de modo que, a costa de otro período de inestabilidad, se retomaría la recuperación sin que Villeda domine el escenario. Se piensa en un gobierno de coalición, con una elección arreglada, con un gobierno políticamente mixto, de acuerdo a un arreglo previo entre Villeda y los liberales con la Junta, los demás elementos políticos, y los militares".[81]

1957 fue el año de la consolidación del gobierno castrense, que contaba con el respaldo de la ciudadanía y de los partidos políticos, en el entendido de que sería de transición, y conduciría a las elecciones para que el país volviera a un régimen de derecho. Para los militares se trataba de una experiencia inédita en su corta vida institucional: la administración del Estado, hasta entonces a cargo de los civiles, en tanto que los de uniforme ocupaban una posición subordinada. Pero a partir del 21 de octubre de 1956 los papeles se invirtieron, si bien la relación entre ambos sectores era de colaboración y no de antagonismo. En el mensaje de Año Nuevo, la Junta manifestó que su primera prioridad era restaurar la economía nacional y alcanzar la estabilidad política, y que las elecciones se realizarían hasta haber alcanzado ese objetivo.

Villeda Morales afirmó estar de acuerdo con el retorno a la constitucionalidad; una comisión del Central Ejecutivo, encabezada por Francisco Milla Bermúdez, se reunió con la Junta, la que aclaró que el comunicado de Año Nuevo no significaba que en 1957 se realizarían elecciones. La delegación liberal llevaba instrucciones de presentar un ultimátum al gobierno militar, pero se abstuvo de entregarlo; no obstante, ya se había filtrado a la prensa, lo que molestó a Villeda Morales, quien desautorizó a Milla Bermúdez[82].

En Washington, ya como embajador, Villeda Morales expresó a Stewart y Warner, funcionarios del Departamento de Estado, que la Asamblea Constituyente, además de aprobar una constitución previamente acordada, podía elegir directamente al presidente o

---

[81] Friedman al Departamento de Estado, 715.00/12-756, 7 de diciembre 1956.

[82] 715.00/1-857, 8 de enero 1957.

convocar a elecciones. Declaró estar a favor de la representación proporcional y de un gobierno formado por los mejores elementos de todos los partidos.

Villeda aprovechó su permanencia en Washington para establecer relaciones directas con los encargados de los Asuntos Latinoamericanos en el Departamento de Estado, para dar a conocer sus ideas sobre el gobierno que pensaba poner en práctica y para limpiar su imagen de «comunista». Posteriormente, aprovechó estos contactos en su campaña electoral, al afirmar que contaba con la aprobación del Departamento de Estado para ser presidente de la República[83].

Días después, en Tegucigalpa, se reunió con los triunviros y con Gabriel Mejía, con quien dialogó acerca de un posible entendimiento con Carías… "ya que cree que éste aún tiene considerable influencia entre los militares. A su hijo Gonzalo lo descartó como una fuerza política importante; piensa que Williams no posee mayor número de seguidores, y que Osvaldo López Arellano es fuerte en razón de su puesto como Ministro de Defensa: afirmó estar considerando un arreglo con otros partidos políticos, particularmente con los nacionalistas, a fin de integrar una sola planilla de candidatos a la Asamblea Constituyente; aunque duda que se concrete, está tratando".[84]

La cita anterior revela los planes y alternativas que tenía entre manos el ya para entonces líder indiscutido del liberalismo, quien no olvidaba el fraude cometido en su contra en 1954 y no deseaba experimentar, nuevamente, igual maniobra. Pero no podía pasar por alto el hecho de que el gobierno castrense orientaba sus simpatías hacia las dos alas del Partido Nacional, y que la oficialidad respaldaba a Carías y a Gálvez, en tanto que veía a Villeda con recelo y suspicacia.

---

[83] Natalini de Castro, S; Mendoza Saborío, M. de los Á. y Pagán Solórzano, J., op. cit., p. 49.

[84] 715.00/6-657, 6 de junio 1957: 715.00/6-2257, 22 de junio 1957.

LA JUNTA MILITAR, PRESA DE SUS CONTRADICCIONES

Para la oficialidad castrense, el derrocamiento del Jefe de Estado significó cerrar filas; pero, ya en diciembre, se hablaba de tensiones al interior de la Junta. El triunviro Roberto Gálvez Barnes y su grupo favorecían la realización de elecciones y la entrega del poder a un gobierno civil, tan pronto como fuera posible; sin embargo, Roque J. Rodríguez, posiblemente Carraccioli, y algunos reformistas, pugnaban por un retorno más lento, o incluso ilusorio. La posición de Gálvez Barnes prevaleció, y es probable que haya influido en López Arellano y otros militares.

En enero de 1957, la embajada daba cuenta de la presión del Primer Batallón de Infantería para sacar a Gálvez Barnes de la Junta: se suponía que el canciller Esteban Mendoza estaba detrás de la iniciativa, pues era amigo de López Arellano y confidente de muchos militares[85]. La crisis se resolvió a favor de Gálvez Barnes, cuando sus compañeros de Junta le otorgaron un voto de confianza, y acordaron pedir la renuncia a Mendoza.

No obstante, la tirantez continuó en el seno de las Fuerzas Armadas, entre oficiales jóvenes que respaldaban a Gálvez Barnes y a Carraccioli, y un grupo de oficiales de mayor edad, insatisfechos con Gálvez Barnes. Se afirmaba que los militares viejos» contaban con el apoyo del Dr. Abraham Riera y Osvaldo López Arellano[86].

Mientras, en Washington, Roberto Ramírez, presidente del Banco Central y Gabriel Mejía, ministro de Economía, se reunieron con Norman Warner, funcionario del Departamento de Estado; durante la conversación, Mejía manifestó su preocupación porque la deuda pública interna había aumentado durante los últimos dos años y la reserva de divisas extranjeras había disminuido, a la vez que se daba una alta tasa de importaciones con la expansión potencial del crédito; y expresó que interpondría su renuncia si la Junta se distanciaba de las políticas económicas conservadoras, necesarias

[85] 715.00/1-2557, 25 de enero 1957.

[86] 715.00/1-3057, 30 de enero 1957.

para preservar la estabilidad[87]. La embajada analizó así la coyuntura:

"Cómo y cuándo puede ser restaurado el orden constitucional es el problema político básico en Honduras. La inhabilidad de Lozano para solucionarlo causó su caída, y los esfuerzos actuales de la Junta pueden causar renovadas maniobras y disputas políticas. A pesar de las dificultades inherentes, los esfuerzos de la Junta son meritorios, ya que la mejoría económica y financiera puede depender, en gran parte, de la restauración de la estabilidad política. La Junta pidió a sus asesores preparar un plan para el retorno a la constitucionalidad... Los militares están hostiles a un rápido retorno a la actividad política libre y muy probablemente, se opondrían a cualquier forma de retorno a la constitucionalidad que no esté sujeta a su control. El Ministro de Defensa, Osvaldo López Arellano es el portavoz de este punto de vista, apoyado por Abraham Riera, posiblemente Roque J. Rodríguez, el Teniente Coronel Armando Flores Carías, Comandante del Primer Batallón y. Mendoza, quien renunció el 28 de enero".[88]

En marzo, el embajador Willauer informó a sus superiores que el gobierno castrense estaba insatisfecho con el general Rodríguez, y que se hablaba de pedirle la renuncia voluntaria, lo que podía originar problemas, si éste se resistía, ya que era el triunviro más identificado por la opinión pública con el plan de desarrollo de La Mosquitia. No obstante, en julio, sus compañeros de armas lo destituyeron, con lo que la composición de la Junta se redujo a dos miembros. Al analizar los conflictos internos de la Junta, Willauer se refería a una facción "civil" ansiosa por un retorno al gobierno constitucional, cuyos voceros principales parecen ser Gálvez Barnes, Nick Agurcia y el doctor Lázarus; y una militar, que "ahora parece estar firmemente encabezada por López". Esto se complementaba con los informes elaborados en Washington, que afirmaban que la facción Gálvez sospecha que se está preparando una trama para asegurar el dominio militar en el gobierno: los complotistas incluyen al general Rodríguez y a los ministros de Defensa y Gobernación,

---

[87] 715.00/1-2657, 29 de enero 1957.

[88] Memorandum de conversación, Neal a Rubbotom, 715.00/12-1457, 14 de febrero 1957.

con el apoyo del ex canciller Mendoza[89].

Por otra parte, el coronel Armando Velásquez Cerrato, a quien sus colegas habían enviado a México como embajador, retornó al país. La embajada informó que había estado conspirando contra López Arellano y sus compañeros militares: Intentaron arrestarlo, se supone que, sin autorización de la Junta, por lo que se asiló en la embajada de Guatemala. El informe decía que Velásquez Cerrato había planificado un golpe, aprovechando la recepción ofrecida por la Misión Militar estadounidense, en la cual estarían presentes los triunviros y otros altos oficiales. Se afirmó que lo apoyaron en la intentona ocho oficiales de la Fuerza Aérea, pero que lo delató un oficial que no quiso cooperar: así, arrestaron a los ocho oficiales, a Hernán López Callejas, amigo de Velásquez Cerrato, y al coronel Federico Poujol, Willauer comentó que esto le daría una excusa a López Arellano y a sus compañeros militares para incrementar y consolidar su poder[90].

La embajada también informó que había un plan para controlar el país, encabezado por López Arellano, el comandante del Primer Batallón de Infantería, Flores Carías, el médico Abraham Riera Hotta y, probablemente, el ministro de Gobernación, Raúl Flores Gómez.

Mientras, Gonzalo Carías, sin el consentimiento de su padre —quien deseaba llegar a un acuerdo con los liberales para asegurar un firme gobierno democrático—, negociaba para formar parte del grupo...[91]. Un documento interno del Departamento de Estado señaló que si bien el papel de los militares en la lucha política aún no estaba claro, López Arellano era observado "con creciente preocupación por aquellos que temen una dictadura militar".[92]

---

[89] Rubbotom a Stewart, 22 de abril 1957, Bureau of Inter American Affairs, Office of Central American and Panamanian Affairs, Records relating to Honduras, Subject File, 1957-1958. Ya en noviembre de 1956, menos de un mes después del derrocamiento de Lozano, se vaticinaba la emergencia de diferencias personales y ambiciones al Interior de la Juntas, Department of State, Intelligence Brief, N° 2016, I de noviembre 1956, p. 3.

[90] Willauer al Departamento de Estado, 715.00/5-2457, 24 de mayo 1957.

[91] 715.00/5-2757, 27 de mayo 1957.

[92] Memorandum de Rubottom a Stewart, «Honduras political situation». RG 59, Records of the Office of Central American Affairs, 10 de junio 1957. Records

Otro informe señalaba que, al parecer, no había duda respecto a la importancia de los militares en la política nacional. Los tres partidos eran muy efusivos al elogiar la responsabilidad de las Fuerzas Armadas. Los militares parecían dispuestos a apoyar las elecciones libres, en tanto estuvieran seguros de conservar la posición, el prestigio y los privilegios que gozaban en aquel momento. El observador estadounidense suponía que Osvaldo López estaría satisfecho con el cargo de ministro de Defensa, pero anotó una importante excepción:

"...si los partidos políticos empiezan a pelear entre ellos, empleando la violencia, los militares se sentirán obligados a intervenir más de lo requerido para restaurar el orden. Y López podría proceder a instalar lo que, en efecto, sería un dictador de su escogencia".[93]

También aseguraba que los liberales y los militares encontrarían mutuas ventajas en una alianza. Por ejemplo, en los períodos de intensa actividad laboral, los militares encontrarían en Villeda un líder capaz de guiar al movimiento obrero hacia posturas constructivas, o menos destructivas.

"Villeda, a su vez, puede considerar prudente tener a alguien como López en el gobierno para ayudarle a calmar las sospechas de Castillo Armas y los Somoza... López ha construido una maquinaria personal dentro de las Fuerzas Armadas, reemplazando a viejos comandantes por oficiales sin vínculos locales, que le deben todo a él... Su maquinaria ilustra la juventud de los nuevos militares hondureños. El Coronel Flores Gómez es ahora el militar más viejo: la nueva cosecha, como el mismo López, puede recordar al General Carías como presidente, pero no le debe lealtad como jefe... Creemos que López tiene ambiciones políticas, pero no inmediatas"[94].

---

relating to Honduras, Subject File 1957-1958. Indicaban también que los liberales deseaban que la Junta estableciera una fecha para las elecciones, pero que ésta consideraba que se necesitaba al menos un año para restablecer la calma política y la estabilidad económica.

[93] Friedman a Warner, 29 de junio 1957, RG 59. Records of the Office of Central American and Panamanian Affairs, Records relating to Honduras, Subject File, 1957-1958, caja 1.

[94] Ídem.

Los análisis de los diplomáticos estadounidenses destacaban que:

"El problema político básico de Honduras durante los pasados tres años ha sido el deseo de los nacionalistas y reformistas de retener el poder que han tenido desde 1932, a pesar de la aparente superioridad numérica de los liberales... Un nuevo elemento irrumpió en el escenario político a fines de 1956, cuando los militares emergieron abruptamente como el factor clave para el derrocamiento de Lozano. Si ellos permanecen en política... su apoyo puede ser el factor decisivo en cualquier lucha por el poder, provocando que todas las partes rivalicen por su aprobación. Junta fue aceptada por todas las facciones bajo la premisa de que era un gobierno provisional comprometido con un pronto retorno a la constitucionalidad".[95]

El 18 de mayo, el Partido Liberal publicó una carta abierta a la Junta en la que le exigía:

"No hacerse sorda con el reclamo de la Nación y expedir el decreto de convocatoria para que los comicios tengan lugar el 15 de septiembre y la Constituyente se instale el 21 de octubre del año en curso, o declarar categóricamente su voluntad de no convocar para que Honduras quede enterada de si continúa en posesión de sus derechos políticos o si tiene que luchar para reivindicarlos".[96]

El 21 de agosto de 1957, la Junta Militar emitió un decreto convocando a elecciones y, el día 24, Villeda Morales retornó de Estados Unidos. El pueblo esperaba que, esta vez, a diferencia de 1954, no se manipulara su voluntad y le permitieran elegir a aquel candidato que mejor interpretara sus expectativas.

La nueva Ley Electoral contenía, como principal innovación, la representación proporcional. Por tanto, en lugar de que todos los delegados de un departamento se adjudicaran al partido con mayoría de votos, éstos se distribuirían entre todos los partidos, con base en el porcentaje alcanzado.

---

[95] 715.03/4-2257, 22 de abril 1957.

[96] El Pueblo, 18 de mayo 1957.

CAPÍTULO VI
LA ASAMBLEA NACIONAL CONSTITUYENTE

Por decreto N° 137, la Junta Militar convocó a la ciudadanía para que el 22 de septiembre de 1957 concurriera a las urnas con el fin de escoger a sus representantes en la Asamblea Nacional Constituyente, que se instalaría el 21 de octubre, "con el objetivo de que emita una Constitución y los demás decretos que estime convenientes".

Las tres fuerzas políticas iniciaron los preparativos para intentar, de nuevo, captar el respaldo del electorado. La embajada comunicó a Washington que el argumento del comunismo ya no era un factor clave en esta campaña, y aseguró que cualquier apoyo comunista que existiera, sería para los liberales. Explicó que los nacionalistas se empeñaban en tildar de comunistas a los liberales,

"una acusación incorrecta y sin justificación. Todos los observadores no prejuiciados están de acuerdo en que los liberales son el partido mayoritario. Si las elecciones son libres y honestas, ellos ganarán. Su líder, el Dr. Ramón Villeda Morales, es el único político en el país con un considerable número de partidarios"[97].

En el informe se apuntó que si bien Villeda Morales, en teoría, aun favorecía las elecciones presidenciales directas, ahora opinaba que sería mejor que la Asamblea decidiera, ya que, en el actual estado del país, dos elecciones serían demasiado[98]. Y se analizaron distintas posibilidades:

"Si ningún partido obtiene suficiente mayoría, es posible que surja un presidente provisional... o que la Junta continúe... Esto no molestaría a muchos militares, que están contentos con la actual situación. Debe recordarse que el poder aún reside en los militares (subrayado en el original). Si las elecciones son tan fraudulentas

---

[97] John Pool al Departamento de Estado, 715.00/9-257 HBS, despacho 80, 2 de septiembre 1957.

[98] l embajador comentó a su cancillería que la intención de Villeda Morales, al buscar que la Constituyente eligiera al presidente de la República, era no arriesgar de nuevo su futuro personal (Willauer al Departamento de Estado, 715/9-557, despacho 88, 5 de septiembre 1957)

como para no ser aceptadas, podrían ser declaradas nulas... y el actual gobierno de facto, presumiblemente, continuaría... En todo caso, cualquier gobierno en el futuro tendrá que tomar en cuenta a los militares. Este es el nuevo gran acontecimiento en la política de Honduras, siempre compleja".

La oposición afirmaba que si bien Villeda Morales había madurado y ahora "es más responsable que en 1954", no creía que pudiera controlar los elementos más extremistas de su partido. No obstante, en el informe se reconoció que "...el Partido Liberal está destinado a llegar al poder de una forma u otra, tarde o temprano. Los liberales piensan que su triunfo fue burlado en 1954 y 1956, y no están dispuestos a aceptar que esto se repita. Es su turno".[99]

Un elemento novedoso de este proceso fue que, en el departamento de Atlántida, el Comité Departamental de Trabajadores presentó la candidatura independiente de tres diputados propietarios: Arnaldo Gutiérrez Díaz, Celso Romero Umaña y Francisco Belisario Ríos.

En cuanto a las plataformas partidarias, Willauer comentó:

"En Honduras, las plataformas significan poco y el liderazgo personal y la afiliación partidaria cuentan mucho más... El Partido Liberal es el que más se acerca a una ideología y es el más articulado al respecto... En general, todos los partidos están absorbidos por preocupaciones domésticas: caminos, analfabetismo, desarrollo económico y la necesidad de satisfacer las demandas de un creciente movimiento laboral... Existe un fuerte deseo por retornar al gobierno constitucional y algún grado de unidad nacional... Todos los partidos prometen un papel importante a las Fuerzas Armadas. En este, como en la mayoría de los temas, los liberales son los más explícitos en sus propuestas".

El embajador adjuntó los estatutos y programas del Partido Liberal, elaborados en 1953, al igual que el manifiesto del 26 de mayo de 1956, haciendo notar que, en este documento, por vez primera, se condenaba explícitamente el comunismo. Del Partido Nacional anexó su Programa Político-Administrativo de julio de 1957, en el que prometía un código del trabajo que regularía el salario mínimo y la seguridad social; los nacionalistas percibían a las

---

[99] Ídem.

Fuerzas Armadas (FFAA) como una institución nacional, apolítica, que debía ser compensada por renunciar a ciertos privilegios cívicos, como no ejercer el voto; el MNR publicó un manifiesto, el 5 de septiembre, en el que se refería a la construcción de una red vial y al fortalecimiento de los gobiernos locales.

Villeda Morales manifestó a Willauer que deseaba que la Asamblea Constituyente, como primer punto en su agenda, convocara a elecciones presidenciales, a más tardar en diciembre, y se refirió a la conveniencia de integrar un gabinete ministerial interpartidista; él sabía que heredaría un lío, por lo que deseaba distribuir la culpa en caso de que la situación no tuviera remedio y empeorara. También manifestó que su objetivo principal, una vez electo presidente de la República, sería estimular el desarrollo económico, especialmente por medio de la iniciativa privada, y la erradicación del comunismo. Y declaró: "Honduras jamás volverá a manchar con sangre los torneos electorales. Hemos aprendido a ser libres y no olvidaremos la enseñanza del civismo".[100]

Un día antes de las elecciones, las FFAA emitieron un manifiesto en el que recordaban que la misión de la Constituyente sería «redactar un nuevo Código Fundamental de la República», y reiteraban: "Prometemos entregar el poder a un elemento civil de extracción auténticamente popular".[101]

CIVILES Y MILITARES EN POS DEL EQUILIBRIO

El resultado de los comicios fue el siguiente: Partido Liberal, 205.135 votos y 36 diputados; Partido Nacional, 98.088 votos y 18 diputados; Movimiento Nacional Reformista, 28.437 votos y 4 diputados. El PL había logrado la gran mayoría de representantes en el seno de la Asamblea. La embajada consideró que la elección había sido "libre y honesta", en términos generales, y que Honduras

---

[100] Willauer al Departamento de Estado, 715.00/9-1957, 19 de septiembre 1957. Las declaraciones de Villeda fueron publicadas en El Pueblo del 20 de septiembre de 1957.

[101] Asamblea Nacional Constituyente (ANC). Boletín Legislativo, serie III, N° 21, acta N° 19, 15 de noviembre 1957, pp. 110-111.

había avanzado cincuenta años en madurez política; aunque había razones para pensar que los militares ayudarían a los nacionalistas a manipular la elección para afectar a los liberales, no sucedió así. Según la embajada, esto se debió a que nacionalistas y liberales ofrecieron tanto a los militares, asegurándoles su lugar en el futuro, que éstos decidieron que podían convivir con cualquiera de ellos.

Si la elección no hubiese sido bajo el sistema de representación proporcional, los liberales habrían ganado 55 de las 58 curules. En cambio, los reformistas, dieron una demostración de debilidad que los diplomáticos de EUA calificaron de «patética», al tiempo que auguraron que este podía ser el principio del fin del MNR. "De todos modos, el Movimiento Reformista tiene poca razón de ser: fue iniciado con el propósito de reformar una constitución que ya no está vigente (la de 1936), a favor de la nueva candidatura presidencial de un hombre que rehusó continuar (Gálvez)".[102]

Pese a la incuestionable mayoría con que los liberales ganaron la Constituyente, Villeda Morales aún no tenía asegurada la presidencia de la misma. Según algunos observadores, esto obedecía a que había perdido influencia en varios líderes del partido, algunos de los cuales eran ambiciosos y tenían sus propios planes; y otros se opusieron a que aceptara la embajada en Washington, pues pensaban que debía haber permanecido en el país, atendiendo los asuntos del partido. "Está claro que aflojó las riendas un poco, mientras estuvo ausente», afirmaba John Pool, secretario de la embajada. Además, no todos los candidatos del PL a la Constituyente le eran afines, y sus correligionarios miraban con desdén su intención de formar un gobierno multipartidista. "Pero él sostiene que es el jefe, y que es el único que puede obtener préstamos de Washington".[103]

Cuando se supo que la Junta Militar no interpondría su renuncia ante la Asamblea Nacional Constituyente, Villeda Morales admitió a John C. Pool, "estar sorprendido y desalentado", pero reiteró que no pensaba oponerse a las Fuerzas Armadas, y que los liberales harían lo que él les dijera[104]. Así, la Constituyente decidió otorgar al

[102] Pool al Departamento de Estado, 715.00/9-2757, 27 de septiembre 1957.

[103] Ídem.

[104] Pool al Departamento de Estado, 715.00/10-957, 9 de octubre 1957.

triunvirato —en cuyo seno el coronel López Arellano, gradual y progresivamente, fue concentrando poder—, un voto de confianza. La iniciativa la introdujo en la Cámara el diputado Roberto Suazo Córdova. Es de recordar que, en aquel momento, las Fuerzas Armadas eran apenas una aspiración que empezaba a germinar. Los cuerpos más importantes eran la Fuerza Aérea, el Primer Batallón de Infantería y el Cuartel San Francisco. Las demás unidades eran sumamente primitivas, típicamente tradicionales, encabezadas por los comandantes de armas y mayores de plaza. Por tanto, los hombres clave eran los coroneles Armando Escalón, Armando Flores Carías y Raúl Galo Soto, los jefes de los cuerpos principales[105].

Luego que se conoció el triunfo del Partido Liberal, aquellos hombres empezaron a planear su futuro en la nueva circunstancia política. Temían que el Presidente de la República, en su condición de Comandante en Jefe de las Fuerzas Armadas, los desplazara de los cargos para colocar a personas de su confianza. Temían, igualmente, que los cambios retrasaran o distorsionaran los planes de modernización del ejército que, con el apoyo del gobierno de los EUA, habían iniciado en el gobierno de Gálvez.

El ministro de Defensa, López Arellano, comenzó entonces a investigar cómo se había resuelto el problema en otros países de América Latina. Y las constituciones de Guatemala y Perú, principalmente la primera, contenían las buscadas respuestas. Ya claras y definidas las ideas, se redactaron los artículos que servirían para sortear los temidos peligros. La preparación de los textos estuvo a cargo de Ricardo Zúñiga Augustinus, entonces asesor jurídico de la secretaría de Defensa.

Las evidentes y numerosas resistencias que encontró el liberalismo para ascender al poder, y el deseo de evitar injerencias sectarias en los asuntos propios de las FFAA. fueron las determinantes para que ambas fuerzas procuraran una negociación y un acuerdo. Así, los liberales se obligaron a: 1) Incluir en la Constitución un capítulo relacionado con las Fuerzas Armadas; 2)

---

105 Véase Gautama Fonseca, Cuatro ensayos sobre la realidad política de Honduras. Tegucigalpa, Universitaria, 1984.

Elegir al jefe de las Fuerzas Armadas de entre una terna que propondría el Consejo Superior de la Defensa Nacional, siendo entendido que la designación recaería en el coronel Osvaldo López Arellano; y, 3) luchar contra el comunismo. Los compromisos básicos del ejército fueron: 1) Tener como bien hecha la elección del doctor Villeda Morales en el seno de la Constituyente: y, 2) Luchar contra el comunismo. Como se verá más adelante, estos compromisos torcieron el rumbo de la vida política nacional.

LA ELECCIÓN DE VILLEDA MORALES

La Asamblea Nacional Constituyente inició sesiones coincidiendo con el primer aniversario del derrocamiento de don Julio Lozano Díaz. La directiva quedó constituida así: presidente, Ramón Villeda Morales; vicepresidente. Modesto Rodas Alvarado h.; secretarios, Miguel Alfonso Cubero y Héctor Orlando Gómez; prosecretarios, Carlos Manuel Arita y Oscar Mejía Arellano; todos ellos afiliados al PL.

La lectura de las actas permite conocer las temáticas abordadas, las intervenciones de los asambleístas, las relaciones entre civiles y militares, así como las negociaciones que se llevaron a cabo. Una de las primeras disposiciones de la Constituyente fue dar un voto de confianza a las FFAA y reconocer a la Junta Militar como depositaria del Poder Ejecutivo, "hasta que de conformidad con las resoluciones de esta Asamblea, tome posesión el Presidente Constitucional de la República que ha de sucederle"[106].

Villeda Morales exhortó a sus compañeros diputados a que no privara el espíritu sectario en la discusión de las bases para redactar una nueva constitución; a la vez, anunció que su partido había elaborado un proyecto de carta fundamental. El MNR también elaboró un proyecto de constitución, redactado por Pedro Pineda Madrid.

Las discusiones se centraron, en gran parte, en el tema de si una Asamblea Constituyente tenía la facultad de nombrar al titular del Poder Ejecutivo, o si sus atribuciones se limitaban a redactar la nueva

---

[106] ANC. Boletín, serie III, Nº 21, p. 2.

Carta Magna. El diputado Williams Calderón, del MNR, preguntaba a sus compañeros de cámara: ¿Debe, la Asamblea Nacional Constituyente, elegir las autoridades supremas del país, ¿o para tal elección se debe convocar a elecciones populares? Él era partidario de la segunda tesis, y nuevamente interrogaba a sus colegas:

"¿No sería volver a un estado de ilegalidad el permitir que la Asamblea designe al Presidente de la República en oposición a que el pueblo directamente se pronuncie sobre tal medida? ¿No es una contradicción antijurídica y antidemocrática... que la misma Constituyente, por antonomasia, un poder celoso del respeto de los derechos populares y del respeto a los principios democráticos, sea el primero que los viole flagrantemente eligiendo por sí, ante sí y para sí los mandatarios que solo el pueblo puede elegir reunido exprofesamente para ello? ¿No es antijurídico y antidemocrático atentar contra el libre ejercicio del derecho del sufragio? El ejército y el pueblo hondureño, con excepción de 36 diputados liberales y los partidarios que a su sombra quieren medrar, no pueden sino considerar que los derechos sagrados de la soberanía popular no solo sufrirían detrimento, sino que serían vilmente escarnecidos, si la Asamblea Constituyente da el golpe de Estado que viene preparando al elegir Presidente de la República... señores diputados liberales, yo les digo esto: muchos de Uds., indudable. mente, creen de buena fe que con el acto que hoy van a realizar. van a aumentar la personalidad política del Dr. Ramón Villeda Morales, y es todo lo contrario; lo van a rebajar del pedestal en que el pueblo lo había puesto, para convertirlo en el político adocenado de los cuales Honduras ya está harta... el mayor error político que ha cometido el Dr. Villeda Morales a través del día, es éste que va a cometer hoy, porque va a desvirtuar sus declaraciones al pueblo hondureño... ¿de qué sirve... haber ido a todas estas luchas si se va a hacer lo mismo que ayer hizo Tiburcio Carías Andino?... Creo, pues, que en este momento histórico el Partido Liberal va a cometer una claudicación... Se nos dirá que nosotros, los que pertenecemos al reformismo o al nacionalismo, cometimos semejantes o similares actos en el pasado. Es verdad..., yo lo confieso, pero ya dije una vez que es de sabios rectificar, y aunque no soy sabio, he rectificado".[107]

Las intervenciones de Williams Calderón, Pedro Pineda Madrid, Eugenio Matute Canizales y de otros parlamentarios nacionalistas y reformistas fueron motivadas por la moción que presentó el diputado liberal Roberto Suazo Córdova, que pedía a sus colegas la aprobación de un decreto que a la letra rezaba así:

Artículo 1°. Elíjese Presidente de la República al ciudadano José Ramón Villeda Morales para el próximo período constitucional.

Artículo 2°. Este período se iniciará en la fecha que determine la Constitución de la República.

Artículo 3°. El Doctor José Ramón Villeda Morales tomará posesión de su cargo como Presidente Constitucional de la República en la misma fecha en que entre a regir la Constitución, y

Artículo 4°. El presente decreto entrará en vigencia en esta misma fecha[108].

La votación se hizo con consignación de nombres; como era de esperar; a favor de la moción votaron 37 diputados y 18 en contra. De este modo, el 15 de noviembre de 1957, Villeda Morales fue electo presidente de la República, y su correligionario Modesto Rodas Alvarado lo reemplazó en la titularidad de la Asamblea Nacional Constituyente. Al hacer uso de la palabra, Villeda expresó, entre otros, los siguientes conceptos:

"...El Gobierno que surja de esta Constituyente tendrá que ser, en primer lugar, de auténtica extracción popular, y, en segundo lugar, de auténtica Unidad Nacional... Se ha dicho por allí que la determinación que ha tomado esta Asamblea es antirrepublicana y antidemocrática. Yo pregunto si es antidemocrático y antirrepublicano el sentimiento de un partido político, que como dije alguna vez, dejó de ser partido para convertirse en pueblo que ganó en las dieciocho cabeceras departamentales de la República. Un pueblo que triunfó en el 91 por ciento de los municipios de la República, y por allí se ha dicho, que yo hice declaraciones de que el procedimiento más lógico

---

[107] ANC. Boletín, serie XII, N° 21, acta N° 19, 15 de noviembre 1957, pp. 110, 112-113.

[108] Íbid., p.108.

y más normal y más democrático era el de concurrir a elecciones directas y yo respaldo esas palabras, con la seguridad de que, si nosotros hubiéramos ido a elecciones, hubiéramos tenido una mayoría en el 95% de los municipios. Si Villeda Morales dijo que quería ir a elecciones directas, eso no quiere decir que ahora no estemos practicando elecciones directas. Pero si nosotros hubiéramos convocado al pueblo hondureño a elecciones, no hubiéramos podido reivindicar el honor de este pueblo que había sido ultrajado y frustrado en dos ocasiones. ¡Había que derivar por otro método de reparadora justicia para reivindicar el honor de este país, y ese procedimiento ha sido éste… El Ejército está con nosotros!... No a través de un convenio, de un pacto, sino que a través de la buena fe que inspiran todos los actos nobles de la vida...”.[109]

La iniciativa del PL para que la Constituyente eligiera a su líder como presidente de la República se inició meses atrás; los informes de la embajada reportaban la evolución de la misma tras bastidores. Así, comunicó al Departamento de Estado que uno de los integrantes de la Junta Militar, Roberto Gálvez, apoyaba decididamente la designación de Villeda Morales como presidente, mediante una cláusula especial en la Constitución, como hizo Carías en 1936. Él argumentaba que otra elección podía resultar en la abstención de nacionalistas y reformistas, quienes sabían que no tenían el triunfo asegurado, y les convenía mantener la táctica de que Villeda no había sido realmente electo en un torneo electoral; además, siempre gravitaba el riesgo del desorden, el gasto y el continuado deterioro de la economía, debido a la incertidumbre[110].

EL PROTAGONISMO DE LAS FUERZAS ARMADAS

Un día después de que la Constituyente nombró al Presidente de la República, la Junta Militar y las Fuerzas Armadas emitieron un comunicado conjunto aceptando la elección de Villeda; señalaron que “ese paso delicado”, adoptado por la Asamblea, no cumplía

---

109 Ibid., pp. 137-138.

110 Willauer al Departamento de Estado, 715.00/10-1157, 11 de octubre 1957.

estrictamente con el programa de las FFAA respecto al retorno al gobierno civil. Sin embargo, al aceptar la elección, "las Fuerzas Armadas están actuando bajo el entendido de que la Asamblea Nacional Constituyente hará su parte, contribuyendo con un régimen tranquilo y progresista en el que todas las clases sociales y sectores de opinión pública participarán; Villeda cumplirá con sus reiteradas promesas de formar «un gobierno nacional de inspiración democrática en el que todos los hondureños puedan ofrecer sus capacidades al país".[111]

Roberto Gálvez Barnes renunció de la Junta Militar el 15 de noviembre, cuando se enteró de que la Asamblea Nacional Constituyente había nombrado a Villeda Morales como Presidente Constitucional de la República, a cambio de otorgar poderes inéditos a las FFAA. Declaró su inconformidad con la nueva posición del ejército y expresó que, como colaborador en la redacción de la proclama del 21 de octubre, recordaba que la idea original era la elección directa de autoridades supremas, una vez que los representantes del pueblo hubieran sentado las bases para constituir los poderes del Estado. Según la embajada, Gálvez creyó, con justificación, que había un arreglo entre López y los liberales para crear un estado de las Fuerzas Armadas dentro del Estado, por medio del capítulo relativo al cuerpo castrense en la nueva Constitución. Y esto, para Gálvez, sería una flagrante violación a la promesa de las Fuerzas Armadas de entregar el poder a las autoridades civiles[112].

En vista de tal determinación, el 17 de noviembre se reunieron los principales jefes del ejército que, luego de las discusiones de rigor, decidieron aceptar la renuncia y nombrar en su lugar al coronel López Arellano, en el entendido de que la cartera de Defensa continuaría bajo su responsabilidad. López Arellano pasó a ocupar un puesto en la Junta al lado de Carraccioli; en caso de desacuerdo entre los diunviros, el ministro de Gobernación, Raúl Flores Gómez, actuaría de árbitro.

---

[111] 715.00/11-1557, 16 de noviembre 1957.

[112] 6715.00 (W)/11-1957, 19 de noviembre 1957.

Lo anterior fue decisivo en la carrera militar y política del oficial. En primer lugar, porque ratificaba sus actuaciones; pero sobre todo porque, a partir de ese momento, aseguró su liderazgo en el ejército y su elección como jefe de las Fuerzas Armadas, conforme a los compromisos asumidos con el Partido Liberal[113].

La correspondencia citada revela la preocupación de los diplomáticos estadounidenses respecto al creciente poder militar, personificado en Osvaldo López Arellano, a expensas del poder civil. Advertían que éste se erosionaba aceleradamente, más aún tras el otorgamiento de la autonomía a la institución castrense, que se incorporaría en la nueva Constitución Política. Aparentemente, los negociadores civiles no se percataron del alcance de lo que otorgaban, en un momento en que contaban con amplio respaldo popular para oponerse a cualquier intento de hegemonía castrense. 291 Villeda Morales estaba en el pináculo de su popularidad y su ascendiente sobre la ciudadanía era notable; pese a estos factores, concedió a los uniformados una serie de facultades y atribuciones privativas, del, poder civil; así, facilitó que éstos consolidaran su monopolio de la fuerza que, pocos años después, supieron utilizar. Gradual, pero inexorablemente, el poder, prestigio e influencia de los civiles se fue debilitando en lo político e incluso en lo económico. Los desplazaba una casta militar consciente de su poder, respaldada por sucesivos gobiernos estadounidenses que llegaron a creer que constituían un muro de contención contra la supuesta subversión comunista.

Ese progresivo desplazamiento-facilitado por la connivencia y el colaboracionismo de figuras prominentes de los partidos políticos, abrió de par en par las puertas a la intervención castrense en la política, la administración pública y la economía; los militares protagonizaron rupturas al orden constitucional, cruentas e incruentas, cuando así lo dispusieron y, con ello, interrumpieron el proceso de consolidación del Estado de Derecho y el fortalecimiento institucional. Un anuncio de lo que estaba por venir fue la declaración de López Arellano, el 21 de septiembre de 1957: "Las

113 G. Fonseca, Cuatro ensayos sobre la realidad política de Honduras. op. cit., pp. 120-121.

Fuerzas Armadas de Honduras aspiran a su propia legislación e integridad, con la esperanza de ser, en un mañana no lejano, la representación máxima del conglomerado nacional".[114]

Los diputados liberales aceptaron el borrador de la Ley Constitutiva de las Fuerzas Armadas tal como les fue presentado. Se dijo que Villeda vacilaba y temía afrontar el tema, y que había manifestado a Willauer que trataría de persuadir a Osvaldo López de que cambiara la propuesta de ley, a fin de que el presidente nombrara al jefe de las FFAA, con la ratificación del Congreso Nacional, por un periodo de tres años; asimismo, para que el presidente lo pudiera remover.

En opinión de la embajada, si Villeda lograba esos cambios, el problema estaría básicamente resuelto; la firmeza al respecto sería un factor clave para determinar su futura fortaleza como mandatario.

Sin embargo, la representación diplomática afirmó que había razones para pensar que el proyecto de ley de las FFAA era producto de un arreglo previo entre los jefes del Partido Liberal y los militares. Por tanto, sería aprobado por la Asamblea sin cambios sustanciales.

El Presidente electo, Ramón Villeda Morales, continúa insistiendo en que no tenía conocimiento previo del contenido del proyecto de ley, que no aprueba ciertos artículos y que buscará introducir cambios... Fuentes confiables han informado a la Embajada que Villeda sabía del arreglo, que fue acordado por toda la bancada liberal y dirigentes del partido. Algunos diputados vieron con renuencia el borrador, pero la dirigencia del partido los persuadió, diciéndoles que había que otorgar a las Fuerzas Armadas lo que deseaban, como el precio para asegurar la paz.

La embajada incluyó sus propios comentarios sobre el proyecto de ley de los militares: Si el Jefe de las Fuerzas Armadas debe vigilar que el Presidente no se perpetúe, no existe prohibición similar respecto a la continuación del Jefe de las Fuerzas Armadas en su puesto. Todos los miembros del Consejo Superior de la

[114] Citado por Ramón Oquelí en «Cronología de la soberanía militar». Presente, II Etapa. N° 59, octubre 1981, p. 3.

Defensa son nombrados por el Jefe de las Fuerzas Armadas, por lo que no le será muy difícil reelegirse... Parece que todos los fondos asignados a las Fuerzas Armadas serán adjudicados en una suma global, que desembolsarán como lo estimen conveniente, fuera del control civil[115].

Willauer también informó que las negociaciones habían resultado infructuosas, pues el líder liberal no pudo persuadir a López para que aceptara que el jefe de las FFAA fuera nombrado por el Presidente de la República. Y comentó: "Personalmente, sospecho que ni siquiera trató de argumentar... Francamente, creo que está demasiado ansioso por ser presidente como para correr el riesgo".

Willauer, por su parte, visitó a López Arellano, quien estaba interesado en conocer el criterio del embajador sobre lo que podrían opinar en el extranjero, particularmente inversionistas, respecto a la ley de las Fuerzas Armadas. Willauer le expresó que la ley crearía dos poderes de igual fuerza gobernando en Honduras; que cabría esperar conflictos entre ambos, por lo que temía una gran cautela por parte de los inversionistas, al menos hasta que la situación se aclarara.

"López Arellano dijo que comprendía el problema, que estaba preocupado, y me preguntó si yo podía encontrar alguna forma de conciliarlo. Dijo que temía que, sin el control de unas Fuerzas Armadas independientes, los liberales buscarían perpetuarse en el poder, que los izquierdistas en su seno causarían problemas y que, en la práctica, era muy difícil para Villeda cumplir su promesa de un gobierno de conciliación. Sugerí que la ley debía contemplar que si el Presidente, bajo sus poderes constitucionales, daba una orden que el Comandante consideraba que no debía obedecer, ambos debían remitir el tema al Congreso, con sus respectivos argumentos, para que éste decidiera por mayoría simple, en lugar de las dos terceras partes. De inmediato él estuvo de acuerdo, escribió con su propia mano un borrador del artículo, y prometió incluirlo en la nueva ley. Obvia- mente, no se puede decir si cambiará de opinión; le hablé a Villeda al respecto y está muy optimista... si bien este artículo se

[115] 715.00/11-2157, 11 de noviembre 1957.

queda corto para enmendar todos los defectos de la ley propuesta".[116]

Las FFAA, cuidadosamente, prepararon a la opinión pública con respecto a su creciente protagonismo. Por ejemplo, en la proclama del 21 de septiembre de 1957 afirmaron que, a partir de ese momento, asumían una función irrevocable como garantes permanentes y celosos custodios de la integridad de las instituciones; ya no podían ser vistas como un fenómeno transitorio en la vida institucional del país. La embajada consideró que la proclama llevaba un mensaje implícito: "políticos, tengan cuidado".[117]

Por todo lo anterior, no es casual que en un informe diplomático se haya apuntado:

"La estrella de López continúa elevándose y llegará a ser un sol si la Asamblea le da lo que desea en cuanto a la autoridad constitucional. López ha dicho reiteradas veces que no busca poder político; únicamente desea tener un jefe profesional (él mismo) en las Fuerzas Armadas que protegerá a la oficialidad de riesgo político y creará una genuina carrera militar y no una política".[118]

López Arellano fue nombrado Jefe de las Fuerzas Armadas el 21 de diciembre, el mismo día que entró en vigencia la nueva Constitución de la República; corrían rumores de descontento entre los militares, ya que él había obtenido un arreglo con los liberales sin consultar con sus compañeros oficiales[119]. Sin embargo, muy pronto, él procedió a nombrar a los jefes de zonas militares, recayendo los cargos en los siguientes:

Zona 1. Teniente Coronel Armando Flores Carías (con jurisdicción en Francisco Morazán, Choluteca, Valle, El Paraíso).

---

[116] 715.00/11-2257, 23 de noviembre 1957.

[117] Pool al Departamento de Estado, 715.00/9-2357, despacho 117,23 de septiembre 1957.

[118] 715.00 (W)/11-1957, 19 de noviembre 1957.

[119] De manera irónica, John Pool comentaba: «El gobierno de unidad nacional parece ahora estar limitado a la unidad entre los liberales y las Fuerzas Armadas». 715.00 (W)/12-2457, 24 de diciembre 1957.

Zona 2. Mayor Andrés Ramírez Ortega (Cortés, Atlántida, Yoro, Islas de la Bahía, Colón).

Zona 3. Teniente Coronel J. David Chinchilla (Santa Bárbara, Copán, Ocotepeque, Lempira).

Zona 4. Teniente Coronel Agustín Gonzáles Triminio (Comayagua, La Paz, Intibucá).

Zona 5. Mayor Luis A. Orellana (Olancho).

Zona 6. Teniente Coronel Roberto Palma Gálvez (Gracias a Dios). Asesor legal: Ricardo Zúñiga.

LA CONSTITUCIÓN DE 1957

Un historiador hondureño señala que dos aspectos de la nueva Constitución que se aprobó el 19 de diciembre y entró en vigencia el 21 del mismo mes merecen especial atención: la nueva función que se atribuye al Estado en la economía, y la distribución del poder entre los civiles y los militares[120].

Si la más importante Carta Fundamental hondureña en el siglo XIX fue la de 1894, la más trascendental del siglo XX es la de 1957. Esta recoge el nuevo papel asumido por el Estado en relación con la economía desde inicios de la década de 1950, y procesa demandas planteadas y sentidas por los sectores populares y exigidas por el desarrollo capitalista; sanciona que la intervención del Estado en la economía "tendrá por base el interés público y por límites los derechos y libertades fundamentales reconocidas por la Constitución":

El objetivo principal del Estado en el fomento de la actividad económica será el de contribuir a promover un creciente y ordenado nivel de producción, empleo e ingreso, distribuyendo equitativamente este último entre los factores que contribuyen a su formación, en condiciones de razonable estabilidad monetaria, con el objeto de proporcionar a toda la población existencia digna y decorosa. El Estado, por razones de orden público y de interés social, podrá reservarse el ejercicio de determinadas industrias básicas, explotaciones y servicios de interés público, y dictar leyes y

---

120 Marvin Barahona, Honduras en el siglo XX. Una síntesis histórica. Tegucigalpa, Guaymuras, 2005, p. 189.

medidas económicas, fiscales y de seguridad pública, para encauzar, estimular y suplir la iniciativa privada, con fundamento en una racional y sistemática planeación económica.

En esta Constitución el Estado asume, con relativa claridad, unciones en la reproducción y calidad de la fuerza de trabajo:

"El Estado promoverá la preparación técnica de los trabajadores y la elevación de su nivel cultural y económico. Es deber de las empresas industriales, en las esferas de su especialidad, crear escuelas destina- das a promover la educación obrera entre los hijos de sus operarios o asociados... El Estado fomentará la construcción de viviendas y de colonias para los trabajadores, y velará porque llenen condiciones de salubridad. La Ley determinará las empresas y patrones que, por el número de sus trabajadores o la importancia de su capital, estarán obligados a proporcionar a los obreros habitaciones adecuadas, escuelas, enfermerías y demás servicios y atenciones propicias al bienestar físico y moral del trabajador y de su familia".

Y en materia de seguridad social, prescribía:

"Toda persona tiene derecho a la seguridad de sus medios económicos de subsistencia en caso de incapacidad para trabajar u obtener trabajo retribuido. Los servicios de seguro social serán prestados y administrados por entidades autónomas, y cubrirán los casos de enfermedad, maternidad, subsidios de familias, vejez, orfandad, paro forzoso, accidentes de trabajo y enfermedades profesionales, y todas las demás contingencias que afecten la capacidad de trabajar y consumir. La Ley promoverá el establecimiento de tales servicios, a medida que las necesidades sociales lo exijan. El Estado creará instituciones de asistencia y previsión social. La Ley regulará los alcances, extensión y funcionamiento del régimen de seguridad social. El Estado, patronos y trabajadores están obligados a contribuir al financiamiento y a facilitar el mejoramiento y expansión del seguro social...".[121]

---

[121] Mario Posas y Rafael del Cid, La construcción del sector público y del Estado nacional en Honduras, 1876-1979. San José, EDUCA, 1983, pp. 163-164. El estudio más exhaustivo sobre este documento se debe a Edgardo Paz Barnica, Las garantías y los principios sociales en la Constitución de Honduras de 1957, Madrid, 1963.

LAS FUERZAS ARMADAS EN LA NUEVA CONSTITUCIÓN

El texto que los militares entregaron a los liberales se convirtió en el Título XIII de la nueva Constitución de la República. El artículo 315 estableció que "las Fuerzas Armadas de Honduras son una institución nacional de carácter permanente, esencialmente profesional, apolítica, obediente y no deliberante..."; pero, mediante el mismo, se le asignaron algunas funciones típicamente políticas, como la de mantener "el imperio de esta Constitución, velando sobre todo porque no se violen los principios de libre sufragio y de alternabilidad en el ejercicio de la Presidencia de la República".

Por disposición del artículo 318, se creó la Jefatura de las Fuerzas Armadas como el órgano superior de éstas, con lo cual independizó su mando del Poder Ejecutivo, en particular del presidente de la República, quien tradicionalmente había ostentado el carácter de Comandante en Jefe.

Se admitió la posibilidad, por medio del artículo 319, de que las órdenes que impartiera el presidente de la República no fueran obedecidas por el jefe de las FFAA, al establecer que, "cuando surja alguna diferencia, deberá ser sometida a la consideración del Congreso, el que decidirá por mayoría de votos. Esta resolución será definitiva y deberá ser acatada".

Según el artículo 326, "Los nombramientos de jefes, comandantes y demás nombramientos militares, los hará el Jefe de las Fuerzas Armadas por medio de la Secretaría de Defensa. Los de orden administrativo, los del Estado Mayor, Presidencia y Guardia Nacional los hará el Presidente de la República, por medio de la misma Secretaría".

En el artículo 330 se dispuso: "La administración de los fondos asignados al ramo de Defensa estará a cargo de la Pagaduría de las Fuerzas Armadas". Con esto, prácticamente, se sacó dicho ramo de la órbita del Poder Ejecutivo; se le equiparó al Poder Judicial -que por ser tal se le reconoció el derecho a tener una pagaduría propia y se pasó por alto lo prescrito en el artículo 271 de la misma

Constitución, que instauró el principio de la unidad de caja...[122].

En cuanto a las motivaciones que indujeron a la dirigencia liberal a otorgar tantas concesiones a la cúpula militar, en detrimento de la autoridad civil, Gautama Fonseca encuentra una explicación: el alto mando liberal estaba convencido de que, si iban a una nueva elección, perderían. Esta idea tenía su razón de ser: el aparato represivo del que se había valido el nacionalismo por tantos años, no se había desmontado, pese al golpe de Estado del 21 de octubre de 1956. Así, casi toda la oficialidad era nacionalista, como nacionalistas eran los comandantes de armas, los mayores de plaza, las guarniciones seccionales y locales, la policía, la abrumadora mayoría de los gobernadores políticos, los funcionarios gubernamentales y, en particular, los inefables secretarios municipales.

Después de los fracasos de 1954 y 1957, la dirigencia liberal sabía que toda esa maquinaria se pondría en movimiento para impedir una nueva derrota, y que haría lo necesario para que, en las urnas, o en los recuentos, hubiera más votos nacionalistas. Tal convicción influyó, sin duda, para que otorgara al ejército las concesiones descritas. Es posible, además, que el coronel López no ignorara lo que pensaban los líderes liberales, pues para algo tenía a su disposición los servicios de inteligencia. Esto lo colocó en una posición de ventaja en las negociaciones y facilitó su maniobra[123]. Villeda Morales, pues, se convirtió en presidente de la República en una suerte de compromiso político con el ejército, que sancionó su elección[124].

Conforme a sus disposiciones transitorias, una vez promulgada y jurada la nueva Carta Magna, la Asamblea Nacional Constituyente clausuró sus sesiones y se convirtió en Congreso Nacional Ordinario para el periodo constitucional que se inició el 21 de diciembre de 1957.

---

[122] G. Fonseca, op. cit., pp. 115-118.

[123] Ibích, pp. 118-119.

[124] Véase M. Posas y R. del Cid, op. cit., p. 163.

CAPÍTULO VII
LAS PRECARIAS CONDICIONES SOCIALES

En el mensaje dirigido a la Asamblea Nacional Constituyente, el 21 de diciembre de 1957, Villeda Morales demostró estar al tanto de la dramática situación de marginamiento y pobreza en que subsistía la gran mayoría de la población. Al referirse a la niñez, ofreció estas reveladoras cifras:

"De los 355.000 niños en edad escolar, solamente 150.000 están inscritos en las escuelas, quedando fuera de éstas 200.000. Pero la realidad es más trágica si se piensa en la ubicación de esos niños. El 70% de nuestra población es rural. De 250.000 niños que viven en el campo, solo asisten a las escuelas 60.000 y dejan de concurrir 190.000. La mortalidad infantil alcanza cifras elevadas. La asistencia médica es precaria en la mayoría de los departamentos. Las camas- hospitales son insuficientes. El agua potable, drenaje y alcantarillas están reducidos a pocas poblaciones, ya que el 70% de los hondureños están huérfanos de alfabeto y mueren por dolencias injustificadas... dedicaremos preferentemente nuestros esfuerzos a estos renglones... La política laboral será orientada con amplio espíritu de justicia social. Los hondureños constituyen la principal riqueza de la República, y dentro de ellos, son los trabajadores los arietes que impulsan las inversiones del capital. Trabajo y capital merecen igual protección... para que esas relaciones obrero-patronales quedcn aseguradas en su normal y legal funcionamiento, el nuevo gobierno se propone emitir en breve un Código del Trabajo... Honduras es un país de naturaleza preponderantemente agrícola, y los principales ingresos provienen de esa actividad. Desafortunadamente, el campesino no ha merecido la atención de los gobernantes, y la energía de las mayorías se ha gastado vanamente en la búsqueda de una vida mejor".[125]

La preocupación por la problemática social no era ajena al nuevo mandatario. De hecho, durante el ejercicio de su profesión, había

---

125 «Mensaje del Presidente Constitucional de la República de Honduras, Dr. Ramón Villeda Morales dirigido a la Asamblea Nacional Constituyente». Honduras Ilustrada, 21 de diciembre 1957.

publicado varios estudios y ensayos relativos a la medicina social: Lactancia materna; La natalidad; El problema social de la alimentación en Honduras; El problema social del alcoholismo en Honduras; La seguridad social en Honduras; Mortalidad infantil en Comayagüela, sus causas y manera de combatirlas; El problema de las cuatro "íes": Ignorancia, Indigencia, Insalubridad, Ilegitimidad, entre otros[126]. Le tocaba ahora trascender el plano intelectual para enfrentar una realidad compleja, ya que sus predecesores no habían asumido el urgente reto que significaba la temática social.

Un memorando interno entre funcionarios del Departamento de Estado señalaba que apenas un niño hondureño de cada seis podía ir a la escuela. "Dos de los problemas básicos que confronta Honduras son las condiciones deplorables en salud pública y educación"[127], se señaló.

Uno de los principales desafíos sociales y económicos para el nuevo régimen lo constituyó el desempleo, particularmente en la Costa Norte. En 1954, la Tela Railroad Co. empleaba un poco más de 26.000 obreros, en tanto que en 1957 empleaba 13.500, y los despidos continuaban. En diciembre de 1957, la planilla de la Standard Fruit Co. se redujo a 9.700 trabajadores. Entre 1953 y 1959, el empleo que ofrecían la United Fruit y la Standard Fruit, en conjunto, disminuyó de 35.000 a 16.000[128]. Otro autor confirma esta cifra al consignar que, en 1959, el total de trabajadores empleados por ambas empresas llegaba a los 16.045[129].

La drástica reducción de la fuerza laboral, a partir de las huelgas acaecidas en 1954, obedeció a la necesidad de las empresas fruteras de reducir costos para compensar las pérdidas experimentadas a

---

[126] Sefan Baciu, Ramón Villeda Morales, ciudadano de América. San José, Lehmann, 1970, p. 12.

[127] Rubbotom a Barnes, 30 de octubre 1958.

[128] Victor Bulmer Thomas, La economía política de Centroamérica desde 1920. San José, Banco Centroamericano de Integración Económica, 1989, p. 202.

[129] Frank Ellis, citado por Darío Euraque en, El Capitalismo de San Pedro Sula y la historia política hondureña. op. cit., p. 195. El vicecónsul de EUA en San Pedro Sula reportaba que, si en 1958 la United Fruit tenía 13 mil asalariados, en 1959 solo empleaba a 11.500 (815.2376/4-2459, 24 de abril 1959).

mediados y finales de ese año. La mecanización de algunas actividades, como la fumigación, también se orientaba en el mismo sentido. Adicionalmente, existía el fenómeno del subempleo; aquellos que poseían minifundios o sólo laboraban durante el período de cosecha, no poseían trabajo permanente; por tanto, sus ingresos tampoco lo eran. Con relación a la salud, los principales peligros eran la malaria, las infecciones respiratorias y diversas afecciones intestinales, junto con la falta de salubridad, la contaminación del agua y otros elementos ambientales. Y la desnutrición aumentaba la incidencia de las enfermedades[130].

TASA DE ANALFABETISMO EN LA POBLACION DE 10 AÑOS DE EDAS Y MAS, POR DEPARTAMENTO[131]

DEPARTAMENTO	1950	1961
Atlántida	46.4%	32.4%
Colón	74.1%	41.4%
Comayagua	64.2%	54.8%
Copán	74.7%	69.5%
Cortés	46.6%	35.2%
Choluteca	72.7%	60.7%
El Paraíso	77.2%	62.4%
Francisco Morazán	47.6%	37.3%
Gracias a Dios	-----	65.2%
Intibucá	75.6%	66.8%
Islas de la Bahía	13.4%	7.0%
La Paz	71.4%	60.0%
Lempira	80.0%	69.6%
Ocotepeque	71.1%	60.0%

130 Vincent Checchi, Honduras, a problem in economic development, New York, The Twentieth Century Fund, 1959, pp. 16-17.

131 7 James Alvin Morris, Interest-groups and politics in Honduras. Albuquerque, N. M. The University of New Mexico, 1974, p. 24.

Olancho	70.8%	60.0%
Santa Bárbara	75.4%	64.0%
Valle	73.8%	61.5%
Yoro	60.3%	47.0%
Total República	64.8%	52.7%

La educación pública estaba restringida a los tres grados, y aun esto solamente era posible para una quinta parte del total de niños en edad escolar. Al informar sobre esta deplorable situación, el embajador Robert Newbegin quien había reemplazado a Willauer, advirtió:

Honduras está muy atrás de otros países en facilidades educativas, nivel de salud pública, vivienda... Los hondureños han empezado a demandar las cosas que el siglo XX tiene que ofrecer, y el actual gobierno, o cualquier otro, está bajo fuerte presión para hacer algo al respecto... A menos que Honduras sea capaz de hacer algún progreso real hacia la modernización, el problema de una población empobrecida, no educada y enferma será más agudo en el futuro[132].

ALGUNOS RASGOS DE LA POBLACIÓN

Honduras continuaba siendo un país con la mayoría de sus habitantes dispersos en las áreas rurales, particularmente en el centro y occidente. El censo de población de 1950 registró que el 69% vivía en zonas rurales, si bien la Costa Norte ya mostraba la mayor tasa de crecimiento poblacional y de urbanización. En 1956 y 1957 la tasa de incremento de la población fue del 3.3%; en 1957, el país tenía 1.7 millones de habitantes[133].

En 1961, la población ocupada ascendió a 567.988 personas; la mayoría (379.125) se dedicaba a la agricultura, silvicultura, caza y

[132] Newbegin al Departamento de Estado, despacho 164, 4 de noviembre 1958, RG 84, caja 8. En 1958, el presupuesto general de la República destinó el 15% para la educación pública, en sus tres niveles (V. Checchi, op. cit., p. 27).

[133] J.A. Morris, op. cit., p. 13. El Censo de Población de 1950 indicaba que el 79% era menor de 40 años y el 87.6% menor de 50 años de edad.

pesca, lo que demuestra que casi el 70% de la Población Económicamente Activa (PEA) seguía en labores agrícolas y rurales[134]. El Censo Nacional de Población de 1961 reveló las siguientes cifras:

POBLACION URBANA Y RURAL EN 1961 (POR DEPARTAMENTO)[135]		
Departamento	**Urbana**	**Rural**
Atlántida	39.645	53.269
Colón	4.499	37.405
Comayagua	14.466	81.976
Copán	12.241	113.942
Cortés	106.992	93.107
Choluteca	17.933	131.242
El Paraíso	13.77	93.053
Lempira	1.854	109.692
Intibucá	6.027	67.111
Islas de la Bahía	2.844	6.117
La Paz	6.533	54.067
Ocotepeque	5.702	46.838
Olancho	14.048	96.696
Santa Bárbara	17.101	129.808
Tegucigalpa/Francisco Morazán	140.375	144.053
Gracias a Dios		
Valle	8.119	72.788
Yoro	25.669	104.878
Total	**437.818**	**1,446.95**

Antes de la década de 1950, el proletariado rural estaba prácticamente confinado a las zonas bananeras. Sin embargo, a principios de 1960, la agricultura de exportación controlada por

[134] Ibíd., p. 203.

[135] Reproducidas en M. Barahona, Honduras en el siglo XX, op. cit., p. 202.

agroindustriales nacionales y estimulada por los gobiernos de Gálvez (1949-1954) y Lozano Díaz (1954-1956)-, se convirtió en un fenómeno importante que incidió en la población rural. Como indica un investigador inglés, esto contribuyó a un significativo aumento del número de trabajadores sin tierra, el cual se cuantificó en 99.099, lo que representaba el 26.1% de fuerza laboral agrícola.

Por otra parte, el alquiler reemplazó el uso de tierras comunales como principal forma de acceso a este recurso[136].

El acelerado crecimiento de las ciudades hondureñas fue otro fenómeno característico del periodo. El siguiente cuadro ilustra la expansión urbana entre 1950 y 1961.

CRECIMIENTO DE LAS CIUDADES CON MAS DE 10.000 HABITANTES					
Ciudades			**Proporción de crecimiento en el período y tasa de crecimiento anual**		
			1950		**1961**
	1950	**1961**	**Proporción**	**Tasa**	**Proporción**
Total	**174.856**	**309.464**	76.98	5.55	98.51
Tegucigalpa	72.385	134.075	85.22	5.97	101.86
San Pedro Sula	21.139	58.632	177.35	9.4	152.56
La Ceiba	16.645	24.863	49.37	3.95	55.17
El Progreso	9.15	13.797	50.78	4.05	103.04
Puerto Cortés	12.228	17.048	39.41	3.29	50.52
Choluteca	7.075	11.483	62.3	4.41	118.75
Tela	12.614	13.619	7.96	0.76	41.47
Comayagua	5.192	8.473	63.19	4.8	58.1
Santa Rosa de Copán	6.417	7.946	23.82	2.12	52.31
Siguatepeque	4.599	5.993	30.31	2.54	100.31
Danlí	4.207	6.325	50.34	4.02	79.74
Juticalpa	3.205	7.21	124.96	7.69	40.01

[137]

[136] V. Bulmer Thomas, op. clt .,p. 213.

[137] V. Bulmer Thomas, op. clt .,p. 213. 13 Reproducidas en S. Natalini de Castro et al., .. op. cit.. cit., p. 127.

Una combinación de factores, entre ellos el aumento de la PEA, las modificaciones en la productividad de la misma en las diferentes áreas económicas y la transformación de la estructura productiva del país. influyeron notoriamente en la migración del campo a las ciudades.

En 1950 había cinco ciudades con más de diez mil habitantes mientras que, en 1961, siete ciudades ya superaban esa cantidad. El desproporcionado crecimiento de Tegucigalpa, San Pedro Sula y La Ceiba trajo consigo problemas sociales considerables, debido a la incapacidad del Estado para satisfacer las demandas de vivienda y servicios públicos[138].

En resumen, durante el período aquí estudiado, Honduras continuaba siendo una sociedad dual, dicotómica: rural y urbana, letrada e iletrada, con y sin acceso a los servicios de salud, educación y participación política. La deuda social, acumulada durante años, creó las condiciones para una estructura social compleja y polarizada, profundamente desigual en el acceso al poder y la riqueza.

LA CLASE OBRERA Y EL RÉGIMEN VILLEDISTA

Fue gracias al movimiento huelguístico de 1954 que los obreros conquistaron el derecho a la organización sindical y a negociar contratos colectivos. La importancia de esta gesta proletaria fue de tal magnitud, que ha trascendido hasta nuestros días.

El 28 de agosto de 1954 se fundó el Sindicato de Trabajadores de la Tela Railroad Company (SITRATERCO), que se constituyó en el más fuerte y numeroso del país. Otros fueron surgiendo tanto en la Costa Norte como en la región central. Como veremos, a partir de esa fecha el Estado cambió su actitud tradicional, caracterizada por la hostilidad y la represión, y adoptó la de cooptación y patronazgo, con el decidido apoyo de las grandes federaciones obreras de EUA y del agregado laboral de la embajada.

La izquierda, por su parte, buscó controlar, o al menos influir en la membresía y las directivas de las organizaciones obreras, para

---

[138] Ibíd., pp. 77-78.

darles una orientación clasista. Para el caso, con la oposición de varios sindicatos no comunistas, intentó fundar la Federación de Trabajadores del Centro, cuya sesión inaugural se celebró el 22 y 23 de febrero de 1958. Esta fue considerada como la primera actividad de este tipo verdaderamente abierta desde que el gobierno de Villeda llegó al poder. Más tarde, algunos de sus directivos se retiraron al desaprobar las acciones adoptadas por la Federación[139].

Desde los primeros meses del nuevo régimen, quedó claro el conflicto entre el gobierno y las organizaciones obreras no alineadas con la Organización Regional Interamericana del Trabajo (ORIT). El periódico Octubre, editado por el Partido Comunista, calificaba al ministro de Trabajo, Oscar A. Flores, como «enemigo de la clase obrera». Y éste, por su parte, advertía:

> Deseo destacar... la lucha de descarada o disimulada penetración del comunismo en los sindicatos democráticos. El gobierno de la República tiene pruebas en cuanto a que, elementos de extrema izquierda nacional y extranjeros que han logrado filtrarse a través de nuestra fronteras, aprovechando el clima de libertades ciudadanas que impera en el país, de cierto tiempo a esta parte desarrollan una intensa actividad de agitación social de tipo más o menos marxista que podría convertirse, a corto o largo plazo, en un problema nacional si el gobierno no toma las medidas legales del caso para contrarrestar aquella labor disociadora y anarquizante. Los sediciosos agitadores de este tipo tratan, y en algunos casos lo han logrado, de infiltrarse en algunos sindicatos, principalmente en la Costa Norte, habiendo capturado puestos directivos o como asesores. Muchas de las huelgas o conatos de huelga que en el curso del presente año se han producido, tienen su origen en la insidiosa labor de agitación a que hago referencia. Como el gobierno está obligado a velar por la integridad de sus instituciones, que descansan en el sistema económico de la libre empresa y se inspiran en los postulados de la doctrina liberal, el ministerio a mi cargo, sin

---

[139] 715.00 (W)/2-2558, 25 de febrero 1958. De acuerdo con el agregado laboral, Barney B. Taylor, nunca logró sesionar, al haber renunciado tres de los cinco directivos.

intervenir en forma alguna en el derecho de libre sindicalización que es inherente a los trabajadores, ha sostenido una intensa campaña educativa a través de la prensa hablada y escrita previniendo a los sindicatos demócratas que no se dejan sorprender por cantos de sirenas de la demagogia izquierdizante y, a la vez, estimula por todos los medios que le da la ley, a los sindicatos que se mantienen en el marco de ésta y cuyos directivos norman su conducta por los cauces de una inflexible línea democrática. Esta actitud de la Secretaría de Estado a mi cargo ha provocado, desde luego, la reacción de violencia por parte de los dirigentes y sindicatos filo-comunistas...[140].

Como puede deducirse de este extenso párrafo, el gobierno respaldaba al sector obrero calificado de «democrático»; es decir, al influido y adiestrado por la ORIT, bajo la égida de las grandes federaciones obreras estadounidenses: American Federation of Labor y Congress of Industrial Organizations (AFL-CIO).

Desde 1954, el proletariado hondureño estaba dividido por razones ideológicas y políticas; obviamente, esto lo debilitó, pues no pudo presentar un frente común en la promoción de sus reivindicaciones ante el capital y el gobierno. No obstante, la tendencia hacia la organización ya era visible en 1954, año en que se fundó el Sindicato de Trabajadores de la Standard Fruit Co. (SUTRASFCO). Al 30 de julio de 1955, ya aparecían inscritos en el libro de registro de la Secretaría de Trabajo quince sindicatos localizados en la Costa Norte y en Tegucigalpa[141]. En 1958 el SITRATERCO ya contaba con nueve mil miembros, uno de los cuales, Salvador Ramos Alvarado, fue electo diputado al Congreso Nacional, al igual que Jaime Gutiérrez Galán, sindicalista del SUTRASFCO.

El agregado laboral de la embajada clasificaba los sindicatos de Tegucigalpa en tres categorías: los veinte que eran asesorados por Gustavo Adolfo Zavala, los doce asesorados por Santos Reyes

[140] Honduras. Memoria del Ministro del Trabajo y Previsión Social, 1958, citado por Mario Posas en, Luchas del movimiento obrero hondureño. San José, EDUCA, 1981, p. 209.

[141] M. Posas, Luchas del movimiento obrero hondureño, op. cit., pp. 206- 207.

Ayestas y los seis bajo control comunista, siendo los principales el de la construcción y el de las camiserías[142]. En el informe anual de la Secretaría de Trabajo, correspondiente a 1958, se detallaba que veinte nuevos sindicatos habían sido reconocidos por el gobierno, para un total de 51.

En la Tela Railroad Co. coexistían tres sindicatos: el SITRATERCO, legalmente reconocido como el representativo de toda la empresa; contaba con siete mil afiliados, de los cuales cotizaban entre cuatro y cinco mil; el Sindicato de Trabajadores Portuarios de Puerto Cortés, con doscientos afiliados de los que cotizaban menos de la mitad; y, el Sindicato Autónomo de Mecánicos de La Lima, con doscientos afiliados y más de cien cotizantes. Estos también estaban legalmente reconocidos. Según el agregado laboral estadounidense, el Sindicato de Mecánicos estaba "controlado por los comunistas", en tanto el de los portuarios "influido" por los mismos.

En 1958, el SITRATERCO quería negociar por sí solo el contrato colectivo de trabajo con la patronal, pero la empresa deseaba que los tres sindicatos participaran y que el gobierno nombrara un comité conjunto. Los mecánicos y los portuarios habían pedido a sus compañeros del SITRATERCO que actuaran conjuntamente, pero éste se oponía, argumentando que no deseaba sentarse en la misma mesa con comunistas y que, además, esos dos sindicatos sólo representaban a pequeños grupos de trabajadores. La embajada no comprendía la actitud de la Tela Railroad, y así lo expresó a sus superiores:

"La posición de la Compañía también significa un problema para la Embajada, ya que el objetivo de los Estados Unidos es apoyar a la ORIT y su política anticomunista. Los líderes del SITRATERCO y los representantes de la ORIT, Romualdi y Andrew McLellan, opinan que la Tela está buscando usar los dos sindicatos

[142] Taylor al Departamento de Estado, 815.06/3-558, 5 de marzo 1958. Con satisfacción comunicaba a Washington que «actitudes generales y prácticas sindicales han sido fuertemente influidas por la ORIT».

secesionistas para destruir al SITRATERCO".[143]

Paralelamente, la Tela Railroad solicitó al ministerio de Trabajo, el 27 de mayo, que interviniera con el fin de posponer las negociaciones del contrato colectivo. Para ello argumentaba, entre otras razones, que el Mal de Panamá le había ocasionado pérdidas a lo largo de 1954 y 1955, y que las ganancias correspondientes a 1957 habían sido insignificantes: 0.04% con relación a sus inversiones; aseguró que el promedio de utilidades en los últimos cinco años había sido de 1.85%. Cultivar banano en Honduras, según su criterio, estaba costando 53% más que en las divisiones de la United Fruit Co. ubicadas en otros países.

Además, la nueva Constitución estipulaba 48 horas pagadas por 44 horas laborables, en tanto que limitaba el trabajo nocturno a seis horas. Todo ello incrementaría los costos laborales en 10% para 1958. En vista de ese panorama, consideraba que debía tener un período de estabilidad, de por lo menos cinco años, que le permitiera resolver los daños ocasionados por el Mal de Panamá. También argumentó que el desempleo en Estados Unidos había reducido la demanda y el precio del banano; que sus empleados recibían salarios más elevados que el resto de los trabajadores agrícolas en Honduras, así como beneficios adicionales como atención médica, escuelas, transporte, vivienda, agua y luz. Y aunque el salario mínimo era de L 4.08 diarios, el pago promedio había aumentado de L 5.33 en enero a L 6.25 en abril[144].

La Federación de Sindicatos de Trabajadores Norteños de Honduras (FESITRANH) fue fundada en 1957 y recibió su personería jurídica el 29 de abril de 1958; agrupaba a los principales sindicatos de la región y era la más importante del país en términos económicos. Aún cuenta entre sus afiliados con el SITRATERCO y el SUTRASFCO y tiene su sede en San Pedro Sula. En 1958 se estableció en Tegucigalpa la Federación Central de Sindicatos de

---

143 815.062/7-358, 3 de julio 1958. La recomendación de Barney B. Taylor era que la Tela no debía insistir en construir el prestigio y la aceptación de los dos sindicatos dirigidos o influidos por comunistas, y que debía negociar con el anticomunista SITRATERCO.

144 815.062/5-2858, 28 de mayo 1958.

Trabajadores Libres de Honduras (FECESITLIH), que desempeñaba un papel similar, si bien en menor escala[145]. Una y otra recibían asesoría, entrenamiento y apoyo económico de la ORIT y contaban con la simpatía gubernamental, ante el desafío que representaban los sindicatos controlados por la izquierda local.

El 19 de mayo de 1958 se llevó a cabo el primero de una serie de seminarios de formación sindical, a cargo del técnico estadounidense Manuel Peña; para su realización cooperaron la ORIT y la FESITRANH, y el plan era capacitar a grupos de cincuenta dirigentes sindicales en Tela, La Ceiba, Puerto Cortés, El Progreso, La Lima San Pedro Sula y Tegucigalpa. El ministro Flores calificó la actividad como el suceso más grande desde la huelga de 1954[146].

Es en ese contexto que los directivos de la FECESITLIH visitaron la embajada para agradecer la asistencia brindada a sus actividades de capacitación.

Al preguntarles cómo estaban reaccionando los «camaradas» a la política anticomunista de la Federación, el secretario general, Cristóbal Pineda, dijo: "Están fuera y estarán fuera del movimiento sindical hondureño"; afirmó que planeaban organizar sindicatos competitivos en aquellas áreas donde los sindicatos comunistas están organizados (construcción, fosforeras, carniceros y sastres)[147].

Newbegin informó que el ministro de Trabajo, Oscar Flores, «el hombre más odiado por los comunistas», le está dando a la nueva

---

145 J. A. Morris, op. cit., p. 91. Su fundación contó con la asesoría del mexicano José Melesio Fragoso Ortiz y del hondureño Santos Reyes Ayestas. Su primera directiva la presidió Jorge Tarquino Santos; Julio C. Villalta fue el secretario de Organización y Propaganda; su membresía inicial era de 2500. Entre los sindicatos afiliados estaba el de la Empresa Nacional de Energía Eléctrica. No se permitía la afiliación de sindicatos presuntamente comunistas.

146 715.00 (W)/5-1358, 13 de mayo 1958. 23 715.00 (W)/12-3058, 30 de diciembre 1958.

147 715.00 (W)/12-3058, 30 de diciembre 1958. Entre las resoluciones aprobadas se acordó la creación de una universidad popular, postular diputados obreros al Congreso Nacional en las próximas elecciones. brindar apoyo al gobierno mientras permaneciera dentro del marco legal, y declarar traidor del movimiento obrero al asesor jurídico sindical, Santos Reyes Ayestas.

federación toda la ayuda posible[148]. En mayo de 1959, la FECESITLIH recibió la personería jurídica.

Un análisis sobre el movimiento obrero, elaborado por B. Taylor, el agregado laboral de la embajada en 1959, permite formarse una idea de la visión oficial de EUA al respecto, y de la importancia que se le asignaba a la organización sindical desde la perspectiva ideológica de la Guerra Fría. Este indicaba que el Partido Comunista de Honduras, si bien estaba perdiendo terreno entre el obrerismo organizado, lo estaba ganando entre el estudiantado y los intelectuales, y que había mejorado su organización interna y su propaganda.

Algunos líderes sindicales anticomunistas de la Costa Norte afirmaban que los comunistas habían reorientado su trabajo hacia los campesinos, las mujeres y los jóvenes. «Este punto de vista es confirmado por otras fuentes confiables. Los sindicalistas atribuyen este giro al desaliento por el fracaso en controlar sectores importantes del obrerismo»[149].

En cuanto al SITRATERCO, se aseguraba que continuaba libre de "infiltración comunista", y que su política era "firmemente anticomunista". De los diez mil empleados de la UFCo., unos 6.800 cotizaban al SITRATERCO, "y probablemente otros mil siguen su liderazgo". Del Sindicato de Trabajadores Portuarios se informaba que nuevamente estaba bajo control comunista; que había perdido la mayoría de los estibadores de la UFCo., que solo contaba con cien afiliados, mientras que 150 estaban inscritos en el SITRATERCO.

El Sindicato Autónomo de Mecánicos había descendido en membresía; contaba con menos de sesenta cotizantes, que permanecían bajo "firme control comunista"; era dirigido por Arístides Padilla y Rodolfo Bertrand. Respecto al Sindicato Autónomo de El Progreso, señalaba que solamente existía en papel, que era controlado por comunistas, y que no había logrado obtener su personería jurídica.

---

148 Newbegin al Departamento de Estado, 715.00/3-559, 5 de marzo 1959.

149 Barney B. Taylor al Departamento de Estado, 815.062/9-2559, 29 de septiembre 1959. Toda la información citada en este apartado corresponde a la misma fuente.

El SUTRASFCO contaba con alrededor de 2300 afiliados, de un total de 5900 trabajadores. De éste se afirmaba que, si bien nunca había sido controlado por los comunistas, en ocasiones había sido influido por estos. "La seccional 4, una de las cinco subdivisiones del sindicato, ha sido más o menos controlada por los comunistas y ha sido fuente de su propaganda".

El Sindicato Independiente Portuario, Ferrocarrilero y Anexos, afín a la ORIT, se reportaba libre de influencia comunista, y con unos 1600 cotizantes. En cuanto a la FESITRANH —con doce sindicatos afiliados y una membresía de doce a catorce mil—, se consignaba: "No hay influencia comunista en el liderazgo de la Federación ni entre los miembros de sus sindicatos afiliados".

La FECESITLIH contaba con 16 sindicatos afiliados y con una membresía de tres a cuatro mil; excluía a comunistas y a sindicatos dominados por los comunistas. Así, ambas federaciones eran anticomunistas, contaban con la bendición gubernamental y recibían pleno apoyo del ministerio de Trabajo.

En la zona central, el Sindicato de Trabajadores de la Cervecería Tegucigalpa era controlado por los comunistas; pero, en la empresa existía otro sindicato afiliado a la FECESITLIH; se denominaba Sindicato de los Tres Derechos del Hombre, tenía derecho exclusivo de negociación y contaba con la mayoría de los trabajadores.

De Andrés Pineda y Guadalupe Reyes, dirigentes del Sindicato de Trabajadores de la Construcción, se decía: "Dos de los más bulliciosos comunistas en el Distrito Central... La FECESITLIH planifica organizar un sindicato rival".

El Sindicato de la Industria Fosforera Hondureña contaba con 75 miembros, aproximadamente, y se le evaluó así: "Parece haberse alejado de los comunistas en meses recientes". Y de José Antonio Ardón, secretario general del Sindicato Gremial de Operarios Sastres, se afirmaba que era "uno de los comunistas más importantes".

Del Sindicato de Trabajadores de Camiserías y Afines se informó que sus líderes eran, tal vez, "las más prominentes entre los comunistas de la capital: Regina de Laínez, Dolores de Caballero y Argentina Ramos"; el informe también sostenía que el sindicato rival, organizado por anticomunistas hace menos de un año, excedía en membresía a su competidor. De las setecientas obreras en las ocho fábricas de camisas en el Distrito Central, el sindicato anticomunista afirmaba tener más de cuatrocientos afiliadas. El informe, además, detallaba:

Comité de Unidad Sindical, San Pedro Sula. No está legalmente reconocido.

En Puerto Cortés, uno de los cinco sindicatos es controlado por los comunistas (el de los portuarios).

La Lima: dos sindicatos inscritos, ambos de los empleados de la UFCO.

Tela: un sindicato inscrito, no es comunista.

Santa Bárbara: un sindicato, que representa a los trabajadores de la New York and Honduras Rosario Mining Co.; no es controlado o influido por los comunistas.

Y sobre el ministro de Trabajo, Oscar Armando Flores Midence, explicaba:

"...continúa siendo el más franco anticomunista en el gabinete. Los comunistas, a su vez, lo describen como "el enemigo público número uno" de los trabajadores. Los ataques comunistas en su contra son continuos y amargos; él disfruta del respeto de los sindicatos más democráticos y de la mayoría de la comunidad empresarial. Si los comunistas parecen haber perdido terreno entre los trabajadores, esto puede atribuirse, en gran parte, al consistente liderazgo del SITRATERCO y la FESITRANH; a la orientación y la actividad de la ORIT; a un buen y tenaz Ministro de Trabajo; a la capacitación de líderes laborales en Puerto Rico, Estados Unidos y localmente...".

"Así, en este periodo, la clase obrera se fue dividiendo cada vez más; ambos bandos competían ferozmente por la lealtad y adhesión de sus respectivas membresías. El gobierno intervino activamente, respaldando a las dirigencias controladas y financiadas por la ORIT y la AFL-CIO, en tanto que los sindicatos influidos por la izquierda tuvieron que hacer frente a la hostilidad gubernamental y a la de sus propios compañeros".

EL CÓDIGO DEL TRABAJO

La discusión de éste en el Congreso Nacional preocupaba a la empresa privada, nacional y extranjera, por las repercusiones económicas que tendría. Se afirma que, por ello, el presidente Villeda, en presencia del ministro de Trabajo y del asesor legal del Ejecutivo, Lisandro Valle, manifestó a Leonard, funcionario de la Standard, que lo vetaría; y pidió a Flores y a Valle que revisaran todos los artículos que podrían ser inconstitucionales, particularmente aquellos "dañinos a los intereses empresariales". La redacción del proyecto del Código del Trabajo era atribuida, principalmente, a Miguel Antonio Alvarado y, en menor grado, a Amado Nuñez[150].

El embajador Newbegin comentó que, si el Código se materializaba, "sería un acto excepcional de coraje por parte de Villeda y puede tener serias repercusiones políticas"[151]. No obstante, en el discurso pronunciado el Primero de Mayo de 1959, el presidente de la República expresó:

"El Código del Trabajo, retardado en su emisión durante muchos años, es una realidad en 1959. El gobierno ha cumplido su palabra empeñada, al presentar sendos proyectos de ley, de acuerdo a los postulados ideológicos del partido político ahora en el poder, y con el programa de acción del régimen constitucional que presido por la voluntad mayoritaria de los hondureños... Lo que interesa es que haya Código, cuya emisión, de acuerdo con la Ley Fundamental, es de utilidad pública por cuanto regula las relaciones entre el capital y el trabajo, colocándolas sobre una base de justicia social, de modo que se garanticen al trabajador las condiciones necesarias para una vida normal, y al capital una compensación equitativa de su inversión".[152]

El 14 de mayo, Villeda aseguró a los trabajadores que no vetaría el Código. El Congreso Nacional lo aprobó el 15 de julio de 1959 y

---

[150] Taylor al Departamento de Estado, 815.062/9-958, 9 de septiembre 1959.

[151] Newbegin al Departamento de Estado, 815.06/4-859, 8 de abril 1959.

[152] Citado por S. Natalini de Castro, et al., op. cit., pp. 107-108.

su puesta en vigencia estimuló la firma de contratos colectivos en la Cervecería Hondureña y la Fábrica de Manteca La Blanquita, ambas empresas de capital estadounidense.

Sin embargo, desde antes de su aprobación, las empresas bananeras habían objetado el instrumento jurídico. El representante de la Standard anticipó que el pago de planillas aumentaría en 34%, en tanto que el de la Tela calculó el incremento en 26.5%. Sostenían que el borrador del Código contenía al menos 48 artículos que repercutirían en el aumento de los costos; entre ellos, el pago del día domingo; las vacaciones pagadas a empleados con menos de cinco años de servicio; la obligación de proporcionar vestuario a los trabajadores que laboraban al aire libre; el pago de 48 horas por 36 de trabajo nocturno; la atención médica gratuita para trabajadores rurales y dotar de mobiliario las viviendas que proporcionaban a sus trabajadores. La Asociación Nacional de Industriales también previó el alza en los costos de sus agremiados.

Una de las primeras consecuencias de la entrada en vigencia del Código fue el despido de trabajadores por parte de la Standard Fruit Co., que redujo su planilla a menos de seis mil obreros; exportaba el 12% de la producción bananera, que ahora ya no enviaba en racimos, sino en cajas de cartón para entregarlas directamente a los detallistas.

En síntesis, las expectativas que emergieron a partir de 1954 fueron parcialmente atendidas por el reformismo liberal; como lo muestra este capítulo, los avances más significativos se registraron en la legislación laboral y en la seguridad social.

CAPÍTULO VIII
LAS DIFÍCILES CONDICIONES ECONÓMICAS

En el ya citado discurso de toma de posesión, el 21 de diciembre de 1957, el presidente Villeda Morales también se refirió a la situación económica que encontró cuando asumió el poder:

"...Una industria incipiente que representa... menos del 6% de su población trabajadora, lo que indica a las claras que los artículos de consumo indispensables para la vida colectiva, tales como alimentos, vestuario, materiales de construcción, han tenido que ser forzosamente importados, con los consiguientes desajustes en nuestra balanza de pagos".[153]

El hecho de no contar con una aceptable red vial era un formidable obstáculo para integrar las diversas regiones del país. A finales de 1955, las únicas vías que cruzaban el país, transversal y longitudinalmente, eran la carretera del Norte, que comunicaba Puerto Cortés con Tegucigalpa, pasando por San Pedro Sula, Siguatepeque y Comayagua; la carretera del Sur, de Tegucigalpa a San Lorenzo, que empalmaba con la Carretera Panamericana; y la carretera de Occidente, de San Pedro Sula a Santa Rosa de Copán. Además, se carecía de una red de caminos de acceso. El estudio de un consultor estadounidense, en 1958, describía las deficiencias en materia de infraestructura:

"Los efectos de la carencia de carreteras se extienden por cada sector de la economía y solamente han sido compensados, en un pequeño grado, por el desarrollo del transporte aéreo. La escasez y el alto costo de la energía eléctrica, a lo largo de casi todo del país, representan un freno para la industrialización y contribuyen a deprimir los niveles de vida... A finales de 1955, con solamente veinticuatro millas de caminos pavimentados, Honduras se ubicaba muy a la zaga de los demás países centroamericanos. De las restantes 1.400 millas de caminos, tal vez la mitad, en el mejor de

---

[153] Mensaje del Presidente Constitucional de la República de Honduras, Dr. Ramón Villeda Morales dirigido a la Asamblea Nacional Constituyente., op. cit., p. 34.

los casos, es transitable durante la estación lluviosa, y a menudo son toscos, empinados y tortuosos. De los países centroamericanos, solamente Nicaragua cuenta con un menor número de millas de caminos por habitante... Un factor que complica el transporte de superficie es la distribución de la población en muchos pequeños bolsones entre ásperas cordilleras. Para enlazar estas comunidades aisladas se requiere de muchos caminos y ramales, lo que exige elevados costos de construcción y mantenimiento de caminos"[154].

La situación económica que heredó el nuevo gobierno no era bonancible, lo que reconocía la embajada estadounidense:

"La nueva administración heredó una tesorería casi en bancarrota y un déficit de aproximadamente cinco millones de lempiras en órdenes de pago no canceladas, sueldos y pensiones no pagadas; aunque la Junta Militar esperaba entregar el gobierno en buena condición financiera, aparentemente no tuvo éxito"[155].

El Banco Central de Honduras (BCH) calculó que, durante 1957, fueron enviados a Estados Unidos seis millones de dólares, en tanto que las reservas internacionales continuaron declinando. En noviembre de ese año alcanzaron $15.640.000, una reducción de $2.5 millones en relación con septiembre. La causa de ese éxodo monetario se atribuía a la incertidumbre política prevaleciente durante 1957[156].

Un análisis de la situación económica, realizado por personal de la embajada, señalaba como (imperfecciones estructurales) los siguientes factores: una inadecuada red carretera, un bajo nivel de destreza técnica y administrativa, alto grado de analfabetismo, atención médica completamente inadecuada, déficits presupuestarios registrados en los últimos años y problemas en la balanza de pagos, incluyendo fugas de capital. La deuda pública (interna y externa) había crecido durante 1957 en nueve millones de lempiras, para un total de 34 millones 300 mil, y la fuga de capitales, entre 1955 y

---

[154] Vincent Checchi, Honduras, a problem in economic development, op. cit., pp. 28-30.

[155] 815.00/1-1058, 10 de enero 1958.

[156] Ibíd.

1957, según el BCH, ascendió a once millones de lempiras[157].

El problema de la fuga de divisas persistió, aun cuando el nuevo gobierno tomó posesión; a finales de septiembre de 1958, las reservas netas en oro y en dólares sumaban $ 11.8 millones, $ 6.6 menos que en 1957. Se calculaba que las inversiones y depósitos bancarios en Estados Unidos, de origen hondureño, oscilaban entre 17 y 26 millones de dólares.

En abril de 1958, la representación diplomática de EUA comentó que decaía la confianza en el régimen, al no haber podido proveer de empleo al creciente número de desempleados, sobre todo en la Costa Norte, donde las empresas fruteras habían reducido su fuerza laboral.

La nueva administración enfrenta problemas crónicos: crédito restringido, déficit presupuestario, posibilidad de un mayor agotamiento de reservas en divisas extranjeras, desempleo y subempleo en gran escala. El gobierno ha respondido elevando las tasas de interés a los préstamos agrícolas, en un intento por aliviar la situación crediticia; elevando el impuesto de importación al 12%, y aplicando nuevos impuestos al consumo y la producción para reducir el déficit presupuestario; ha iniciado negociaciones con el BIRF y el DLF (Developmet Loan Fund) para obtener préstamos que financien la construcción de caminos y el crédito agrícola, aliviando así el desempleo[158].

Se reiteraba que el gobierno liberal había suscitado grandes expectativas en el pueblo, en cuanto a que podía crear oportunidades de empleo y elevar el nivel de vida, por lo que el fracaso en este campo causaba descontento y desilusión. La gente se impacientaba cada vez más, y no se convencía ante el argumento de que se necesitaba tiempo para aliviar y superar los problemas crónicos heredados.

En otra evaluación del comportamiento de la economía, realizada por la embajada luego de seis meses de gestión gubernamental, se hablaba de la deteriorada situación económica y

---

157 815.00/3-1458, 14 de marzo 1958.

158 815.00/4-1058, 10 de abril 1958.

financiera, así como de una creciente agitación laboral. "Se ha elevado el precio de la canasta básica alimentaria, la recaudación de impuestos es menor a las expectativas, y el déficit presupuestario aumenta".[159]

Y, después de diez meses, el segundo secretario de la embajada, en otro análisis, sostenía:

"Durante sus primeros diez meses, la Administración Villeda ha demostrado incompetencia en el manejo de las finanzas públicas. Varios ministros del gabinete poseen ambiciones políticas, y en algunos casos parece haber flagrante deshonestidad (...) La corrupción en el gobierno es tan perniciosa como lo ha sido en administraciones anteriores, y probablemente peor que en el régimen de Carías. La deshonestidad parece ser más desenfrenada en la administración de aduanas y la recolección de impuestos".

Al referirse a las condiciones económicas, informó que el costo de la vida había aumentado a finales de 1958; que había subido el precio de los granos básicos, que el desempleo era alto, y los salarios descendían. En algunas regiones se pagaba un lempira diario, "o que puede causar insatisfacción entre grupos de trabajadores, el sostén principal del poder político de la actual administración liberal".[160] En noviembre se informó que la situación financiera se consideraba grave, y que las obligaciones gubernamentales impagadas oscilaban entre ocho y nueve millones de lempiras[161]. El embajador afirmaba que el problema fundamental del país radicaba en que estaba comprando más bienes y servicios de lo que estaba en capacidad de pagar[162].

En diciembre de 1958 se calculó que las reservas en divisas extranjeras que, a finales de 1954 llegaban a $ 25 millones, habían

---

[159] 815.00/8-758, 7 de agosto 1958.

[160] 815.01/10-1058, 10 de octubre 1958.

[161] 815.10/11-2558, 25 de noviembre 1958.

[162] Newbegin al Departamento de Estado, despacho 164, 4 de noviembre 1958, RG 84, caja 8.

descendido a nueve millones[163]. El comercio se había deteriorado, y los depósitos bancarios se habían reducido, debido a que sus dueños los remitían al exterior, previendo una devaluación; la situación fiscal empeoraba notoriamente. En cuanto a la situación energética, Honduras ocupaba el último lugar en Centroamérica, tal como lo revela el siguiente cuadro:[164]

CAPACIDAD INSTALADA DE SERVICIO PÚBLICO Y PRODUCCIÓN DE ENERGÍA EN LAS REPÚBLICAS CENTROAMERICANAS, 1956				
País	**Kilovatios**	**Capacidad instalada Watts per cápita**	**Producción de energía**	
			Million Kilovatios-hora	**Kilovatios-hora per cápita**
Costa Rica	68.130	68.1	294	294
El Salvador	65.280	29	154.6	69
Guatemala	35.860	10.7	145	43
Nicaragua	16.200	12.5	53	41
Honduras	8.410	4.9	26.5	14.7

El Proyecto Hidroeléctrico Río Lindo, al norte del Lago de Yojoa, se remontaba a 1947, cuando el Congreso reservó el sitio para su eventual construcción, y solicitó al Banco Internacional de Reconstrucción y Fomento (BIRF) un préstamo para tal fin. No obstante, fue hasta en la Administración Villeda Morales cuando se retomó la decisión de desarrollarlo, bajo la dirección de la Empresa Nacional de Energía Eléctrica (ENEE) organizada por la Junta Militar en marzo de 1957. El 7 de octubre de 1959, Villeda Morales anunció que su gobierno había decidido contratar a un consorcio francés para construir la obra, a un costo de $ 13 millones; el mismo consorcio otorgaría un préstamo pagadero en ocho años y medio, al

[163] Gawf a Pool, RG 59, Records of the Office of Central American and Panamanian Affairs, Records relating to Honduras, Subject File 1957- 1958, caja 1.

[164] V. Checchi, op. cit., p. 38.

6.5%.

Sin embargo, cuando el Congreso Nacional se reunió para discutir su aprobación, encontró un ambiente desfavorable y lo rechazó. Estudiosos de este periodo opinan que la intervención abierta de la embajada de EUA obligó al gobierno a revocar, por medio del Congre- so Nacional, el contrato que ya se había firmado con el grupo francés. El 29 de junio de 1960, se recibió un préstamo de $ 8.8 millones del Banco Mundial (antes BIRF) para financiar el proyecto[165].

LOS PRODUCTOS DE EXPORTACIÓN

En diciembre de 1957 empezó a operar una desmotadora de algodón, como resultado del auge de este cultivo en el sur del país. La Cooperativa Algodonera Hondureña surgió en 1955, estimula- da por los préstamos y la asesoría técnica y financiera del Banco Nacional de Fomento (BANAFOM). Desafortunadamente, el auge algodonero fue breve; inicialmente los productores recibían buenos precios por sus cosechas (treinta centavos por libra) pero, pocos años después, la condición financiera de los productores se había deteriorado, como resultado de la excesiva expansión del área de cultivo, del aumento de productores marginales y de la reducción de los precios internacionales.

En 1959, los socios de la Cooperativa Algodonera adeudaban 5.880.000 lempiras al BANAFOM, lo que representaba el 41% de los préstamos desembolsados por ese banco. Y esto, pese a que el gobierno suprimió el impuesto sobre la producción algodonera y que el Banco de Exportación-Importación también otorgó préstamos a la cooperativa para construir otra empacadora en San Lorenzo.

Inicialmente se sembraron hasta 16 mil manzanas, pero, en 1959, apenas se cultivaban un poco más de dos mil, lo que indica que varios de los socios habían abandonado la actividad para dedicarse a la siembra de granos básicos.

---

[165] S. Natalini de Castro, et al., op. cit., p. 76. El BIRF (Banco Mundial) se oponía a que el proyecto Río Lindo fuera financiado por Francia, en tanto que el Consejo Nacional de Economía lo favorecía.

Entre los factores causantes del fracaso de la cooperativa, se señalaban: los precios mundiales, que se redujeron a entre cinco y ocho centavos por libra durante 1958; el impuesto de L 1.50 por quintal producido, aunque después fue suprimido; y, la pobre administración e inadecuada política crediticia del BANAFOM, que favorecía con préstamos a políticos afiliados a la cooperativa[166].

VOLUMEN Y VALOR DE EXPORTACION DEL ALGODÓN (1954-1960)		
	Toneladas métricas	**US$ millones**
1954	0.6	0.1
1955	0.9	0.1
1956	3.4	0.4
1957	4.1	0.4
1958	4.4	2.6
1959	4	2.6
1960	1.2	0.7

[167]

Las exportaciones bananeras se recuperaron modestamente, después de los desastrosos años de 1954-55, aunque no se volvieron a alcanzar los niveles registrados a inicios del decenio de 1950. Una de las estrategias que adoptaron ambas empresas, para reducir costos, fue comprar la fruta a ex empleados que se dedicaban al cultivo, quienes no pagaban a sus trabajadores los beneficios sociales. La Tela transfirió el 8% de sus tierras a los finqueros independientes, que operaban sus fincas con menos de cuarenta operarios.

Para hacer frente al Mal de Panamá, la Tela Railroad recurrió a la inundación de las tierras infectadas y la apertura de suelos vírgenes, en tanto la Standard introdujo la variedad Giant

[166] Kaufman al Departamento de Estado, 815.11/6-259, 2 de junio 1959; 815.2321/10-859, 8 de octubre 1959. Checchi agrega los altos costos de producir algodón en Honduras, incluyendo la mecanización, el corto período de siembra y la fumigación aérea (op. cit., p. 57).

[167] Ibíd., p. 208.

Cavendish, resistente a la plaga; ambas, además, introdujeron el riego de sus plantaciones con helicópteros, reemplazando la fumigación manual.

Pese a todo, como indica Checchi, a finales de los años cincuenta el banano continuaba siendo la principal industria de exportación; la principal área de inversión extranjera; el sector tecnológicamente más avanzado de la agricultura y, posiblemente, de la economía hondureña y, la principal fuente de ingresos por concepto de impuestos sobre la renta[168].

Pero si el banano estaba bajo el control de capital extranjero, no sucedió lo mismo con el café. Durante la Administración Carías (1933-1948) este cultivo se expandió tanto en área como en volumen. La tendencia continuó durante el gobierno de Juan Manuel Gálvez (1949-1954), hasta constituirse en el principal producto agrícola de exportación realizado por connacionales, en pequeñas y medianas fincas, beneficiándose de los programas de asistencia técnica del BANAFOM. Con el transcurso de los años su importancia económica y social creció a tal punto, que desplazó al banano como principal producto de exportación agrícola del país. A continuación, se muestra la evolución de las exportaciones de ambos productos entre 1954 y 1960.

VALOR DE EXPORTACIONES TRADICIONALES (US$MILLONES)[169]			
	Café	**Banano**	**Total**
1954	14	29.3	43.3
1955	8.5	27.4	35.9
1956	13.3	43.9	57.2
1957	12	33.7	45.7
1958	10.9	37.7	48.6
1959	11.7	32.1	43.8
1960	11.8	28.2	40

---

[168] Ibíd., pp. 58-60.

[169] Victor Bulmer Thomas, La economía política de Centroamérica desde 1920. San José, Banco Centroamericano de Integración Económica, 1989, p. 205.

Durante el gobierno de Gálvez, la ganadería también fue adquiriendo importancia en el conjunto de las exportaciones. A partir de 1950 se comenzaron a instalar empacadoras que procesaban carne congelada destinada al exterior. Estas se ubicaron en Choluteca, Olancho y Cortés. En 1958 se exportaron los primeros 600 mil kilogramos de carne y, en 1961, ya se estaban exportando 2.4 millones de kilos, equivalentes al 2.1% de las exportaciones[170]. Las siguientes cifras dan idea del desarrollo de este rubro:

EXPORTACIONES DE CARNE (US$ MILLONES)[171]	
1957	
1958	0.1
1959	0.5
1960	1.1
1961	1.6
1962	2.6

EL IMPULSO AL DESARROLLO INDUSTRIAL

La emisión de la Ley de Fomento Industrial, en 1958, estimuló la industria manufacturera; su propósito principal era contribuir a crear un clima propicio para fomentar la industria, mediante exenciones a impuestos de importación[172].

De acuerdo a D. Euraque, el sector manufacturero en Honduras creció constantemente después de la Segunda Guerra Mundial, alcanzando cerca del 4.5% del PIB en 1949, y el 7.5% en 1959[173].

El mismo autor considera que el factor crucial para establecer nuevas fábricas y rehabilitar otras, tuvo que ver con una movilización de capital para la producción manufacturera a una

---

170 S. Natalini de Castro, et al., op. cit., p. 73.

171 Ibíd., p. 209.

172 Kaufman al Departamento de Estado, 815/4 - 1058 10 de abril 1958.

173 Darío Euraque. El capitalismo de San Pedro Sula, y la historia política hondureña, op. cit., p. 148.

escala nunca vista antes de la década de 1960 "la riqueza doméstica de Honduras, en muy pocas ocasiones, había sido orientada sistemáticamente a la producción manufacturera. La Ley de Desarrollo Industrial de 1958 cambió las condiciones en lo concerniente a arriesgar capital acumulado en manufacturación y, en San Pedro Sula, un círculo de comerciantes e industriales —particularmente familias árabes—, tomó ventaja de este nuevo incentivo y también adoptó modelos de inversión desarrollados antes de 1960[174].

En criterio de investigadores de este período, el sector industrial fue la rama de la economía que, durante esos años, presentó las mayores transformaciones. A inicios de la década de 1950 la industria manufacturera era artesanal, pues se contaban menos de cinco trabajadores por cada establecimiento industrial. En la década de 1956-1965 la media para éstos fue de 538 operarios. En el gobierno del doctor Villeda Morales, el sector industrial tuvo un desarrollo relativo, como resultado de la política que se aplicó. Los elementos básicos que configuraron el marco del desarrollo industrial, según estos historiadores, fueron: la Ley de Fomento Industrial, el ingreso de Honduras al Mercado Común Centroamericano en 1960, y la inauguración de la primera etapa del Proyecto Hidroeléctrico Río Lindo[175].

Así, de manera gradual, se iban superando tres variables hasta entonces constantes en la economía hondureña: escasez de capital, tecnología muy simple y obsoleta, y un mercado demasiado estrecho y fragmentado, así como el desbalance territorial, asociado a la coexistencia de estructuras sociales diferentes en cuanto a organización y técnicas de producción[176].

Las empresas industriales de mayor impacto para la economía del país se crearon en estos años; entre ellas, la Fábrica de Cementos

---

174 Ibíd., p. 150.

175 S. Natalini de Castro, et al., op. cit., pp. 70-71. 1.415 114 Exportación 483.

176 Miguel Ángel Funes Cruz y Cecilio Zelaya Lozano, Modelos económicos de Honduras: medio siglo de experiencia. Tegucigalpa, Universitaria, 1998, pp. 34-35.

Bijao, que se estableció en 1959 e inició su producción el año siguiente. Con esta, el país redujo notoriamente sus importaciones de cemento.

PRODUCCION Y CONSUMO DE CEMENTO
(MILES DE BOLSAS DE 42.5)

Año	Producción	Importación	Exportación	Consumo
1959	190	432	22	600
1960	861	37	232	666
1961	980	75	400	655
1962	1.308	100	536	872
1963	1.415	114	483	1.406

En 1960 se instaló la Fábrica de Productos Lácteos Sula con capital estatal canalizado por el BANAFOM. Esta comenzó a procesar leche para pasteurizarla y producir cremas, mantequilla, quesos y otros productos lácteos.

También se crearon algunos ingenios azucareros y se mejoraron otros, de manera que el país prácticamente se tornó autosuficiente. En 1957 la producción fue de 262 mil quintales; en 1960 ascendió a 400 mil y, en 1963, fue de 575 mil quintales. En 1959 se importaron 150 mil quintales de azúcar, equivalentes al 33% del consumo nacional; pero, en 1963, las importaciones se redujeron a siete mil quintales, o sea, el 1% del consumo. Por otra parte, la producción de harina se incrementó de 76 mil quintales en 1961 a 240 mil en 1962.

Las pequeñas fábricas textiles, que apenas lograban abastecer un reducido mercado nacional, ampliaron sus plantas para entrar a competir en el Mercado Común Centroamericano. En 1963 lanzaron al mercado 1.5 millones de yardas de tejido y, en 1964, alcanzaron los 3.7 millones. Además, se instalaron varias fábricas de calzado en Tegucigalpa y San Pedro Sula, que intentaban competir con las de los otros países de la región.

En resumen, el período 1957-1963 se caracterizó por el fuerte empuje que recibió el desarrollo industrial, tanto como consecuencia de los incentivos contenidos en la Ley de Fomento Industrial, como por el impulso que significó la participación en el Mercado Común

Centroamericano[177].

Este gobierno buscó, además, impulsar el potencial forestal de Honduras, la nación centroamericana con mayor cantidad de bosque. Para desarrollar el proyecto de pulpa, en el norte de Olancho, como industria de integración, se solicitó la asesoría técnica de la FAO y, en septiembre de 1958, se firmó contrato con la National Bulk Carriers Corporation, con sede en Nueva York; se acordó que, si los recursos forestales a explotar eran suficientes, se invertirían de cuarenta a cincuenta millones de dólares. También debía construirse una carretera que comunicara Puerto Castilla con Tegucigalpa. La empresa recibiría al menos setecientos mil acres en carácter de arrendamiento, a cambio de construir la carretera, viviendas y escuelas en el área de intervención, que permanecía aislada del resto del país; un 20% de participación sería para el Estado[178].

Este proyecto no se llevó a cabo, pues los inversionistas argumentaron que las reservas forestales no garantizaban el retorno de la inversión. Pese a ello, la explotación forestal mostró una clara tendencia al alza tanto en el volumen de las exportaciones -116 mil metros cúbicos en 1954 y 281 mil en 1968-, como en el precio unitario del metro cúbico que, en 1954-1956 fue de 56 lempiras y, en 1964, alcanzó los 79 lempiras. La comercialización exterior de la madera fue relevante durante el período, ocupando el tercer lugar después del banano y el café[179].

El nuevo gobierno también centró su atención en los recursos pesqueros de las Islas de la Bahía, visualizándolos como una fuente de divisas y como actividad económica en el departamento insular. El consumo de pescado continuaba siendo muy bajo entre la población del interior del país, y la industria pesquera aún era muy primitiva. A principios de 1957 el BANAFOM contrató dos consultores para investigar el potencial pesquero del país[180].

Para financiar la construcción de la red vial, el país recibió un

---

[177] S. Natalini de Castro, et al., op. cit., pp. 72-74.

[178] V. Checchi, op. cit., p. 67.

[179] S. Natalini de Castro, et al., op. cit., p. 69.

[180] V. Checchi, op. cit., pp. 67-69.

préstamo del BIRF por $ 10.5 millones, en julio de 1958. En aquel momento, Honduras aún era un mosaico de regiones semiaisladas, autárquicas, donde los intercambios comerciales eran limitados, lo que impedía la conformación de un mercado nacional. Por tanto, la construcción de caminos y carreteras era parte integral de la propuesta de desarrollo del gobierno villedista.

1958 concluyó con graves problemas económicos, en parte heredados y en parte agravados por la inexperiencia e improvisación de la nueva administración; por la fuga de capitales privados; por el alza en el costo de vida; el creciente desempleo y el notorio descenso en las reservas internacionales.

RESERVAS INTERNACIONALES DE HONDURAS	
Año	Millones US$
1954	25.2
1955	19.7
1956	17.7
1957	12.4
1958	6.3

EL MERCADO COMUN CENTROAMERICANO

Como señala el economista británico V. Bulmer Thomas, la expansión de las economías centroamericanas en la década que siguió a la Segunda Guerra Mundial representó la fase final del modelo tradicional de crecimiento impulsado por las exportaciones, sobre todo de café y banano. Las adversidades en los mercados de estos productos, después de la Guerra de Corea, empujaron a Centroamérica hacia un nuevo modelo de crecimiento. Este se habría de basar en la diversificación de las exportaciones agrícolas y en la promoción del comercio intrarregional de productos manufacturados.

A principios de la década de 1960, las bases del modelo estaban firmemente asentadas. Este tenía elementos comunes a las cinco repúblicas, aunque su impacto distributivo se vio afectado en cada país por una combinación de las dotaciones de recursos y las iniciativas de políticas (...) A fines de los años cincuenta el ambiente externo favorable de comienzos de la década había dado paso a la escasez de divisas, crisis de balanza de pagos e intervención del Fondo Monetario Internacional (aunque en modesta escala). El resurgimiento de una restricción de divisas contribuyó al movimiento a favor de la integración económica regional, que había sido iniciado por la Comisión Económica para América Latina (CEPAL) y que fue posteriormente respaldado por la Administración de Estados Unidos[181].

Este autor señala que es justo reconocer que fue la CEPAL la que dio los primeros pasos y se convirtió en inspiradora y guía del proceso integracionista. La tesis fundamental de este organismo se orientaba por la convicción de que estos países, difícilmente, saldrían del subdesarrollo mientras no superaran el déficit creciente en sus relaciones comerciales con el resto del mundo. Esto sólo podría lograrse mediante un régimen de integración de estas economías, seguido de la creación de una base industrial capaz de promover una sustancial sustitución de importaciones, aprovechando al máximo las transformaciones de productos primarios generados por la actividad económica tradicional; esto sentaba las bases para la formación de un mercado regional sólido y poderoso, con posibilidades de sustentar un proceso creciente y sostenido de desarrollo económico. Se sostenía que cada país, individualmente, no tenía opción para salir del subdesarrollo, y se generalizó el criterio de que era preciso industrializarse para lograr mayores grados de crecimiento, así como para encarar los problemas de empleo que se agudizaban por el desplazamiento de mano de obra que, continuamente, fluía del campo a la ciudad[182].

La integración de las economías se vio entonces como una necesidad, ante la evidencia de una crisis en la que el sistema económico mostraba serios desajustes, como se deduce de los hechos siguientes:

Fuerte contracción de las exportaciones de banano. Una

---

[181] V. Bulmer Thomas, op. cit., pp. 199-200.

[182] Ibíd.

agricultura tradicional caminando a paso muy lento, a un ritmo inferior al poblacional, obligada en parte por la rigidez en la tenencia de la tierra. Relaciones de intercambio desfavorables, empeoradas por la inestabilidad del mercado internacional, sin perspectivas para el futuro, más una importación creciente de bienes que al final de la década creaban desequilibrios en la balanza de pagos... para completar el cuadro se advierte la presencia de indicadores sociales muy precarios, y una infraestructura muy pobre[183].

Una cronología sumaria revela que de 1950 a 1956 los países del istmo firmaron tratados bilaterales de comercio y que, en julio de 1958, habían suscrito el Tratado Multilateral sobre Libre Comercio e Integración Económica Centroamericana y el Convenio de Industrias de Integración; en septiembre de 1959 se suscribió el Convenio de Equiparación de Aranceles y, en diciembre de 1960, el Tratado General de Integración Económica Centroamericana, que firmaron cuatro repúblicas; la excepción fue Costa Rica. Este entró en vigencia en 1961, salvo en Honduras, que ocurrió en 1962.

En el caso hondureño, el ingreso al proceso integracionista no trajo los beneficios esperados, debido a su menor grado de desarrollo económico. Los formuladores de política, señala Bulmer Thomas, no proporcionaron un marco adecuado para garantizar que los beneficios del Mercado Común Centroamericano se distribuyeran equitativamente entre las cinco repúblicas, de manera que la estrategia de industrialización se vio amenazada desde el principio por diferencias entre los países. "El problema clave que enfrentaban las instituciones del Mercado Común Centroamericano fue la distribución equitativa de los beneficios netos entre los países miembros".[184]

A principios de los años sesenta, el ambiente externo se volvió favorable debido a la mejoría en los términos de intercambio, y al

[183] M. A. Funes y C. Zelaya, op. cit., pp. 70, 76-77.

[184] V. Bulmer Thomas, op. cit., pp. 233, 237.

respaldo que EUA brindó al Mercado Común Centroamericano, cuyos inicios coincidieron con la fundación de la Alianza para el Progreso, en marzo de 1961. El compromiso de EUA con Centroamérica se acentuó aún más con las reuniones entre los mandatarios de la región y el presidente Kennedy en 1963.

El interés de Estados Unidos en Centro América, durante el decenio de 1960. se vio estimulado por la amenaza potencial a la seguridad de EUA que surgía de la Revolución Cubana y la aparición de focos guerrilleros en Guatemala y Nicaragua. El Mercado Común Centroamericano se consideraba un vehículo adecuado para fomentar los intereses de Estados Unidos, tanto estratégicos como económicos, así como el tipo de esquema favorecido por la Alianza para el Progreso[185].

Esta iniciativa del presidente Kennedy tenía entre sus objetivos fortalecer las instituciones democráticas; acelerar el desarrollo económico y social; proveer de vivienda decorosa a los pueblos latinoamericanos; estimular programas de reforma agraria; asegurar salarios justos y condiciones satisfactorias de trabajo para los obreros; erradicar el analfabetismo; reformar la legislación tributaria; estimular la empresa privada con el fin de incentivar el desarrollo económico; solucionar los problemas creados por la excesiva fluctuación de precios de las exportaciones básicas; y, acelerar la integración económica de América Latina.

La Declaración a los Pueblos de América afirmaba que estos cambios se producirían solamente por medio de esfuerzos de autoayuda por parte de cada país. No obstante, los esfuerzos de las naciones latinoamericanas debían ser reforzados mediante la ayuda externa, y EUA se comprometió a proporcionar una buena parte de los $ 20 millones que América Latina requería en los próximos diez años.

La Carta de la Alianza para el Progreso especificaba que los Estados latinoamericanos intentarían un incremento anual de, al menos, 2.5% en su producto per capita. También contemplaba la elaboración de planes nacionales de desarrollo, por parte de los

---

[185] Ídem.

Estados signatarios[186].

Algunas de las críticas formuladas al proceso integracionista, y que Bulmer Thomas sintetiza muy bien en su trabajo, son las siguientes: El modelo carece de autonomía, en tanto que depende para su desarrollo del comportamiento de los renglones tradicionales de exportación, particularmente del café, cuyos excedentes deberían emplearse en la construcción de infraestructura. Promueve una especie de injerto en la estructura productiva, al exigir una dosis muy elevada de insumos importados para su funcionamiento. La crisis agraria permanece intacta y mientras ésta no encuentre solución, el mercado interno seguirá igual, sin el crecimiento capaz de vivificar el conjunto de la actividad económica. O sea que a lo interno de cada país sus economías no están integradas.

Este autor apuntó también que el sistema productivo, caracterizado por los problemas estructurales que lo han dominado, no había generado la acumulación suficiente de capitales, viéndose obligado a demandar más capital externo, por medio del crédito o por la inversión directa, ampliando así la dependencia externa del país y creando a largo plazo condiciones para mayores desajustes en la economía. Privaba también la concepción de que el crecimiento económico debería buscarse, pero sin alterar la estructura agraria del país. Otra idea, muy arraigada, era la de considerar que el principal termómetro de la economía es el monetario, debiendo dedicarle cualquier sacrificio para conservar su estabilidad.

Adicionalmente, como no se implementó una política fiscal común hacia las nuevas actividades industriales, Centroamérica se privó de una de las grandes ventajas (rentas tributarias) que se obtendrían de la nueva inversión extranjera que atraía el Mercado Común Centroamericano... Los cambios fiscales acentuaron la naturaleza regresiva del sistema tributario, contribuyeron a empeorar la distribución del ingreso e hicieron poco para reducir la rentabilidad relativa de la agricultura de exportación... El Salvador

---

186 Helen Delpar, ed., Encyclopaedia of Latin America. New York, McGraw Hill, 1974, p. 22.

y Guatemala se llevaron la mayor parte de los beneficios adicionales creados por el Mercado Común Centroamericano, aunque los distribuyeron muy desigualmente... solo Costa Rica y Honduras tuvieron suficiente flexibilidad de política para evitar una gran confrontación de clases... Honduras respondió a la crisis fiscal más positivamente que Costa Rica, y lentamente llegó a reconocer la posibilidad de una sociedad entre el capital y los trabajadores[187].

---

[187] V. Bulmer Thomas, op. cit., pp. 233-235.

CAPÍTULO IX
LAS COMPLEJAS CONDICIONES POLÍTICAS

La victoria electoral del Partido Liberal se debió, en gran parte, La a la popularidad de Villeda Morales, que atrajo el voto de ciudadanos de diversa extracción social, aun sin estar afiliados al liberalismo. Ello implicaba que las promesas hechas a lo largo de la campaña electoral debían hacerse realidad.

Se deseaba la democracia política, tras años de dictadura y gobiernos autoritarios; pero, simultáneamente, se anhelaba un horizonte más amplio, que incluía conquistas de tipo socioeconómico. Las huelgas de 1954 habían sido el catalizador, la correa de transmisión de los reclamos por largo tiempo reprimidos, mas no extinguidos de la memoria y la voluntad colectivas.

Un compás de espera marcó los primeros meses de la nueva administración; no obstante, como vimos en el capítulo anterior, el creciente desempleo y el alza en el costo de vida obligaban a los de abajo a reclamar acciones concretas. Como lo percibía la diplomacia estadounidense, el principal problema del gobierno liberal radicaba en que no había sido capaz de cumplir sus muchas promesas de campaña en la medida necesaria para mantener el alto grado de simpatía popular de que disfrutó al inicio[188].

El régimen debió hacer frente a presiones y cuestionamientos provenientes de diversos sectores políticos, empresariales, populares y castrenses, incluyendo los de su propio partido. El presidente Villeda continuó recibiendo críticas y enfrentando resistencias de la llamada "vieja guardia", representada por Antonio R. Reina y Rafael Medina Raudales. Estos lo consideraban poco menos que un advenedizo que no había participado en la lucha contra la dictadura de Carías Andino, y que se había apoderado del partido, imponiendo su candidatura y marginando a "conocidos valores políticos".

Otro grupo, encabezado por Roque J. Rivera —representante de

---

188 Carta de John C. Pool a Walter H. Mallory, Council on Foreign Relations; ésta reproducía la sección de Honduras del Political Handbook of the World, 16 de octubre 1958, Records of the Foreign Service Posts of the Department of State, Honduras, Tegucigalpa, Embassy, Classified State Records, 1956-1958.

la burguesía importadora— y Enrique Ortez Pinel, se había distanciado de Villeda Morales a causa de su política desarrollista, que consideraban como una abierta violación a las concepciones liberales. Al sentirse marginados de la administración pública, formaron la agrupación conocida como "ortodoxos" pues, a su juicio, representaban el liberalismo clásico[189]. En octubre de 1962 el Partido Liberal decretó la expulsión de Rivera, quien procedió a fundar el Partido Republicano Ortodoxo, de corta existencia, que nunca tuvo personería jurídica, no alcanzó cobertura nacional ni el respaldo de la población.

También gravitaban las ambiciones de diversos líderes por obtener la candidatura presidencial para las elecciones que tendrían lugar en octubre de 1963. El grupo dirigido por Modesto Rodas Alvarado, presidente del Congreso Nacional, era el que tenía mayor caudal político dentro del partido de la enseña rojiblanca. La relación personal entre él y Villeda Morales se fue modificando con el transcurso del tiempo, al punto que éste, en 1963, no veía con agrado que Rodas Alvarado se perfilara como el virtual candidato a la presidencia.

La principal oposición del sector civil provino del Partido Nacional. Varios de sus dirigentes apoyaron y alentaron la actividad conspirativa del coronel Armando Velásquez Cerrato, quien recibía fondos y apoyo logístico de Anastasio Somoza, dictador de Nicaragua, y de Rafael Trujillo, tirano de República Dominicana. Velásquez Cerrato estableció una radio clandestina que incitaba a la rebelión y reclutaba compatriotas para ser entrenados en territorio nicaragüense. Somoza creía que el gobernante hondureño había estado implicado en el intento de invasión a su país por fuerzas opositoras provenientes de Honduras, aunque públicamente afirmaba agradecer al gobierno de Villeda Morales por "detener y desarmar a los revolucionarios".[190]

---

[189] S. Natalini de Castro; M. de los A. Mendoza Saborío y J. Pagán Solórzano, op. cit., p. 113.

[190] Hudson al Departamento de Estado, 715.00/5-2058, 20 de mayo 1958. En enero se había emitido un comunicado conjunto, firmado por Villeda Morales y López Arellano, en estos términos: «Hay absoluta unidad de acción en las ejecuciones del Gobierno Nacional, existe completa armonía y mutua

EL DESAFÍO DEL PODER MILITAR

Pero, el desafío más formidable para la estabilidad del régimen liberal procedió de las Fuerzas Armadas y de su principal líder, el coronel Osvaldo López Arellano. El gobierno asumió el poder prácticamente debilitado, al haber negociado la autonomía de la institución castrense, concesión que se incluyó en la Constitución de 1957. A partir de entonces, es acertado referirse a un poder compartido entre civiles y militares y a un gobierno bicéfalo, así como a una dualidad de mando, pues las órdenes del presidente de la República podían ser acatadas o no —o adaptadas a su conveniencia—, por el jefe de las Fuerzas Armadas.

Esas tensiones se manifestaron durante el primer año de gobierno en temas como el control de la policía. López Arellano reconocía estar bajo la presión del Ejecutivo, a fin de que la policía fuera reintegrada al ministerio de Gobernación, y declaraba que estaba dispuesto a resistir. Sin embargo, el 25 de noviembre de 1958, el presidente admitió que la fuerza policial seguiría bajo el control de las Fuerzas Armadas.

En una conversación efectuada en Washington, López Arellano manifestó a John C. Dreier, director de la Oficina de Asuntos Políticos Regionales Interamericanos, y a Allan Stewart, director de la Oficina de Asuntos Centroamericanos y Panameños, estar muy preocupado por la forma en que marchaban las cosas en Honduras; y expuso, entre otros, los siguientes hechos: la ineptitud de la Administración Villeda, al reemplazar empleados públicos con miembros inexpertos del Partido Liberal, a pesar de su promesa de formar un gobierno de unidad nacional; la corrupción, desperdicio y mal manejo fiscal; la debilidad ante el comunismo y persecución de nacionalistas por una organización del Partido Liberal. También se quejó de los esfuerzos del PL y del presidente para colocar la Policía de Seguridad bajo el ministerio de Gobernación, así como para disminuir el papel de los militares, recortándoles el presupuesto. López Arellano estuvo de acuerdo en que sería desafortunado que el

---

comprensión entre las instituciones civiles y armadas del Estado». El Cronista, 4 de enero 1958, p. 1.

gobierno de Villeda fracasara, y dijo que haría todo lo posible para cooperar, ya que era esencial el apoyo de los militares para asegurar la estabilidad del régimen[191].

¿Qué hacía el jefe de las Fuerzas Armadas en Washington, a principios de diciembre de 1958? Quizá no deseaba firmar la carta que sus colegas enviaron al presidente de la República, o no quería aparecer como instigador de la misma, por lo que optó por alejarse temporalmente del país. Dicha carta, fechada el 8 de diciembre, incluía las firmas de los integrantes del Consejo de la Defensa: teniente coronel Armando Molina Ortiz, ministro de Defensa y jefe de las Fuerzas Armadas; teniente coronel Roberto Palma Gálvez, jefe de la Sexta Zona Militar; mayor Luis A. Orellana, jefe de la Quinta Zona Militar; teniente coronel Agustín González, jefe de la Cuarta Zona Militar; teniente coronel J. David Chinchilla, jefe de la Tercera Zona Militar; mayor Andrés Ramírez Ortega, jefe de la Cuarta Zona Militar; mayor Carlos Salgado M., oficial ejecutivo de la Primera Zona; teniente coronel Armando Escalón, comandante de la Fuerza Aérea; mayor Gregorio García G., oficial ejecutivo del Primer Batallón de Infantería; y, mayor Fausto Agüero M., director de la Escuela Militar.

En su preámbulo, el documento señalaba el estancamiento económico y cultural en que se encontraba el país como resultado de la inestabilidad política. En el primer numeral, los firmantes recordaban la intervención de la institución castrense en el derrocamiento de Julio Lozano, y manifestaban que, tras la victoria liberal en las elecciones de diputados a la Asamblea Constituyente, se habían iniciado conversaciones a fin de que ésta realizara, en elecciones de segundo grado, la elección del presidente de la República. Habían llegado a tal compromiso tras concluir que Villeda Morales ganaría las elecciones directas; además, éste había ofrecido integrar un gobierno de unidad nacional. Así, el 14 de noviembre de 1957 se firmó un compromiso formal entre las Fuerzas Armadas, de una parte, y Villeda Morales, la directiva de la Constituyente y el Comité Central del Partido Liberal, de otra.

---

[191] Memorandum de conversación, «Actuales condiciones políticas y económicas en Honduras», 715.00/12-258, 2 de diciembre 1958.

Señalaban que el 21 de diciembre de ese año se había integrado el gabinete de gobierno exclusivamente con liberales, "determinación que consideramos arriesgada, dada nuestra firme convicción de que sólo con la colaboración directa de todos los sectores de la opinión pública, podrá formarse el Gobierno de verdadera integración nacional que todos anhelamos". Se quejaban de que se había emprendido una campaña de descrédito contra las Fuerzas Armadas, "tendiente a formar en el ánimo de la ciudadanía la idea de que ellas impedían al Señor Presidente de la República poner en vigencia su plan de acción como Gobernante, vedándole al mismo tiempo cumplir las promesas formuladas a sus correligionarios... creando con ello un clima de intranquilidad y desasosiego, manteniendo sentimientos de odio y venganza, y consecuentemente la desunión de la familia hondureña...".

Consideraban que tal campaña amenazaba la destrucción del instituto armado, ya que diariamente se producían provocaciones y ataques a delegados y subdelegados militares «que han devenido en incidentes trágicos, ocasionando la muerte a considerable número de nuestros compañeros de armas [subrayado en el original»... Además, expresaban su alarma ante el armamentismo que llevaba a cabo el Partido Liberal, "propiciando un tráfico ilícito de armas, la formación de fuerzas de choque en las distintas localidades de la República, ocasionando con ello un estado de ansiedad en el resto de la ciudadanía, que considera inminente un choque entre las Fuerzas Armadas y las mencionadas agrupaciones civiles, cuyos miembros propalan abiertamente su intención de anular al elemento castrense".

Acusaban al comunismo internacional de haberse "entronizado en Honduras" y demandaban:

a) La inmediata formación de un Gobierno de Conciliación Nacional con participación en el Gabinete de elementos de las distintas entidades políticas y Fuerzas Vivas de la Nación.
b) La cesación inmediata de toda campaña política de tipo sectarista, y la emprendida contra las Fuerzas Armadas.
c) Aseguramiento de la política de no intervención en los asuntos internos de otros países.
d) Apoyo decidido de las diferentes dependencias de los Poderes del Estado a la Dirección General de Seguridad

Pública, mediante una campaña activa y sistemática tendiente a la erradicación del comunismo de nuestro país[192].

Al comentar este virtual ultimátum —que no contestó el presidente de la República—, la embajada comentó que había ministros que no eran bien vistos por los militares, "pero el principal blanco militar, Modesto Rodas Alvarado, presidente del Congreso Nacional y del Partido Liberal, legalmente, no puede ser tocado".[193] En el mismo análisis, la embajada opinaba que el autor de la misiva era Ricardo Zúñiga, asesor legal de las Fuerzas Armadas, "quien ha estado en todas las discusiones de los militares".

Según el embajador Newbegin, el presidente Villeda Morales aceptó todas las "sugerencias", y había solicitado que se le concediera un mes, antes de formar un gobierno de unidad nacional; a la vez, pidió que el documento no fuera divulgado. También informó que los militares, al plantear la representación proporcional en el gobierno, pensaban en un ministerio para el Partido Nacional y otro para el Movimiento Nacional Reformista; y que ellos tenían especial interés en el de Gobernación, debido a la policía, y en el de Hacienda[194].

Aun antes de acceder al poder, Villeda Morales buscaba proyectar la imagen de unidad entre el poder civil y el castrense. Para el caso, en el mensaje que dirigió a la Asamblea Nacional Constituyente, dijo:

"Me place manifestar que las Fuerzas Armadas del país, dirigidas principalmente por hombres jóvenes, han jurado lealtad al nuevo régimen surgido de la entraña popular, y están dispuestas a respaldar las instituciones democráticas con acendrado celo republicano".[195]

Durante su primer viaje al interior del país, ya como titular del Poder Ejecutivo, se hizo acompañar de tres ministros, incluyendo al

[192] La carta, publicada íntegramente en diario El Día, N° 6087, 25. de marzo de 1968, fue reproducida en S. Natalini de Castro, et al., op. cit., pp. 168-174.

[193] 715.00 (W)/12-1658, 16 de diciembre 1958.

[194] Newbegin al Departamento de Estado, 715.00/12-858, 9 de diciembre 1958.

[195] «Mensaje del Presidente Constitucional de la República de Honduras, Doctor Ramón Villeda Morales...», op. cit., p. 36.

de Defensa, lo que la embajada interpretó como la evidencia de su "continuo cortejo a las Fuerzas Armadas. El Presidente parece tomar ventaja de cada oportunidad para solidificar su posición con los militares".[196] Fue hasta el 3 de octubre de 1958, con ocasión del día conmemorativo del nacimiento de Francisco Morazán, cuando el presidente expresó lo siguiente:

"Pueblo sin Ejército es pueblo débil y sin capacidad de defensa en a hora crítica de las sociedades. Pero Ejército sin respaldo popular, Ejército sin pueblo, es casta de odiosos privilegios donde la fuerza ha suplantado el libre juego de la razón humana".

A la vez, excitó a las FFAA a "lograr definitivamente la apoliticidad del soldado hondureño". En esa ocasión, y por vez primera, se refirió a sí mismo como Comandante en Jefe de las Fuerzas Armadas, haciendo alusión a los falsos soldados», infieles al nuevo papel apolítico de la institución[197]. Casi un mes después, la embajada analizó las condiciones imperantes, en estos términos:

"Tendencia al declive en la popularidad del gobierno de Villeda... aunque el proceso es más una erosión permanente que una pronunciada caída. Un factor más preocupante en la actualidad es la aversión extrema que experimenta el brazo civil del gobierno ante la posición constitucional y poder real que ejercen las Fuerzas Armadas. Lo más dañino para el prestigio de este gobierno, y para sus perspectivas en términos de estabilidad y hasta de supervivencia, es que ha sido incapaz de poner en práctica sus promesas sociales y económicas; el resultado es que ha aumentado la desilusión pública, incluso entre liberales... El comunismo no constituye actualmente una real o inmediata amenaza a las instituciones de este país... Perspectivas políticas: puede esperarse que el gobierno promueva divisiones dentro de las Fuerzas Armadas; por razones políticas y

---

[196] 715.00 (W)/1-1454, 14 de enero 1958. En febrero de 1958 Villeda Morales y López Arellano emitieron un comunicado conjunto dirigido a las autoridades civiles y militares en el que solicitaban armonía reciproca. Al respecto, la embajada comentó: «Es ésta evidencia adicional de la continua luna de miel entre Villeda y las Fuerzas Armadas, y del estatus casi igual de López con el Presidente Villeda, quien habló de "'nuestra alianza con los militares". 715.00(W), despacho 339, 4 de marzo 1958.

[197] 715.00/10-758, 7 de octubre 1958.

económicas, buscará reducir el apoyo financiero a los militares. La agitación, la sospecha y el resentimiento —con respecto a las intenciones del gobierno—, crecerá dentro de las Fuerzas Armadas.[198]

Pero, el 25 de octubre de 1958, el Consejo Central Ejecutivo del Partido Liberal declaró que "considera el 3 de octubre como hito sobresaliente en los ideales del liberalismo... El Ejército es, y debe ser siempre, el pueblo en armas para reafirmar nuestras libertades y nuestros derechos ciudadanos. Frente a las insinuaciones perversas... se levantan invencibles en toda su magnitud republicana el Pueblo y el Ejército".[199]

Esa política de deliberado apaciguamiento y contemporización del presidente Villeda reflejaba la realidad legal y fáctica, así como un rasgo de su personalidad, que priorizaba el diálogo al enfrentamiento. Sin embargo, esa falta de firmeza ante su subordinado, el coronel López Arellano, fue astutamente aprovechada por éste para consolidar su influencia personal sobre el gobierno y su liderazgo dentro de la institución armada.

A finales de 1958, en un documento dirigido al embajador Newbegin, funcionarios del Departamento de Estado hacían sentir su desaliento ante el débil liderazgo de Villeda, cuando el país parecía caminar hacia un período de severas dificultades financieras:

"...¿Será que no comprende la gravedad de la situación fiscal? ¿Está recibiendo de sus consejeros una visión más optimista de la que las actuales circunstancias lo ameritan? Si es así, me parece que ha llegado el momento de que le hagamos saber cuán grave nos parece la actual situación. Sus informes (los del embajador Newbegin) señalan que, aunque no es inminente una crisis, es absolutamente esencial que el gobierno dé pasos para corregir los abusos fiscales que están ocurriendo actualmente".

Parece no haber duda de que Villeda es sincero en su deseo de mejorar la suerte de sus compatriotas, y por esa razón yo espero que

[198] «Evaluación actual de las perspectivas políticas en Honduras», Newbegin al Departamento de Estado, 715.00/11-458, 4 de noviembre 1958.

[199] Citado en Ramón Oquelí, «Cronología de la soberanía militar». Presente, II Etapa, N° 59, octubre 1981, pp. 3-4.

él no reaccione desfavorablemente a la línea de austeridad que usted [Newbegin] tendrá que adoptar con él... Por supuesto, él puede argumentar que nuestro apoyo a su Administración no ha sido todo lo que podía esperarse. Hay, supongo, alguna validez en esto, pero no tanta[200].

Por su parte, Newbegin manifestó al Departamento de Estado que la causa de las actuales dificultades de Villeda era su liderazgo inefectivo, y que mucho del entusiasmo original se había evaporado. Pero aseguró que el gobierno estaba aplicando las recomendaciones del Fondo Monetario Internacional, y que existían buenas posibilidades de que el Congreso rechazara el empréstito francés[201].

Llegaba a su fin 1958, el primer año de la Administración Villeda, en medio de un clima de tensión entre civiles y militares. Mientras, las actividades subversivas del coronel Velásquez Cerrato recibían el apoyo de Somoza y la simpatía del Partido Nacional, que aún no terminaba de aceptar que, por vez primera en muchos años, estaba fuera del poder y de los privilegios que conlleva.

La difícil situación de la economía, golpeada por el desempleo en ascenso y las dificultades fiscales, provocaban desaliento entre la población, que percibía un porvenir incierto. El intento del presidente por mantener un delicado equilibrio entre el poder civil y el militar reflejaba la correlación de fuerzas entre ambos; este último tomaba ventaja de la personalidad conciliadora de Villeda Morales para consolidar su posición de cogobierno, lo que se reflejaba en las partidas asignadas en el Presupuesto General de Ingresos y Egresos a las Fuerzas Armadas.

En opinión del capitán Marco Tulio Mendieta, egresado de la Escuela Politécnica de Guatemala, "no existe en Honduras, en forma constitucional, esa pretendida autonomía del Ejército. Lo que existe es, por un lado, un abuso de poder militar negativo para el Ejército,

---

200 R. R. Rubottom Jr. a Newbegin, 24 de noviembre 1958, RG 59, General Records of the Department of State, Records of Assistant Secretary of State for Inter American Affairs, Roy R. Rubottom, Subject File 1957- 1959, caja 6.

201 Newbegin al Departamento de Estado, 715.00/11-2658, 26 de noviembre 1958. Se refiere a la iniciativa del gobierno francés de financiar el Proyecto Hidroeléctrico Río Lindo.

y por el otro, una incapacidad del poder civil para ejercer las funciones de contralor de ese poder militar”.[202]

En una conversación, López Arellano manifestó al embajador Newbegin que, en su opinión, Villeda era un hombre responsable, interesado en el bienestar del país, pero sin habilidad para actuar de manera firme y decidida. El diplomático, por su parte, afirmó:

“En esta ocasión, tuve la misma impresión del Coronel López que cuando lo conocí; definitivamente, estaba tratando de socavar el status de Villeda y se esmeraba por transmitir la impresión de que él era uno de los pocos, si no el único, que se preocupaba por el bienestar de Honduras. Es difícil determinar el grado de sinceridad del Coronel López y, aún más, evitar sentir que está jugando su propio juego”[203].

EL LIBERALISMO DIVIDIDO

Pese a estas amenazas, el Partido Liberal no cerraba filas. Su militancia estaba más preocupada por copar puestos burocráticos y promover las aspiraciones presidenciales de diversos políticos que ya maniobraban, unos con más éxito que otros, para consolidar apoyos partidarios. Además, había discordias en el gabinete —lo que admitía el secretario privado de Villeda, Jack Agurcia—, entre conservadores y centristas, al extremo de intercambiar insultos durante sesiones ministeriales; entre los conservadores se incluía a los titulares de Trabajo, Óscar Flores; al de Hacienda, Fernando Villar; al de Educación, Juan Miguel Mejía; y al de Gobernación, Lisandro Valle[204].

El Partido Liberal realizó su convención el 12 de abril de 1958; Modesto Rodas Alvarado fue electo primer vocal en la directiva de la misma, y se tenía por seguro que sería electo presidente del

---

[202] El Cronista, 21 de octubre 1960, pp. 1 y 11.

[203] Memorandum de conversación Newbegin-Osvaldo López Arellano, 2 de junio 1958, Bureau of Inter American Affairs, Office of Central American and Panamanian Affairs, Records relating to Honduras, 1959-1962 Lot Files 62 D411, 63 D102, 64 D72, caja 3, RG 59.

[204] 715.00/32558, 25 de marzo 1958.

Central Ejecutivo —como en efecto sucedió—, pues contaba con el respaldo de Villeda. La facción de Francisco Milla Bermúdez, quien en ese momento ocupaba la presidencia del Central Ejecutivo, contaba con menos de la cuarta parte de los 281 convencionales. La embajada lo veía como un político ambicioso y errático, que representaba una amenaza para Villeda.[205]

En el discurso pronunciado en la convención, Villeda afirmó que el 60% de los empleados públicos no eran liberales, que constituían una quinta columna, por lo que serían removidos para reemplazarlos por correligionarios[206]; manifestó estar "especialmente deleitado" con Rodas Alvarado y que las Fuerzas Armadas estaban "alegres" por la forma en que había quedado constituido el Central Ejecutivo.

Andrés Alvarado Puerto confió a funcionarios de la embajada estadounidense que "nuestra planilla" había triunfado en la convención; que Villeda, inicialmente, no apoyaba a Rodas pero que, al ver su abrumadora popularidad, le otorgó su apoyo; Óscar A. Flores evaluó la votación como "una sólida derrota" para Milla y una victoria para Villeda. Atribuía la caída de Milla a la manera "cruda y ambiciosa" con la que buscó copar los ministerios con seguidores personales, no calificados. La embajada, por su parte, comentó:

"Francisco Milla Bermúdez ha sufrido un revés del que le será difícil recuperarse... Si desaparece de escena será resultado, más probablemente, de sus hábitos personales... lo han tenido que hospitalizar para ponerlo en forma. Modesto Rodas Alvarado parece ser el favorito del partido y de Villeda... Casi todos los observadores están de acuerdo en que, al presente, Rodas es el escogido por Villeda para sucederlo en la Presidencia".[207]

Tras su regreso a Honduras, luego de visitar varios países sudamericanos acompañado de una numerosa delegación, la embajada informó que la hacienda pública se encontraba vacía,

---

205 715.00/4-2158, 21 de abril 1958.

206 Taylor, el agregado laboral de la embajada, no estaba de acuerdo con esta afirmación, e informaba que los liberales habían efectuado despidos masivos.

207 715/4 - 2458 , 21 de abril 1958.

mientras el gasto gubernamental continuaba a un paso temerario, y que había surgido una corriente de desilusión respecto al soborno y la mala administración en el gobierno:

"...hasta ahora, el Presidente ha demostrado ser tímido e inepto, aunque bien intencionado, y prefiere cerrar los ojos ante las duras realidades de la administración. Ha sido temerario e impolítico, al formular demasiadas y exageradas promesas que no puede cumplir; su personal carece de entrenamiento, disciplina y, muy a menudo, está más motivado por ambiciones personales o deseos materialistas. Regresó (de Sudamérica] aparentemente lleno de confianza, visualizándose como el presidente que ha colocado a Honduras en un nuevo camino, hacia un mayor prestigio e influencia internacional. No dio indicios de estar consciente de que los problemas políticos y económicos que dejó atrás, el 22 de mayo, habían aumentado en su ausencia; la tesorería se encuentra vacía y no han pagado a los empleados públicos... aún tiene el apoyo del obrerismo organizado, potencialmente la más efectiva fuerza política en el país, y la maquinaria política liberal continúa funcionando de manera relativamente efectiva a lo largo del país. Las obligaciones arrastradas desde el año anterior (1957) son considerablemente más grandes de lo que se pensaba; los impuestos recolectados están por debajo de lo planificado... a pesar de su relativamente baja deuda pública, la continuación del ritmo actual de gasto podría poner en verdadero peligro su crédito para finales de año".[208]

Pese a todo, la embajada aún continuaba creyendo que el gobierno de Villeda Morales era la mejor apuesta para el éxito del proceso democrático en Honduras; por tal razón, recomendó al Departamento de Estado que lo continuara apoyando. Argumentó que seguía siendo el único político en Honduras con un considerable número de seguidores, que su gobierno aún era respaldado por la mayoría de la gente, y que su régimen, de carácter democrático, invariablemente apoya nuestras políticas exteriores. La embajada piensa que cualquier otro gobierno, no sería mejor...[209]

---

[208] James S. Cunningham, Segundo secretario, al Departamento de Estado, 715.00/6-2358, 23 de junio 1958.

[209] Ídem.

Otro funcionario de la embajada informó de los rumores que circulaban respecto a las desavenencias entre Rodas y los ministros del gabinete, y entre Rodas y Villeda. Para el caso, Rodas estaba a punto de presentar su proyecto de Código del Trabajo, en tanto que Flores trabajaba en otro. Así, todo indica que el presidente del Legislativo sugería al titular del Ejecutivo que despidiera a Villar, a Roberto Martínez Ordóñez y a Oscar Flores, ya que, en su criterio, "no estaban haciendo lo suficiente por el partido".[210]

En otro despacho enviado a Washington se decía que "la lucha por el poder y el prestigio, con la sucesión presidencial como objetivo final, ha sido la constante desde la llegada del Partido Liberal al poder el pasado diciembre".[211] Y agregaba el informe:

"En términos de factores políticos internos, la estabilidad y las posibilidades de supervivencia de este gobierno dependen, esencialmente, de su capacidad para mantener, al menos neutralizado, si no amistoso, al Ejército y a la Fuerza Aérea. Para alcanzar el objetivo mínimo (neutralización), el gobierno debe mantener su amplio apoyo popular, que actúa como un disuasivo ante las probables aspiraciones políticas de ciertos líderes militares. El brazo civil también debe satisfacer las necesidades y los deseos materiales de las Fuerzas Armadas con una generosa parte de los fondos gubernamentales, o aceptar el riesgo de una intensificada actividad conspirativa...Un factor, también determinante, es la capacidad del Partido Liberal para mantenerse unido. Para ello, debe haber una distribución efectiva de prebendas y la neutralización de ambiciones presidenciales prematuras. Finalmente, las perspectivas de este gobierno aumentarán o disminuirán en la misma medida que la oposición política permanezca dividida y pobremente conducida, o si es capaz de aumentar su eficiencia organizativa...".[212]

Así, el Partido Liberal hecho gobierno debía enfrentar un triple reto: la espada de Damocles que representaba el poder real y legal de

---

[210] Pool al Departamento de Estado, 715.00/8-2858, 28 de agosto 1958, telegrama 101.

[211] 715.00/9-258, 2 de septiembre 1958, despacho 78.

[212] Ídem.

las Fuerzas Armadas; los intentos subversivos de la oposición, encabezada por sectores del Partido Nacional; y, las divisiones internas del liberalismo. Estos tres desafíos fueron desgastando al régimen, a lo que cabe agregar el creciente desencanto de sectores populares que cifraron demasiadas expectativas en un gobierno que, de hecho, no estaba dispuesto a ir más allá de ciertos límites en el alcance y la profundidad de las reformas socioeconómicas.

AMBICIONES, RESENTIMIENTOS Y FISURAS

En la Convención realizada del 22 al 24 de abril de 1960, la segunda desde el retorno al poder, se integró un nuevo Central Ejecutivo, que reemplazó al dirigido por Rodas Alvarado. Quedó encabezado por el designado presidencial José Mejía Arellano, "cercano amigo del Presidente", lo que representó una victoria para Villeda Morales, ya que su candidato se impuso a Andrés Alvarado Puerto, favorecido por la izquierda liberal, y a Roque J. Rivera, que contaba con el apoyo del ala derechista[213].

La embajada informó al Departamento de Estado que el presidente estaba convencido de que su permanencia en el cargo dependía "de su habilidad para favorecer tanto al ala izquierda como a la derecha del partido...".[214] Entre los liberales de izquierda se identificaba a los diputados Ildefonso Orellana, "popular entre obreros y estudiantes de la Costa Norte", y a Miguel Rafael Muñoz, representante por Olancho; al canciller Alvarado Puerto, a Francisco (el Indio) Sánchez, al oficial mayor del ministerio de Recursos Naturales, Ubodoro Arriaga, al gerente del Instituto Nacional de la Vivienda, Filánder Díaz Chávez, al director general de Educación Media, Manuel Antonio Santos, y a los hermanos Francisco y Juan Milla Bermúdez, delegado ante las Naciones Unidas y ministro de Obras Públicas, respectivamente; aunque la embajada calificaba a los dos últimos como oportunistas que han jugado con todos los bandos, incluyendo a los comunistas».

---

213 715.00/4-2650, 25 de abril 1960.

214 Albert B. Franklin, encargado de negocios a.i. al Departamento de Estado, 715.00/10-1960, 19 de octubre 1960.

El embajador Charles Burrows pensaba que el presidente hondureño era sincero en sus declaraciones anticomunistas...

"Espero que durante los próximos meses continúe el proceso de endurecimiento, que ya ha empezado, del gobierno de Honduras en contra del comunismo. Espero también que los opositores políticos de derecha comprendan que lo que haga Villeda Morales en esta dirección es para beneficio de todos, y que debe recibir el apoyo de todos los hondureños, al menos en este programa... Espero que Villeda Morales continúe separando a comunistas e izquierdistas reconocidos de sus posiciones gubernamentales. Esto ha empezado y el Presidente me asegura que intenta continuar. Debemos esperar un continuo progreso hacia una posición abiertamente anti-Castro, tal vez incluso una ruptura de relaciones diplomáticas".[215].

El empresario Roque J. Rivera era visto por la embajada de EUA como la cabeza no oficial de la extrema derecha del Partido Liberal, cuyo eje unificador era el temor al dominio comunista, procomunista o de extrema izquierda del Partido Liberal. Sin embargo, percibía que su principal interés, más que cambiar la ideología del PL, se centraba en alcanzar la Presidencia de la República[216]. Al respecto, el segundo secretario de la embajada, Peter D. Constable, opinó:

Los verdaderos liberales ortodoxos constituyen una pequeña minoría, compuesta de desilusionados buscadores de empleo y un núcleo de aquellos que, genuinamente, están en desacuerdo con la filosofía de los actuales líderes del Partido Liberal. Al promover la candidatura de Roque Rivera, los liberales ortodoxos han logrado sembrar cierto grado de desilusión entre los liberales respecto a que el progreso no ha sido rápido, y que el gobierno no ha sido lo suficientemente honesto y eficiente; más importante aún, han capitalizado el temor latente entre muchos liberales acerca de que el control del partido por uno de la «tripleta» de la izquierda (Alvarado Puerto, Rodas Alvarado, Milla Bermúdez) significaría la ruina del país y la probable llegada del comunismo. Rivera dijo públicamente que no integraría un Consejo Central en el que estuviera Rodas, a

[215] Burrows al Departamento de Estado, 715.00/4-361, 3 de abril 1961, Political Affairs/Elects 1520, 1960-1963.

[216] 715.00/1-2662, 26 de enero 1962.

quien acusó de deberle dinero al Partido[217].

Por su parte, Óscar A. Flores expresó al agregado laboral John O'Grady que intentaba buscar la candidatura presidencial, pese a que no tenía el apoyo de Villeda. Este buscaba colocarlo como miembro del Central Ejecutivo, lo que Flores rechazó, afirmando que no aceptaría nada que no fuese sustituirlo. Él sostenía que el Partido Liberal le debía la candidatura presidencial en 1963, por servicios prestados en el pasado. Además, se jactaba de contar con el apoyo de las FFAA[218].

En una entrevista realizada a Flores por la revista Sucesos, se le preguntó si estaba a favor o en contra de los militares. Él respondió que ni lo uno ni lo otro y que, de ser electo presidente, mantendría las relaciones amistosas que siempre había sostenido con ellos, y que los principales problemas que abordaría serían la reforma agraria, la construcción de caminos y el desarrollo agrícola. Estas y otras declaraciones motivaron el siguiente comentario del segundo secretario de la embajada:

"Aunque carece de maquinaria política y de numerosos seguidores, tiene la confianza de los militares y, como Ministro de Trabajo, puede reclamar crédito por importantes reformas administrativas como el Código del Trabajo y el Seguro Social. Los puntos de vista políticos de Flores no difieren significativamente de la línea del Partido Liberal; pero, su énfasis en la entrevista sobre la importancia de atraer y proteger capital extranjero y local para la inversión, es mayor que entre muchos liberales. Tanto la pregunta como la respuesta sobre los militares ilustra el aforismo ampliamente aceptado en Honduras: el candidato a la presidencia debe ser aceptado por los militares".[219]

También se informó que continuaban las hostilidades de Flores hacia el canciller Alvarado Puerto y hacia Rodas.

---

[217] Constable al Departamento de Estado, despacho 389, 715.00/4-1062, Convención 13-15 abril 1962, 10 de abril 1962.

[218] 715.00/4-562, 5 de abril 1962.

[219] Constable al Departamento de Estado, 715.00/7-1962, 19 de julio 1962.

"...Según Miguel Facussé, tras el incidente ocurrido en su residencia —donde Flores empuñó una pistola y estuvo a punto de dispararle a Rodas—, el 10 de agosto de 1962, Flores habría dicho: "Si no obtengo la candidatura, me aseguraré de que ninguno de los otros la obtenga".[220]

El 16 de octubre de 1962, Roque J. Rivera renunció a su cargo de vocal en el Central Ejecutivo, y acusó a Villeda de violar los acuerdos políticos que habían sustentado la integración del mismo. Los seguidores de Rivera insistían en que los delegados a la Convención fueran electos en asambleas populares y no nombrados por los consejos locales. Al parecer, Villeda estuvo de acuerdo con esta propuesta, pero fue rechazada por el Consejo Central Ejecutivo. El 17 de octubre, el Consejo Central decidió expulsar a Rivera quien, además, reveló que Villeda había admitido que 168 comunistas laboraban en el gobierno. El acuerdo de expulsión fue justificado así:

"El Consejo Central Ejecutivo del Partido Liberal decidió expulsar de esta agrupación política al Contador Roque J. Rivera, con base en los conceptos agresivos e injustos que expresó en su discurso de ayer a través de los canales de la emisora H.R.N. Rivera acusó a la dirección del liberalismo, de la cual él era vocal activo, de tolerar el comunismo en la administración pública, de violar las leyes internas del partido, de mantener consejos locales comunistas como los de Santa Rosa de Copán, San Pedro Sula y otros, sin presentar las pruebas correspondientes, tal como lo hacen los enemigos del liberalismo".[221]

A principios de 1962, Rodas, Milla Bermúdez y Alvarado Puerto acordaron combinar esfuerzos para controlar la Convención que se realizaría en abril. La directiva quedó presidida por José Ángel Ulloa; ocuparon otros cargos directivos Alvarado Puerto, Milla Bermúdez, Toñita Velásquez y Oscar Mejía Arellano. Alvarado Puerto fue electo presidente del Central Ejecutivo. La embajada consideró que la elección del Consejo representaba una victoria más

---

220 William H. Dodderidge al Departamento de Estado, 715.00/8-3062, 30 de agosto 1962.

221 Reproducido en S. Natalini de Castro et al., op. cit., p. 114.

para Villeda Morales quien, por lo visto, pudo prevenir la emergencia de un líder que pudiera desafiar su papel predominante en los asuntos partidarios[222].

Alvarado Puerto renunció a su cargo de canciller el 26 de octubre de 1962, y se proclamó candidato presidencial. Así, al interior del partido hecho gobierno, los aspirantes presidenciales trazaban estrategias y buscaban aliados para posicionarse en las elecciones que se llevarían a cabo en octubre de 1963. Era obvio que el liberalismo mostraba fisuras y resentimientos internos, como también lo era que su popularidad inicial había menguado significativamente entre el electorado; pese a ello, seguía siendo la principal fuerza política del país, tal como lo revelaron las elecciones municipales de finales de 1962.

También se evidenciaba que Villeda Morales jugaba sus propias cartas, con el fin de continuar ejerciendo el papel de gran elector y de mantener su influencia intacta más allá de su mandato. Pero, había situaciones que escapaban a su control; entre otras, la actitud que asumirían las Fuerzas Armadas una vez que se conociera el candidato seleccionado por la próxima Convención.

En 1962, de entre todos los candidatos liberales que se perfilaban, Modesto Rodas Alvarado era quien despertaba mayores entusiasmos y adhesiones por razones diversas; ejercía el control del Poder Legislativo y poseía una personalidad carismática y una oratoria grandilocuente, por la cual expresaba la tradición antimilitarista de gran parte del electorado, que resentía el creciente poder castrense en la Administración Villeda. Rodas Alvarado prometía revertir ese estado de cosas.

EL INTENTO DE GOLPE DE ESTADO

1959 fue un año de creciente tensión y enfrentamiento entre las autoridades civiles y las militares; factores de carácter externo e interno contribuyeron a esa polarización. Entre los primeros, destaca el triunfo de la Revolución Cubana, el 1 de enero de ese

---

[222] Constable al Departamento de Estado, despacho 404. 715.00/4-2562, 25 de abril 1962.

año. Su rápida radicalización y su alineamiento con la Unión Soviética provocó que la Guerra Fría, nuevamente, se constituyera en una temática de controversia y debate en el Hemisferio Occidental, tanto en las relaciones de Estados Unidos con las naciones americanas, como en cada país.

Washington diseñó una doble estrategia: el financiamiento y apoyo político a gobiernos democráticamente electos dispuestos a emprender reformas de carácter socioeconómico, dentro del programa Alianza para el Progreso; y, el entrenamiento de los ejércitos latinoamericanas en tácticas antisubversivas, en bases militares ubicadas en la Zona del Canal de Panamá y en Estados Unidos.

Opositores al gobierno de Anastasio Somoza, periódicamente, penetraban a su país, utilizando el territorio hondureño como santuario y base de aprovisionamiento, lo que volvía tirantes las relaciones diplomáticas entre Managua y Tegucigalpa. Los intentos por desestabilizar el régimen somocista encontraban simpatías entre la población y el gobierno de Villeda Morales, por lo que Somoza tomaba represalias, brindando apoyo logístico a los adversarios del régimen liberal. Esta práctica se nutría de la tradición política centro- americana de intervención en los asuntos internos de los vecinos.

Villeda Morales buscaba no antagonizar con la familia Somoza, poseedora del ejército más fuerte en el istmo; para ello, se vigilaba la frontera común mediante el patrullaje de unidades militares hondureñas. Una de ellas hizo contacto con un grupo armado nicaragüense, el 24 de junio de 1959; una vez desarmado, ejecutaron a nueve de sus integrantes, en tanto que los heridos fueron trasladados a la capital para su curación. La fuerza hondureña estaba al mando del mayor Andrés Espinoza.

El hecho ocurrió en El Chaparral, departamento de El Paraíso, y provocó el repudio de la población, al percatarse de que se trató de una masacre, pues los rebeldes nicaragüenses se habían rendido. El Partido Liberal denunció el crimen públicamente y criticó a las Fuerzas Armadas, haciéndose eco de la condena colectiva. El presidente Villeda visitó a los heridos.

Desde antes de esa fecha hubo otros hechos armados y

premonitorios, al igual que propaganda psicológica. La Radio Rebelde, que incitaba a la insurrección, transmitía con la anuencia del gobierno nicaragüense, por lo que las autoridades hondureñas solicitaban a Somoza la captura y expulsión de Velásquez Cerrato de su territorio[223], petición que no encontraba eco en el dictador. Por otra parte, en febrero de 1959, elementos velasquistas, al mando de Máximo Bejarano, tomaron la cabecera departamental de Santa Bárbara, si bien pronto fue recapturada por el ejército; el mismo mes estallaron bombas en Tegucigalpa y, en mayo, atacaron Gracias (véase anexo 2).

Sin duda, estaba en marcha una conspiración de grandes dimensiones, en la que estaban involucrados, directa o indirectamente, diversos personajes de la política local, entre ellos los liberales Roque Rivera y Fernando Villar, ministro de Hacienda hasta diciembre de 1958, cuando fue separado del cargo. La embajada comunicó a Washington que había recibido informes respecto a que Rivera y Villar habían facilitado dinero a Velásquez Cerrato. Y el jefe de las Fuerzas Armadas estaba al tanto de los preparativos, según confirmó muchos años después uno de los involucrados en la trama, el abogado Israel Turcios Rodríguez[224]. Por otro lado, el ministro de Defensa, coronel Antonio Molina Ortiz -denunciado públicamente a causa de los abusos cometidos por efectivos militares en contra de civiles en distintos puntos del país-, fue destituido en mayo de 1959, y se incorporó a las filas de la conjura antigubernamental.

Los preparativos de la conspiración, dirigidos por Velásquez Cerrato, proseguían. Él, con otros militares y civiles, algunos de los cuales, por no decir la mayoría, pertenecían al Partido Nacional, decidieron organizar un movimiento que, meses después, recibió el nombre de "Movimiento Militar del 12 de julio de 1959".[225] Según Turcios Rodríguez, Tiburcio Carías Andino no

---

[223] 715.00/1-8-59, 8 de enero 1959.

[224] Conversación sostenida con el autor el sábado 8 de septiembre de 2007.

[225] Israel C. Turcios Rodríguez. Movimiento Militar del 12 de julio de 1959. Tegucigalpa, Calderón, 1990, p. 40.

solo estaba al tanto de la trama, sino que estaba anuente a su ejecución.

La actitud de Osvaldo López Arellano fue de cálculo, de sentido de la oportunidad; fue en la tarde del domingo 12 de julio cuando, al comprender que el movimiento rebelde había colapsado, que demandó la rendición del coronel Velásquez Cerrato y sus seguidores. Durante la mañana y primeras horas de la tarde, fueron la Guardia de Honor Presidencial, la Penitenciaría Central y civiles armados fieles al Partido Liberal y al presidente de la República, quienes defendieron el régimen.

Al convencerse de su derrota, Velásquez Cerrato se rindió a sus compañeros de armas quienes, en lugar de entregarlo a los tribunales, lo escoltaron hasta la embajada de Costa Rica, que le otorgó asilo político, al igual que a Calixto Carías y Rubén Bulnes. El régimen liberal, finalmente, llegó a la conclusión de que no podía contar con la lealtad y el respaldo de las Fuerzas Armadas, que estas velaban por sus intereses institucionales, incluso anteponiéndolos a su deber constitucional. La actitud oportunista exhibida durante ese sangriento día despejó cualquier duda respecto de su fidelidad con el Estado de derecho.

El 3 de septiembre, en una conversación entre el embajador Newbegin y el coronel López Arellano, éste calificó a Velásquez Cerrato de "loco", pero, a la vez, expresó su admiración por el coraje y la habilidad del rebelde, refiriéndose a él como un "gallo". En el informe enviado a Washington se consignó que, en ningún momento de la conversación, el jefe de las Fuerzas Armadas criticó el intento golpista perpetrado por su compañero de armas.

Dado que la Policía Nacional se sumó al levantamiento, el gobierno decidió suprimirla y fundar la Guardia Civil, el 18 de julio de 1959. Inicialmente fue puesta bajo el ministerio de Defensa y Seguridad Pública, cuyo titular era López Arellano; el primer director fue el coronel Flores Guerra. López Arellano, además, ocupaba la jefatura de las FFAA. Así, acumulaba cada vez más poder, tanto administrativo como fáctico.

LOS ESFUERZOS POR CONTROLAR EL PODER MILITAR

Las arbitrariedades de la institución armada no pasaban desapercibidas por la población y generaban críticas, incluso, de dirigentes del partido gobernante. Francisco Milla Bermúdez, uno de los que participó más activamente en las negociaciones que condujeron a la autonomía militar, declaró en mayo de 1959 al periodista del Miami Herald, George Southworth, que "lo mejor sería el desaparecimiento de las Fuerzas Armadas"[226], seguramente recordando lo ocurrido en Costa Rica donde, en 1949, se abolió el ejército. La afirmación de Milla Bermúdez —que en aquel momento fungía como magistrado de la Corte Suprema de Justicia y designado presidencial— provocó apoyos y condenas. Trascendió que Villeda Morales envió a Andrés Alvarado Puerto para que aclarara a la cúpula militar que el magistrado había hecho las declaraciones en estado de ebriedad, por lo que no había que darles mayor importancia. Sin embargo, por teléfono, el presidente de la República desmintió a El Cronista en lo relativo a ese mensaje del que, supuestamente, Alvarado Puerto era portador[227].

El 6 de septiembre de 1959 ocurrió un grave hecho que evidenció la creciente polarización entre las FFAA y los civiles. Ese día, efectivos del ejército capturaron a los estudiantes Carlos Oquelí y Enrique Vargas —quienes originalmente habían sido arrestados por la Guardia Civil— por la muerte de un subteniente en un confuso incidente acaecido en un centro nocturno. Ambos fueron conducidos al Primer Batallón de Infantería, donde los fusilaron de manera sumaria. El comandante de esa unidad, el mayor Gregorio García Gómez, impartió la orden de ejecución, mientras que el coronel López Arellano dio la autorización para que sacaran a los imputados de las instalaciones de la Guardia Civil[228]. Este asesinato generó un clima de indignación nacional,

---

[226] Véase, Matías Funes V., Los deliberantes. El poder militar en Honduras. Tegucigalpa, Guaymuras, 1995, pp. 220-221.

[227] Ídem.

[228] 715.00 (W)/9-2359, 23 de septiembre 1959.

que puso en la palestra pública el viejo problema del fuero militar[229].

El gobierno nombró al coronel Roberto Zepeda Turcios como ministro de Defensa y Seguridad Pública, en reemplazo de López Arellano, quien continuó como jefe de las Fuerzas Armadas; además, nombró a un teniente de la reserva como director de la Escuela Militar —plaza vacante desde el 12 de julio—, y trasladó a Flores Guerra de la dirección de la Guardia Civil a la subsecretaría de Defensa. Todas estas medidas las adoptó Villeda Morales sin consultar con López Arellano. De ahí que un informe de la embajada señalara que López estaba «profundamente resentido por estas acciones», particularmente por las dos últimas, pues temía que anunciaran el fin del control militar de la policía y, posiblemente, la pérdida de su empleo como jefe de las Fuerzas Armadas[230].

Por otra parte, en el Congreso Nacional, varios diputados empezaron a denunciar la acumulación de poder de los militares, así como las crecientes tensiones entre las Fuerzas Armadas y la Guardia Civil. No obstante, el presidente del Legislativo, Modesto Rodas Alvarado, manifestó que el jefe de la institución militar «no consentirá que la traición manche las estrellas que en nombre del pueblo deposité sobre sus hombros»[231].

Más directas fueron las periódicas intervenciones del parlamentario liberal Ildefonso Orellana Bueso quien, el 16 de diciembre de 1959, mocionó para que fuera reformado el Título XIII de la Constitución de la República. Considerando que éste era anticonstitucional porque prohijaba una «autonomía encubierta» de las FFAA, al convertirlas en «un Estado dentro de otro Estado»,

[229] M. Funes V., op. cit., p. 225. Tanto el juez de Letras Primero de lo Criminal como la Corte Suprema de Justicia solicitaron al jefe de las Fuerzas Armadas la entrega de García Gómez. Pero López Arellano respondió que ya se encontraba detenido en la Primera Zona Militar, por lo que el juez envió las primeras diligencias al juzgado de jurisdicción militar. El juez respondió así a la misiva del padre de Oquelí: «Le corresponde a aquella jurisdicción militar seguir conociendo de este caso». (El Cronista, 9 de octubre 1959, pp.1-2.)

[230] 715.00 /W) 10-159, 1 de octubre 1959.

[231] R. Oquelí, op. cit., p. 4. m

proponía que el ejército estuviera bajo el mando directo del presidente del Ejecutivo en su carácter de Comandante General, dejando las funciones administrativas en manos del ministro de Defensa. Además, señalaba que el presidente de la República, a través del ministro de Defensa, debía hacer los nombramientos militares, incluyendo los de jefes y comandantes de las Fuerzas Armadas. El presidente también debía tener a su cargo los nombramientos de tipo administrativo y la selección del Estado Mayor Presidencial.

La reforma propuesta por Orellana también se orientaba a que los grados militares se obtuvieran mediante un «riguroso ascenso» y que la administración de los fondos asignados al ejército estuviera a cargo de la Tesorería General de la República[232]. Pero no encontró eco entre sus compañeros de Cámara, lo que indicaba la influencia alcanzada por el instituto armado en tan corto tiempo, como el temor que ya infundía entre los civiles.

No obstante, el 26 de diciembre de 1959, la Guardia Civil pasó a depender del ministerio de Gobernación y Justicia. Ese año finalizó con un saldo trágico de muertos, heridos y mutilados, pues los enfrentamientos entre las Fuerzas Armadas y la Guardia Civil se tornaban cada vez más frecuentes, con augurios ominosos para el futuro inmediato. La familia hondureña se encontraba más dividida que en 1958, y el régimen se había desgastado a lo largo de esos dos primeros años. Diario El Cronista, en su editorial, evaluó el gobierno de Villeda Morales y su liderazgo, así:

"Nadie puede negarlo que ha garantizado el ejercicio de la libertad. En lo económico, los impuestos han aumentado... No hay un plan económico con lineamientos claros que comprenda los seis años de administración y, por tanto, no hay una tarea anual por cuya realización deba dar cuenta el Jefe del Ejecutivo... Desde el ángulo político, la desorganización se manifiesta en la falta de una acción común entre el partido gobernante y el gobierno, y entre este último y el pueblo. El Primer Mandatario se ha preocupado más por acercarse a los grupos más rabiosos de sus enemigos que a las grandes masas humanas que hicieron posible su triunfo

[232] M. Funes V., op. cit., pp. 223, 226-27.

electoral. Y tal conducta, en vez de afirmarlo en su autoridad, lo ha debilitado. No creemos que haya una rectificación en los próximos años. Seguirá el régimen subsistiendo con menos apoyo popular y más soporte militar y diplomático".[233]

De hecho, los enfrentamientos entre unidades castrenses y destacamentos de la Guardia Civil continuaron en los años siguientes.

Uno de los más trágicos fue el que se produjo en Gracias, el 4 de marzo de 1961. Ese día, efectivos de las Fuerzas Armadas, comandados por el subdelegado militar Miguel Ángel García, asesinaron fríamente a nueve guardias luego de rodear las oficinas de la Gobernación Política, donde se encontraban concentrados (...) Justificando estos hechos, el coronel Armando Flores Carías, jefe de la Tercera Zona Militar, sostuvo en una carta que Miguel Ángel García "sabía lo que tenía que hacer con esos que se llaman autoridades".[234]

Pero, como lo consigna Matías Funes en su trabajo, la Guardia Civil también asesinó fríamente. El caso más notorio fue la matanza de "Los Laureles", el 6 de septiembre de 1961. Ese día fueron acribillados a tiros varios hondureños involucrados en un complot contra el gobierno, entre ellos algunos ex miembros del ejército que participaron en un movimiento que se dio en el Primer Batallón de Infantería en procura de mejores alimentos. Entre los asesinados figuraba el abogado Alberto Sierra Lagos, dirigente del Partido Nacional y miembro del Consejo Nacional de Elecciones...[235].

En síntesis, se puede afirmar que, durante todo este periodo, la estabilidad institucional estuvo en inminente peligro tanto por los enfrentamientos entre efectivos de la Guardia Civil y las FFAA, como por la ambición de poder de civiles y militares que,

---

233 "Dos años de gobierno liberal", editorial de El Cronista, 7 de diciembre 1959, incluido en el despacho 715.00/12-2859, 28 de diciembre 1959.

234 Véase M. Funes V., op. cit., p. 229.

235 Ibíd., pp. 229-30. En un informe de la época se afirma que en "Los Laureles" fueron masacrados 19 hombres. Véase Máximo Moncada Elvir, «El genocidio más horrible llevado a cabo en "Los Laureles"», Tegucigalpa, 1966.

inconformes con los nuevos tiempos de cambio, recurrían a la violencia y al terror emanado de las armas, en lugar de apelar a la razón.

CAPÍTULO X

LA LEY DE REFORMA AGRARIA

L a injusta tenencia de la tierra, causa principal de la miseria rural, era otro de los desafíos a enfrentar por el gobierno de Villeda Morales. El uno por ciento de los propietarios poseía el 40% de la superficie en fincas, en tanto que el reverso de la medalla lo constituía una numerosa población campesina con pequeñas explotaciones asentadas en tierras marginales. Éste era el grupo más importante del país, en términos cuantitativos, y apenas disponía del 13% de la superficie; se calcula que había unas 46 mil familias sin tierra[236].

En noviembre de 1960 la Organización de Estados Americanos (OEA), a solicitud del gobierno, envió un grupo de técnicos para que realizara un estudio in situ sobre el mundo rural hondureño y colaborara en la redacción de un proyecto de ley de reforma agraria. Ese mismo año, el gobierno cubano había expropiado latifundios de capital nacional y extranjero, por lo que se tornaba urgente introducir legislación agraria en el resto de los países latinoamericanos; la excepción era México, donde la Constitución de 1917 ya había incorporado principios agraristas, incluyendo el de que la nación era la propietaria del suelo y el subsuelo, a la vez que reconocía y protegía los ejidos y a los pequeños propietarios.

A lo largo de 1961 hubo acontecimientos directamente vinculados con la reforma agraria; se creó el Instituto Nacional Agrario (INA), ente autónomo encargado de implementar el proceso; y, se fundó la primera organización campesina, el Comité Central de Unificación Campesina que, en agosto de 1962, se transformó en la Federación Nacional de Campesinos de Honduras (FENACH); esta movilizaba, principalmente, a arrendatarios u ocupantes en precario de tierras de la Tela Railroad Co.[237]

Esta empresa multinacional enfrentaba diversos problemas. Por ejemplo, las plagas que afectaban la fruta y que reducían la

[236] M. A. Funes y C. Zelaya, op. cit., pp. 31-32.

[237] M. Posas y R. del Cid, op. cit., p. 185.

productividad por acre; la competencia proveniente de Ecuador; el surgimiento del SITRATERCO en agosto de 1954 y la promulgación del Código del Trabajo en 1959. Todos estos factores influyeron para que aplicara estrategias tendientes a reducir costos: despidos masivos, abandono de actividades colaterales como hospitales, escuelas, comisariatos y hoteles, y concentración de sus operaciones en el cultivo, compra y comercialización del banano. Adicionalmente, procedió al arrendamiento y venta de algunas de sus tierras a antiguos empleados, quienes las continuaron trabajando en su condición de finqueros independientes.

Estos pequeños empresarios mantenían en sus unidades productivas una fuerza laboral de 29 operarios, uno menos que el número requerido por el Código del Trabajo para organizar un sindicato, con lo que quedaban exentos de firmar contratos colectivos; estos obreros desempeñaban el mismo tipo de trabajo que en la Tela, pero percibían un salario menor y no gozaban de ningún beneficio colateral. Esta nueva modalidad causó una reducción de la membresía del SITRATERCO, por lo que éste solicitó al gobierno que extendiera la aplicación de su contrato colectivo a los finqueros independientes, que pagaban L 3.20 diarios, mientras la Tela pagaba L 4.08, más servicios escolares y hospitalarios.

Otro acontecimiento importante en 1961 fue la creación de la Alianza para el Progreso, patrocinada por la Administración Kennedy; su carta fundacional fue firmada en Punta del Este, Uruguay, por todos los países miembros de la OEA, excepto Cuba. Entre sus objetivos estaba el estímulo y financiamiento a programas de reforma agraria. Para entonces, además de México y Cuba, Bolivia había impulsado, a partir de 1953, la dotación de tierras a campesinos, así como Guatemala en 1952, lo que fue el detonante para el derrocamiento de Jacobo Árbenz en 1954, al decretarse la afectación de tierras incultas propiedad de la United Fruit Co.

La reforma agraria de 1962 fue concebida, fundamentalmente, como una respuesta política "progresista" y preventiva ante las profundas contradicciones en el agro hondureño, que se agudizaron a finales de la década de 1950 y a principios de la siguiente, debido a muchos factores; entre otros, el desalojo de campesinos y la destrucción de aldeas que acompañaron la siembra de abacá y palma africana; la demanda de tierras generada por la multitud de obreros agrícolas despedidos por la Tela Railroad Company luego de la huelga de 1954 y las inundaciones de septiembre; y, posteriormente, por la introducción de técnicas de ahorro de mano de obra. Influyó, además, el asentamiento de una buena parte de los desempleados -que no fueron absorbidos por las obras públicas o que se dedicaban a actividades marginales urbanas- en las tierras ociosas de la empresa bananera[238].

Este autor también señala que, el proceso de expansión capitalista en el agro durante los años cincuenta, sobre todo en la zona sur donde se destinaron grandes extensiones al ganado y al cultivo del algodón, condujo a una rápida valorización de las tierras, a lo que contribuyó la apertura de nuevas carreteras; todo ello repercutió en el alza general del precio de los arrendamientos lo cual, unido a la demanda de tierras de cultivo por el crecimiento vegetativo de la población, sobre todo en las zonas de mayor densidad poblacional, creó una atmósfera conflictiva en el agro. Era un hecho, como apunta Mario Posas, que:

"Los campesinos asentados desde hace mucho tiempo en tierras, ya privadas, nacionales o ejidales, van a luchar por no ser desalojados por terratenientes que —con apoyo militar o policial— ven la posibilidad de enriquecerse mediante la explotación directa, venta o arrendamiento de sus tierras a empresarios capitalistas".[239]

A mediados de abril de 1960 —mientras tenía lugar un agudo conflicto agrario en Monjarás— (véase anexo 4)-, en la convención del Partido Liberal, el presidente Villeda Morales se comprometió a realizar la reforma agraria, precisando que no sería "ni comunista ni nacionalista", sino "una reforma agraria práctica y meramente liberal y democrática". Reiteró que no se expropiaría a los latifundistas, sino que se daría a los campesinos "las tierras que tiene

---

238 Véase, Mario Posas. «Reforma agraria, lucha de clases y dominación internacional: la primera Ley de Reforma Agraria Hondureña». Tegucigalpa, 1978, pp. 5-6 (Tercer Congreso Centroamericano de Sociología, ponencia mimeografiada).

239 Ídem.

el Estado". Poco tiempo después, procedió a nombrar una comisión para elaborar las bases de lo que debería contener la reforma agraria, las que se plasmaron en el Planteamiento de la Ley de Reforma Agraria del 5 de agosto de 1960; en términos generales, este esbozó lo que aparecerá, en forma más desarrollada, en el Anteproyecto de Ley de Reforma Agraria.

El planteamiento presidencial expresaba preocupaciones técnico-productivas, relativas al eficiente aprovechamiento de los recursos naturales, humanos, financieros y técnicos del país. También presentaba preocupaciones políticas fundamentales como reducir los conflictos agrarios, y liberar a la masa campesina de la sumisión electoral y de la explotación de los terratenientes tradicionales. Y afirmaba que, cuando el campesinado superara las condiciones de miseria secular. sería menos receptivo a las doctrinas "exóticas, totalitarias". Otros objetivos se relacionaban con la redistribución de la población rural de áreas de mayor presión demográfica a otras deficientemente explotadas y de menor concentración poblacional, y con la elevación del nivel cultural y de salubridad de la población campesina. El planteamiento precisó que serían afectadas por la reforma agraria las tierras nacionales, ejidales, las incultas y las explotadas indirectamente a través de arrendatarios, aparceros, medianeros, ocupantes y colonos. No serían afectables las cultivadas en forma racional y eficiente. Contemplaba la imposición de impuestos progresivos a las tierras incultas que podrían ser objeto de expropiación. Promovía la formación de la pequeña propiedad de tipo familiar, la destrucción del municipio mediante una política de reagrupación de predios, y proponía la creación del INA, como organismo ejecutor de la reforma agraria. Las principales críticas al planteamiento señalaban que éste, veladamente, protegía el latifundio, al enfatizar que sólo serían afectadas por la reforma agraria las tierras públicas afectables; excepcionalmente, se afectarían tierras de propiedad privada, previa indemnización. Sin embargo, en este aspecto, el planteamiento era congruente con las declaraciones vertidas por el presidente en la convención del Partido Liberal[240].

---

240 Íbid., pp.6-7.

DEBATES Y PRESIONES EN TORNO DE LA LEY DE REFORMA AGRARIA

"En agosto de 1962, la Universidad de Honduras organizó un foro radial sobre la Ley de Reforma Agraria que sería analizada en el Congreso. Esta transmisión radial permitió a los hondureños la primera discusión pública sobre el asunto. Los guardianes del imperio, sin embargo, habían estado discutiendo la ley desde tiempo atrás. Charles R. Burrows, embajador de los Estados Unidos, había estado analizando el proyecto de ley con Villeda Morales. ¿Por qué...? Según el funcionario del Departamento de Estado Edwin Martin, para que Villeda Morales y otros funcionarios «pudieran reconocer nuestro interés en asegurar que la ley fuese tanto constructiva en sus efectos sobre la productividad agrícola y los impuestos, como inofensiva en lo tocante a afectar los legítimos intereses de los actuales propietarios, incluidas las corporaciones estadounidenses".[241]

Este autor apunta que, a pesar de esas primeras conversaciones. Villeda Morales pensaba que todavía podía demostrar alguna independencia de Washington y de las compañías bananeras. Por ejemplo, no mostró a los funcionarios de la United Fruit Co. copias de la legislación agraria antes de que entrara a debate en el Congreso. La compañía se contactó entonces con senadores de los Estados Unidos, con el fin de presionar para que el Departamento de Estado hiciera ver a Villeda Morales el disgusto de la United Fruit Co. con respecto a algunos aspectos de la ley.

"Villeda Morales aseguró a Washington que su firma de la ley estaría acompañada por declaraciones públicas que reflejarían las recomendaciones de Washington. Posteriormente, se permitió alguna autonomía y no hizo las declaraciones. Pero, otra visita de Burrows lo obligó a declarar públicamente las recomendaciones del imperio. Como subsecretario de Estado, Martin recordó que "nuestro embajador habló con él el 1 de octubre [de 1962] y el 3 de octubre [Villeda Morales] pública y personalmente, hizo una declaración oral a la prensa confirmando el compromiso adquirido con

---

[241] Darío Euraque, op.cit., pp.216-218

nosotros". Esto satisfizo a Washington y a Burrows, a pesar de que los funcionarios de la United Fruit Co. continuaron afirmando que la Ley de Reforma Agraria de 1962 colocaba a Honduras recordaría Edwin Martin más adelante en el camino de Cuba y de China Comunista".[242]

El vicepresidente y consejero general de la United Fruit, Víctor C. Folson, envió una carta al secretario de Estado, Dean Rusk, señalándole que la Ley de Reforma Agraria aprobada por el Congreso, el 26 de septiembre de 1962, y que estaba lista para la firma de Villeda, era una ley expropiatoria más drástica y confiscatoria que la que Fidel Castro había construido como un baluarte comunista en el Hemisferio Occidental.

"La ley propuesta establece una jerarquía autónoma dentro del Gobierno que no está sujeta a las garantías constitucionales normales o a la protección de los tribunales de Honduras... Así, intenta destruir los derechos constitucionales de todos los propietarios agrarios, nacionales y extranjeros. La ley contempla que el pago se hará en bonos redimibles en 25 años... Está en oposición a la Alianza (para el Progreso) y marca una tendencia para la emisión de leyes similares en otros países de América Latina. La United Fruit Co. prevé nuevas inversiones en Honduras, de quince a veinte millones de dólares. Pero, si la ley es aprobada, realizará esas y futuras inversiones en otros países[243].

El cabildeo de la empresa se extendía tanto a la rama legislativa como a la ejecutiva del gobierno estadounidense. En una carta dirigida al embajador Burrows, un ejecutivo de la Tela Railroad advertía que la Ley de Reforma Agraria no otorgaba a los propietarios privados el derecho a que los tribunales hondureños revisaran las decisiones del Instituto Nacional Agrario que afectaran su pro- piedad, incluyendo las relativas a la expropiación y el avalúo

[242] Ídem.

[243] Bureau of Inter-American Affairs. Office of Central American and Pa namanian Affairs. Records relating to Honduras, 1959-1962, 11 de septiembre 1962, RG 59, caja 2, HM94.

de la propiedad afectada[244]. En otra misiva, Víctor C. Folson expresaba al director de la AID, Fowler Hamilton: "El meollo del problema es si EUA aceptará que los bonos agrarios constituyen una compensación pronta, adecuada y efectiva por la expropiación de tierras".[245]

Como advierten dos sociólogos hondureños, el hecho de que la Tela mantuviera una enorme cantidad de tierras ociosas la hacía objeto de la reforma agraria. Por ello acudió incluso al Senado de EUA, demandando la aplicación de la enmienda Hickenlooper contra el régimen de Villeda Morales, por la cual se negaba la «ayuda» económica a aquellos países que hubiesen expropiado o nacionalizado, o que cuestionaran las propiedades de empresas capitalistas de EUA; como veremos, esto desencadenó una serie de presiones que condujeron a la remoción del director del INA, a la modificación de la Ley en función de los intereses de la Tela y, más tarde, al derrocamiento del gobierno de Villeda Morales[246].

Los informes diplomáticos estadounidenses consignan que el presidente Villeda invitó a la United Fruit Co. a sugerir cambios a la ley agraria, por lo que la multinacional presentó un proyecto de modificaciones a los artículos 49 al 52[247]. El uno de diciembre, Villeda Morales, acompañado de Jorge Bueso Arias, ministro de Economía y Juan Agurcia, su secretario privado, se entrevistó en Miami con Víctor C. Folson, vicepresidente de la United Fruit. Cuando este le entregó la carta en la que se detallaban los cambios sugeridos a varios artículos, manifestó que su empresa no esperaba que todos fueran implementados, pero que algunos eran absolutamente esenciales. Villeda prometió que empezaría

---

244 G. P. Much a Burrows, 27 de septiembre 1962, RG 59, Bureau of Inter American Affairs, caja 2.

245 Folson a Hamilton, 12 de septiembre 1962, Bureau of Inter-American Affairs, caja 2.

246 M. Posas y R. del Cid, op. cit., p. 186.

247 Carta enviada por Martín Johnson a la United Fruit Co, sobre problemas agrarios hondureños y panameños, Bureau of Inter American Affairs, Office of Central American and Panamanian Affairs, Records relating to Honduras, 1959-1962, 27 de septiembre 1962, RG 59, caja 2.

inmediatamente a introducir las reformas, pero que se presentarían al Congreso hasta dentro de dos o tres meses. También preguntó a Folson si la United Fruit se retiraría de Honduras si la ley no era modificada, y éste le respondió que no, pero que no habría más inversión ni resiembra. Y otro de los vicepresidentes de la multinacional presente en la conversación, Baker Jasper, manifestó que Miguel Cubero da Costa, director del INA, debía ser destituido[248].

En noviembre de 1962, la United Fruit ya había decidido cesar toda inversión y no rehabilitar ninguna finca perdida por enfermedad, inundación o huracanes; esta actitud provocó indignación en Honduras, pues era vista como un chantaje por la emisión de la Ley de Reforma Agraria. El canciller Alvarado Puerto manifestó que dicha legislación había sido redactada por una comisión integrada por personal de la OEA, más un mexicano y un venezolano que, se suponía, estaba técnicamente calificada; además, que el proyecto se presentó al Congreso Nacional sin ser revisado por los ministros, excepto por el de Recursos Naturales, y los diputados no se familiarizaron con el mismo[249]. Incluso sectores conservadores locales criticaron la conducta de la United Fruit; la calificaron de contraproducente, y temían que podía conducir a una aplicación más severa de la Ley. Para el cónsul de EUA en San Pedro Sula, Robert S. Ashford, la actitud asumida por la empresa frutera era "vergonzosa";

"Sus acciones, ante los ojos de muchos, hacen una mentira de la Alianza para el Progreso. Es extremadamente difícil convencer a los hondureños de que Estados Unidos está preocupado por su bienestar, cuando el inversionista estadounidense más grande empieza a retirarse, resentido por una ley cuya aprobación era un prerrequisito para participar en la Alianza para el Progreso".[250]

---

[248] Memorandum de conversación «Reforma Agraria Hondureña y la United Fruit Co.», Bureau of Inter American Affairs, Office of Central American and Panamanian Affairs, Records relating to Honduras, 1959-1962, 4 de diciembre 1962, caja 2 HM 94, 715.34/12-462, 4 de diciembre 1962.

[249] 815.16/10-462, 4 de octubre 1962.

[250] 815.2376/11-2662, 26 de noviembre 1962.

LAS MODIFICACIONES A LA LEY DE REFORMA AGRARIA

El artículo noveno del anteproyecto de Ley de Reforma Agraria establecía:

"Se considera contrario a los principios de la función social de la propiedad e incompatible con el bienestar económico del país, la existencia y mantenimiento de tierras incultas u ociosas. Igualmente se considera contrario a los principios de la función social de la propiedad cualquier sistema indirecto de explotación de la tierra como los practicados a través de arrendatarios y colonos".

Y se le incluyó el siguiente agregado:

"...excepto los contratos de sociedad para explotaciones agropecuarias que celebre el propietario aprobado por el INA, considerando la capacidad económica de quienes aporten capital".

El propósito fundamental de la reforma agraria era eliminar la explotación indirecta de la tierra, sea cual fuere la forma utilizada para realizarla; por tanto, la modificación rompía con el espíritu de esa intención, pues permitía la explotación indirecta de la tierra en beneficio de los terratenientes absentistas —sobre todo en los departamentos sureños de Valle y Choluteca— que arrendaban grandes extensiones a empresarios salvadoreños dedicados a la explotación del algodón.

La segunda modificación, realmente fundamental, es la que se realizó al inciso b) del artículo 28 del anteproyecto (artículo 29 en la Ley de Reforma Agraria). Originalmente, éste se leía así:

"Se declaran inafectables las tierras, cualesquiera que sea su clase o extensión, que estén suficientemente explotadas conforme a los principios de la función social de la propiedad".

Y se le hizo la siguiente adición:

"Se entenderá suficientemente explotado un terrero destinado a la ganadería cuando esté acotado y el propietario posea una cabeza de ganado mayor o cinco de ganado menor por cada dos hectáreas o cuando se encuentre cultivado por cualquier especie de forraje".

En realidad, este agregado no fue más que la reproducción, casi literal, del artículo 55 del Código de Procedimientos Agrarios de 1926, emitido durante el gobierno de Miguel Paz Baraona. El carácter conservador y la defensa de los intereses de los terratenientes tradicionales ligados a la hacienda ganadera son evidentes en la adición señalada, y debe concebirse como expresión de la resistencia de éstos a la modernización de sus explotaciones agropecuarias[251].

El criterio de este autor es que la Ley de Reforma Agraria —firmada por el presidente Villeda Morales el 29 de septiembre de 1962—, estimulaba y promovía la explotación capitalista de la tierra y la incorporación, a ese tipo de producción, de las tierras ociosas o deficientemente cultivadas; también intentaba transformar, gradualmente, a los terratenientes tradicionales en modernos empresarios capitalistas del agro. Por otra parte, pretendía crear una capa de pequeños propietarios asentados en los proyectos de colonización (centros de población agrícola) que promovía el Estado, induciendo migraciones interregionales de campesinos sin tierras hacia tierras nacionales, preferentemente. Esta Ley creó, además, las bases legales para recuperar las tierras nacionales y ejidales ilegalmente ocupadas y para destruir las formas arcaicas de explotación campesina que resultaban de la explotación indirecta de la tierra: onerosos subarrendamientos de tierras nacionales, la aparcería y el colonato.

En la práctica, sin embargo, la aplicación de la Ley estaba limitada por la considerable cantidad de recursos económicos que requería, lo que fortalecía la dependencia de la reforma agraria, y de la economía en general, de las fuentes de financiamiento internacional[252].

En el decreto N° 127 del 14 de junio de 1963 se materializaron las modificaciones exigidas a la Ley de Reforma Agraria, que configuraron un verdadero proceso de contrarreforma agraria. El inciso b) del artículo 7 fue modificado en el sentido de suprimir la obligatoriedad de la explotación eficiente de las tierras en toda su

---

[251] En lo que resta, este apartado se basa en el valioso trabajo de M. Posas, op. cit., pp. 15-22.

[252] El gobierno hondureño calculaba que la implementación de un programa de reforma agraria costaría, durante los siguientes tres años, entre 35 y 50 millones de dólares.

extensión, frase que se eliminó del artículo original.

Con una adición al artículo 17, ya no constituían patrimonio del INA todas las tierras nacionales, sino únicamente las destinadas a la reforma agraria. El artículo 29 reformado agregó a las tierras inafectables los "terrenos ejidales otorgados en concesión de dominio útil hasta veinticinco hectáreas, si están cercados y cultivados". Estos dos artículos, con las reformas introducidas, sustraían una importante cantidad de tierras nacionales y ejidales a la reforma agraria.

En general, las reformas hasta aquí comentadas favorecieron tanto los intereses de los terratenientes tradicionales como los de la empresa bananera. Al modificar los artículos 49, 50, 51, 52 y 53, en atención a las críticas de la UFCo., como observó el diario capitalino El Cronista, "queda modificado el procedimiento de expropiación de los fundos. Antes el trámite era puramente administrativo y ahora la apelación irá al Juzgado 1° de Letras, es decir, seguirá el camino largo e interminable de la justicia ordinaria". La reforma al artículo 57 recogió directamente la petición de la UFCo., en el sentido que no debían ser consideradas tierras incultas u ociosas, y por tanto sujetas a expropiación, «las tierras en descanso necesario o destinadas a rotación de cultivos, según la naturaleza de la expropiación agrícola o pecuaria». También favoreció expresamente los intereses de la empresa bananera la modificación realizada al artículo 166, que autorizaba al INA para conceder tierras en arrendamiento a cualquier tipo de explotación agrícola, "siempre que se acredite su justificación económica e interés social". La modificación no solo autorizaba al INA a renovar los contratos de arrendamiento «siempre que el arrendatario haya cumplido con todas las estipulaciones de los contratos y la tierra haya sido explotada conforme a los principios de la función social», sino que también daba derecho al arrendatario, que explotaba eficientemente las tierras, a adquirirlas a título de compra al expirar el plazo de arrendamiento. Dicha modificación debe contrastarse con el artículo 31 de la Ley de Reforma Agraria, que prohibía la enajenación y arrendamiento de las tierras nacionales o ejidales, salvo las expresas excepciones establecidas en esta ley. Esta reforma sería pues, una de esas «expresas excepciones establecidas en la ley.

Y, finalmente, con la adición realizada al artículo 204, se puso una importante barrera a la autonomía relativa y a la acción del INA, al señalarse que las resoluciones del director del INA y del Consejo Nacional Agrario, que no fueran de puro trámite, serían objeto de apelación en las cortes. Como puede verse, se trató, en suma, de un conjunto de "ajustes" a la Ley Reforma Agraria para ponerla en armonía, fundamentalmente, con los intereses de la burguesía metropolitana ligada a la economía de plantación.

Así, las aspiraciones y expectativas de la población campesina se vieron frustradas por la formidable oposición de las corporaciones bananeras, poseedoras de influencias políticas en las más altas esferas de los poderes Legislativo y Ejecutivo de su país de origen, así como de una efectiva capacidad de presión y chantaje sobre las autoridades hondureñas.

Adicionalmente, el sector terrateniente tradicional se unió a la alianza antirreformista. De hecho, varios diputados eran grandes propietarios por lo que, con la mejor disposición, modificaron la Ley de Reforma Agraria original a efecto de adaptarla a los intereses de las empresas fruteras, y a los propios.

CAPÍTULO XI
LAS RELACIONES INTERNACIONALES

Tres estudiosos de este período señalan que los mayores problemas de política exterior que tuvo que enfrentar el gobierno de Villeda Morales, fueron: a) Las cuestiones de límites fronterizos con El Salvador y Nicaragua; b) La ocupación de las Islas del Cisne por los Estados Unidos, desde 1863; c) La negociación sobre la compensación de los bienes alemanes confiscados durante la Segunda Guerra Mundial; d) Las amenazas de movimientos rebeldes que tenían sus bases en países vecinos y eran apoyados por éstos; y, e) La utilización del territorio nacional como punto de partida por movimiento insurreccionales contra los países vecinos, especialmente Nicaragua[253].

CON NICARAGUA

En 1958 fueron restablecidas las relaciones diplomáticas con Managua, las que se habían roto en 1957, como resultado de los choques armados entre patrullas de ambos ejércitos en Mocorón y Cruta, en La Mosquitia; esto provocó la intermediación de la OEA, que logró un cese al fuego, y la decisión conjunta de remitir la disputa fronteriza a la jurisdicción de la Corte Internacional de Justicia en La Haya.

En 1906, el laudo arbitral del rey de España, Alfonso XIII, había fijado los límites territoriales desde el Portillo de Teotecacinte hasta el Cabo Gracias a Dios. Pero, Nicaragua rehusó acatar el fallo, por lo que la controversia continuó hasta que, finalmente, el 21 de julio de 1957, durante el gobierno de la Junta Militar, se sometió el litigio a la competencia del más alto tribunal mundial.

El 15 de noviembre de 1960, la Corte Internacional de Justicia falló en el sentido de que "el Laudo pronunciado por el Rey de España el 23 de diciembre de 1906 es válido y obligatorio y Nicaragua está obligada a ejecutarlo". La vecina nación aceptó el

[253] S. Natalini de Castro, et al., op. cit., p. 93.

fallo, lo cual significó un triunfo para la diplomacia hondureña; sólo quedaba pendiente la delimitación de la frontera marítima, en el Mar Caribe[254].

CON EL SALVADOR

En las relaciones con El Salvador destacan los aspectos comerciales, la inmigración de salvadoreños indocumentados hacia Honduras, la construcción de la carretera de Occidente -que permitiría el acceso de El Salvador al Océano Atlántico, y la lucha común contra la infiltración comunista en Centroamérica[255].

El número de salvadoreños asentados en territorio hondureño se calculaba en más de doscientos mil; el 20 de septiembre de 1962, los gobiernos firmaron dos instrumentos: el Decreto N° 114, por el que se comprometían a no expulsar a los nacionales de ambos países; y, el Decreto N° 115, mediante el que acordaron unificar las legislaciones migratorias. Obviamente, ambos acuerdos favorecían más a El Salvador que a Honduras[256].

Las evasivas y dilatorias de El Salvador imposibilitaban llegar a

---

[254] Esto fue resuelto, de nuevo, por la Corte Internacional de Justicia en 2007, poniendo así fin a la demanda interpuesta por Nicaragua en contra de Honduras.

[255] S. Natalini de Castro, et al., op. cit., p. 94.

[256] El presidente Villeda se dirigió al ministro de Gobernación, Ramón Valladares h., en estos términos: «"Deseo instruirle en el sentido de que el Ministerio de Gobernación haga cesar todas las medidas que pudieran restringir nuestra unidad; la permanencia de salvadoreños en territorio hondureño deberá sujetarse a un nuevo trato en concordancia con los convenios de integración que hemos suscrito. Mientras se forma la comisión de integración demográfica aquí acordada, de- ben suspenderse aquellas medidas administrativas que contraríen la confraternidad hondureña-salvadoreña...". (El Cronista, 15 de marzo de 1960, pp. 1-2). No obstante, el Congreso improbó la decisión del Ejecutivo y emitió un decreto en que señalaba que la puesta en práctica del convenio de «integración demográfica» y de las instrucciones impartidas "violaría nuestras leyes de Migración, lesionaría vitales intereses del pueblo hondureño y beneficiaría en forma exclusiva y unilateral a las personas de nacionalidad salvadoreña que actualmente se encuentran en Honduras en situación migratoria irregular...". Modesto Rodas Alvarado h., presidente; Ernesto H. Aguilar N., secretario; Armando Zelaya Romero, secretario. Tegucigalpa, 17 de marzo 1960. (El Cronista, 24 de marzo de 1960, pp. 1-2).

acuerdos respecto a la disputa limítrofe, que venía arrastrándose desde el siglo XIX. El 24 de junio de 1962, por fin, los presidentes Villeda Morales y Rodolfo Cordón firmaron el convenio Nº 3 de El Amatillo para la delimitación de la frontera. Se propuso la integración de una Comisión de Estudio que elaboraría un Proyecto de Bases y Procedimientos, cuyo propósito era nombrar delegados que firmarían un tratado en el que se establecerían órganos, principios, normas y procedimientos para solucionar las cuestiones de límites. Una vez ratificado el convenio por los dos gobiernos, la Comisión de Estudio fue solemnemente instalada en Tegucigalpa, el 15 de septiembre de 1963.

El derrocamiento del régimen villedista suspendió toda iniciativa de este tipo; fue hasta el 18 de diciembre de 1967 cuando la referida comisión celebró su primera sesión de trabajo. Para entonces, las relaciones entre las dos naciones estaban en franco deterioros[257].

CON ESTADOS UNIDOS

Las relaciones bilaterales con Estados Unidos abarcaron un amplio espectro: desde comercio, inversiones, asistencia financiera, técnica y militar, actividades contra la "amenaza comunista" y la "subversión internacional", hasta la disputa por las Islas del Cisne, situadas al nordeste de la costa caribeña hondureña. Estas estaban ocupadas por ciudadanos estadounidenses que —amparados en la Ley Guano Island de 1856—, se dedicaban a la extracción del guano, un fertilizante animal. Los reclamos hondureños databan de 1923, pero durante las siguientes décadas la situación continuó inalterable, hasta que el tema fue retomado por la Administración Villeda.

En la Casa Blanca, Villeda expresó al presidente Kennedy que las Islas del Cisne no tenían valor para Honduras y rendían un servicio a Estados Unidos; "desafortunadamente, los latinos son románticos, no prácticos, por lo que él deseaba que la discusión

---

257 Gerardo Martínez Blanco, Enfoque histórico y jurídico de la controversia limítrofe entre Honduras y El Salvador. Tegucigalpa, Universitaria, 1991, pp. 34-35.

sobre ellas se incluyera en el comunicado final". El canciller Alvarado Puerto prefería que el contencioso fuera tratado "dentro de los confines de las Américas" antes que someterlo a la Corte Internacional de Justicia[258]. Posteriormente, el presidente Villeda reiteró al embajador Burrows que, aunque dichas ínsulas no eran de valor para Honduras, "el principio de soberanía es extremadamente importante".[259]

Villeda y Kennedy se encontraron nuevamente en la reunión de los presidentes centroamericanos con su homólogo estadounidense, que tuvo lugar en San José, Costa Rica, del 18 al 20 de marzo de 1963. En ese cónclave, el mandatario hondureño declaró a sus colegas que, a su juicio, los principales problemas del istmo eran las presiones demográficas; las economías precarias y los pobres términos de intercambio con las naciones industrializadas; la carencia de capital para el desarrollo; la falta de conciencia cívica, lo cual conducía al caudillismo; y, Cuba y la subversión castrista. Todo esto planteaba la necesidad de avanzar hacia la unidad política y la rápida integración económica centroamericana, lo que requería de ayuda externa. Otro desafío para los gobiernos de la región era mejorar la calidad de vida de la población, lo que implicaba el sacrificio de todos, especialmente de las elites centroamericanas[260].

En esta reunión, algunos de los temas de la agenda eran Cuba, el comunismo y la seguridad del Caribe[261]. Debe recordarse que recién había concluido la llamada Crisis de Octubre —también conocida como "crisis de los misiles"—, cuya causa fue la instalación en territorio cubano, por parte de la Unión Soviética, de misiles con

[258] RG 59, caja 2, 12 de septiembre 1962.

[259] RG 59, Inter American Affairs, caja 2, 28 de diciembre 1962. En 1968 se reanudaron las negociaciones conducentes a la devolución de las Islas del Cisne, que culminaron el 22 de noviembre de 1971, durante la Administración Cruz Uclés, con la firma de un tratado por el cual Estados Unidos reconoció la soberanía hondureña sobre las mismas.

[260] United States Government. Foreign Relations of the United States, 1961-1963. Washington, Government Printing Office, 1996. vol. XII, American Republics, p. 136.

[261] Memorandum de conversación entre presidentes Kennedy y Villeda, RG 59, Bureau of Inter American Affairs, 30 de noviembre 1962, caja 2.

cargas nucleares dirigidos hacia Estados Unidos. Esto provocó un agudo enfrentamiento entre las dos potencias que, finalmente, se resolvió de manera pacífica. La humanidad, ciertamente, estuvo al borde de un conflicto atómico que, de concretarse, hubiera dado inicio a la tercera guerra mundial.

La Administración Villeda encontró receptividad y apoyo en el gobierno de Kennedy. Además de que coincidían en su visión reformista, ambos se percataban de que, luego del triunfo de la Revolución Cubana y su popularidad extendida entre los pueblos latinoamericanos, era urgente modernizar las estructuras arcaicas del subcontinente, causantes de enormes desigualdades e injusticias. Así, el gobierno de EUA otorgó ayuda financiera, en el marco de la Alianza para el Progreso, para la construcción de vivienda popular, infraestructura sanitaria, alfabetización y vacunación. Incluso, la relativa profundización del proceso de modernización capitalista fue financiada, en forma notable, con los préstamos de organismos financieros controlados por EUA: el BIRF, Export-Import Bank, Development Loan Fund y la AID. En consecuencia, la deuda pública se incrementó significativamente durante el régimen villedista, como lo confirma el siguiente cuadro[262]:

DEUDA TOTAL INTERNA, EXTERNA Y PRÉSTAMOS NETOS DEL GOBIERNO CENTRAL 1924-1964 (EN LEMPIRAS)

		Deuda al final del año		Préstamos netos	Prétamos netos internos	Préstam netos externos
Año	**Total**	**Interna**	**Exerna**			
1924/25	32,168.761	16,391.613	15,777.248	1,449.810	1,238.916	260.894
1925/26	34.590.179	18.824.109	15.768.070	-274.448	-2 6.293	-43.155
1926/27	32.898.660	17.848.768	15.140.892	-1.148788	-504.884	-643.902
1927/28	33.113.420	15.979.241	17.134.179	-1.440991	-3.820402	2.379.411
1928/29	33.038.249	16.912.468	16.125.761	-1.867106	-870.7	-996.406

262 M. Posas y R. del Cid, op. cit., p. 180. Fuentes: Banco Central de Hon- duras. Deuda Pública de Honduras 1924/25, 1950/51, Tegucigalpa, 1952: y, BCH, Deuda Pública de Honduras 1957-1964, Tegucigalpa, 1965.

1929/30	30.321.594	15.272.790	15.048.804	-1,924,165	-850,188	-1,054,977
1930/31	29.066.958	16.179.934	12.907.024	88.896	743.581	-654.48
1931/32	30.051.779	17.967.808	12.084.271	851.414	1.614.769	-763.365
1932/33	31.452.446	19.892.517	11.559.929	1.299.129	1.716.296	-417.167
1933/34	31.903.450	21.187.984	10.715.466	-112.959	756.226	-869.195
1934/35	30.379.562	20.947.903	9.431.669	-1,767,874	-412.181	-1,355,600
1935/36	30.790.247	20.614.608	10.715.639	50.246	-626.641	675.800
1936/37	30.377.081	21.299.760	9.077.321	-1,106,467	76.999	-1,182,400
1937/38	22.978.342	13.617.951	9.360.391	-178,992	-400,261	221.200
1938/39	20.709.973	12.589.737	8.170.238	-1,176,236	50.622	-1,227,200
1939/40	10.683.884	12.296.563	7.387.321	1.096.166	-356.941	-730.225
1940/41	19.460.685	12.544.311	6.925.374	-156.805	212.775	-369.550
1941/42	19.149.861	12.820.366	6.329.485	-394.072	129.737	-523.808
1942/43	19.245.265	13.326.331	6.919.964	150.197	492.038	-332.841
1943/44	15.878.427	9.573.387	6.305.040	272.993	-187.127	460.12
1944/45	17.013.198	10.510.837	6.502.361	1.120.583	868.883	260.700
1945/46	16.337.378	10.851.004	5.386.374	-498.794	400.360	-930.154
1946/47	15.046.962	10.357.588	4.689.374	-1,210,612	-490.595	-720.017
1947/48	14.232.560	10.483.819	3.768.741	-792.450	50.739	-843.189
1948/49	14.965.697	9.915.338	5.050.360	788.037	-526.201	1.314.238
1949/50	11.399.966	8.924.091	2.475.875	-3,131,001	-975,742	-2,456,158
1950/51	10.275.424	8.281.549	1.993.875	-941,839	-636,562	-306,277
1951	11.134.000	9.140.00	1.994.000	492.000	668.000	-176.000
1952	14.697.000	12.881.000	1.816.000	3.427.000	3.582.000	-155.000
1953	17.888.000	16.164.000	1.754.000	3.161.000	3.253.000	-92.000

1954	15.085.000	13.447.000	1.638.000	3.913.000	4.027.000	-114.000
1955	14.877.000	13.187.000	1.800.000	-260.000	-260.000	---
1956	23.386.00	21.180.000	2.206.000	8.482.000	7.993.000	469.000
1957	31.262.000	25.770.000	5.492.000	7.831.000	4.590.000	3.241.000
1958	45.468.000	35.177.000	10.291.000	14.152.000	9.407.000	4.745.000
1959	52.300.000	32.289.000	20.011.000	6.790.000	-2,888,000	9.681.000
1960	59.325.00	33.348.000	25.977.000	6.093.000	1.059.000	5.934.000
1961	68.180.000	36.995.000	29.185.000	6.809.000	3.647.000	3.162.000
1962	76.453.000	41.717.000	34.736.000	10.205.000	4.722.000	5.484.000
1963	88.849.000	43.715.000	45.134.000	12.349.000	7.998.000	10.351.000
1964	94.987.000	44.661.000	50.326.000	6.086.000	945.000	5.140.000

CON ALEMANIA

Respecto a Alemania, el presidente Villeda propuso la creación de una comisión bien bipartidista, o bien apolítica, que conociera de la confiscación y venta de bienes, negocios y derechos de personas de nacionalidad alemana. En abril de 1962 se anunció la creación de un tribunal, coordinado por el ministro de Gobernación, que conocería de las formas en que los bienes de los súbditos alemanes fueron intervenidos y rematados, pero éste nunca llegó a reunirse.

En conclusión, el gobierno de Villeda Morales debió hacer frente a las presiones provenientes de diversos países. Estados Unidos insistía en la vigilancia y represión de los grupos locales de izquierda, y en la protección de los intereses e inversiones de sus multinacionales. Al tiempo que otorgaba respaldo político y financiero al gobierno, fortalecía el ejército, creando unidades elite de contrainsurgencia y programas de acción cívico-militar para ganarse la voluntad de la población mediante apertura de caminos, construcción de centros de salud y escuelas. Con esto se buscaba neutralizar cualquier respaldo potencial a organizaciones o grupos guerrilleros.

Además de los apremios provenientes de los sectores público y privado estadounidenses, sobre la estabilidad del gobierno gravitó la amenaza de la Nicaragua somocista; temerosa de la apertura democrática de Villeda Morales y de sus simpatías hacia los grupos opositores que buscaban derrocar la dinastía de la familia Somoza, ésta respaldó al coronel Armando Velásquez Cerrato cuando intentó derrocar al régimen villedista. La República Dominicana, convertida en satrapía y feudo por Rafael Trujillo, también colaboró en el cruento intento golpista de 1959.

Y con El Salvador, la latente disputa fronteriza y la creciente presencia de millares de salvadoreños radicados en el país, generaron tensiones y roces que se fueron acumulando hasta desembocar en el enfrentamiento armado de 1969; este hecho conmocionó a las dos naciones, hasta entonces las más identificadas entre sí en el istmo, tanto por factores culturales como por vínculos comerciales.

CAPÍTULO XII

LOS ÚLTIMOS AÑOS DEL RÉGIMEN DE VILLEDA MORALES

La renovación de gobiernos locales en 1962 fue vista como la primera medición de fuerzas en las urnas entre liberales y nacionalistas desde 1956, ya que el partido opositor rehusó participar en las elecciones municipales de 1960. Los comicios se llevaron a cabo el 11 de noviembre, y los resultados fueron:

PARTIDO	MUNICIPIOS OBTENIDOS	PORCENTAJE (%)
Liberal	202	73.4
Nacional	73	26.6

El voto popular favoreció al Partido Liberal con el 58% y al Partido Nacional con el 42%. Respecto a las elecciones, la embajada manifestó:

Observadores objetivos las califican como las más ordenadas y honestas en la historia hondureña». El amplio margen del Partido Liberal es, en alguna medida, un voto de confianza al gobierno de Villeda, aunque el 58% de los votos representa una disminución respecto al 62% recibido en 1957[263].

El 23 de agosto de 1962, el presidente del Consejo Central Ejecutivo, Francisco Milla Bermúdez, informó al segundo secretario de la embajada, Peter D. Constable, que se había aliado con Roque J. Rivera y Oscar A. Flores a fin de actuar conjuntamente en la próxima convención, que se realizaría en abril de 1963, y que seleccionaría al candidato presidencial. Milla Bermúdez confió al diplomático que el miembro de la coalición con el mayor número de delegados recibiría, automáticamente, el respaldo de los delegados de las minorías; también le manifestó que no presentaría su candidatura en 1963, que esperaría hasta 1969, pues no era aceptado

[263] 715.00 (W)/1-1762, 17 de noviembre 1962.

por las Fuerzas Armadas y que, además, Flores contaba con mayores adhesiones entre los liberales[264].

En un análisis de los precandidatos liberales, el segundo secretario de la embajada afirmó que el presidente del Legislativo, Modesto Rodas Alvarado, trabajaba callada, pero efectivamente; que apuntalaba su fortaleza organizativa utilizando, como principal herramienta, «su completo control sobre el Congreso Nacional y la casi absoluta lealtad que suscita entre los diputados; y que, astutamente, había buscado construir sus estructuras basándose en el mismo grupo que llevó a Villeda Morales al poder y que había dominado todas las convenciones desde 1954. La fuerza de este grupo radicaba en la región occidental donde, la proliferación de municipalidades, le otorgaba un papel clave, pues cada municipalidad contaba con un voto en la convención.

En este extenso informe (véase anexo 3) se señaló que Villeda Morales favorecía a Alvarado Puerto, quien controlaba la mayoría en el Central Ejecutivo, instancia que nombraba los candidatos a diputados. Pero, que su mayor debilidad consistía en carecer de la maquinaria que garantizaba el apoyo de los convencionales. También se apuntó que Oscar A. Flores era el precandidato más débil, pues había fallado en construir sus fortalezas institucionales, aunque contaba con el apoyo de Milla Bermúdez.

Según la embajada, el presidente había propiciado, por medio de una política de neutralidad, que cinco o seis destacados liberales impulsaran sus respectivas campañas, con lo que las adhesiones se fragmentaban. Así, en una Convención reñida, Villeda resolvería el punto muerto, y el elegido sería una dócil herramienta en sus manos. Su primera maniobra fue incluir a los cinco aspirantes en el Central Ejecutivo, pero Flores rehusó y Rivera se retiró; esto terminó con el intento de mantener un equilibrio, que Rodas alteró totalmente con su campaña de ganar las elecciones de los consejos locales y los

---

[264] Constable al Departamento de Estado, 715.00/9-162, 1 de septiembre 1962. Agregó que la popularidad de Milla Bermúdez se debía a su papel como mediador durante la huelga de 1954, lo que le valió el reconocimiento de los obreros.

delegados a la convención[265].

El Departamento de Estado caracterizaba a Villeda como un hombre débil, que luchaba contra grandes desventajas a fin de mantenerse en la presidencia por el período para el que fue electo. Además, los intentos del Partido Nacional por erosionar el apoyo de Villeda no cesaban[266]. La cancillería estadounidense hizo esta evaluación:

"El Partido Liberal abarca un amplio espectro de opiniones, y solo se unificó por el deseo común de regresar al poder. Los primeros tres años de la Administración Villeda Morales han sido el primer experimento formal con un gobierno democrático... La táctica política de Villeda Morales -en gran parte impuesta por las debilidades inherentes a las instituciones gubernamentales en Honduras-, ha sido la de evitar excluir a cualquier sector significativo de opinión. Su extremo cuidado en evitar ofensas, ha causado que su gestión sea muy ineficiente; sin embargo, en el contexto de la historia política hondureña, la relativa estabilidad de esta administración es, en sí misma, un logro".[267]

Esta evaluación permite comprender la camisa de fuerza y las limitantes dentro de las que debía actuar el presidente Villeda, quien debió poner a prueba su talento y habilidad de persuasión para forjar alianzas coyunturales que le posibilitaran hacer realidad las promesas electorales e impulsar cambios largamente postergados.

LA CONVENCIÓN DE 1963

A medida que transcurrían los meses, se iban ampliando —o cerrando—, las posibilidades reales de los precandidatos, en función

---

265 Constable al Departamento de Estado, 27 de noviembre 1962, 715.00/11-2762, RG 59.

266 Bracken a Burrows. Bureau of Inter-American Affairs, Office of Central American and Panamanian Affairs, Records relating to Honduras, 1959-1962, 13 de julio 1961, RG 59, caja 3.

267 Briefing book for Mr. Richard Goodwin visit to Honduras and Mexico, 22-25 de julio, 1961, Office of Central American and Panamanian Affairs, Records relating to Honduras, 1959-1962, RG 59, caja 2.

de dos factores: el trabajo político previo realizado entre los convencionales, y el apoyo del presidente de la República. Por supuesto, también eran determinantes las cualidades de los aspirantes: liderazgo, popularidad, habilidad oratoria, alianzas forjadas, trayectoria en las lides partidarias, y por último, pero no menos importante, el rechazo o tolerancia de las Fuerzas Armadas.

¿A quién favorecía Villeda Morales? La evidencia apunta hacia su canciller, Andrés Alvarado Puerto quien, en sus años juveniles, había simpatizado con la Legión del Caribe, una organización paramilitar cuya razón de ser fue el derrocamiento de las dictaduras en Centroamérica y Las Antillas. No obstante, la mayoría de los liberales de base se inclinaba por Modesto Rodas Alvarado. Este era muy conocido, pues su padre fue uno de los generales del liberalismo en la época previa a la dictadura de Carías. Él mismo, mientras estudiaba Derecho, participó en el breve movimiento del 4 de julio de 1944, por lo que salió exiliado a Guatemala. Esas credenciales eran suficientes para lanzarlo a la vida pública con galones propios.

Con el Lic. Rodas Alvarado el pueblo liberal se identificó con mucha mayor prontitud que con el Dr. Villeda Morales. Las razones son evidentes. En primer lugar, él prometió poner bajo control civil al Ejército. El pueblo liberal, que miraba en el Ejército una fuerza más poderosa que la de su Partido, no podía menos que aplaudir la promesa que hubiera puesto fin a la sujeción impopular en la que el Dr. Villeda Morales se había colocado... En segundo lugar, para cortejar más el favor popular y, muy posiblemente, como protesta personal, el Lic. Rodas Alvarado blandió otro tema que no podía menos que pulsar algunas de las fibras más sensibles del resentimiento colectivo... El Dr. Villeda Morales había despertado descontento entre muchos liberales con su política de indiscriminación partidista en el ejercicio del patronato burocrático. Rodas Alvarado, por el contrario, machacó a más y mejor sobre sus intenciones de gobernar sólo con liberales. Como era de esperarse, esta declaración levantó gran entusiasmo entre el pueblo, que veía en su triunfo la perspectiva de un gobierno Auténticamente liberal… Si el Dr. Villeda Morales había obrado irrealísticamente en su empeño de liquidar los odios ancestrales de partido por medio de la distribución de empleos sin distinción de color, el Lic. Rodas Alvarado cayó en el extremo opuesto, exacerbando los exclusivismos y rencores políticos...La impresión que el Lic. Rodas Alvarado dejó con su oratoria eleccionaria, fue la de un candidato de generaciones ancestrales[268].

El 30 de marzo de 1963, el Partido Nacional publicó una carta, fechada el 5 de ese mes, que había dirigido al presidente del Consejo de la Organización de Estados Americanos; en ésta pedía al gobierno que reformara la Ley Electoral, a fin de garantizar la igualdad y el libre sufragio, así como la revisión completa e inmediata del padrón electoral y la emisión de un decreto de amnistía.

En la misiva advertía que si la Ley no era reformada y los padrones electorales —fraudulentamente inflados— no eran reducidos, al menos en cien mil votantes, y no se decretaba una incondicional amnistía política, esa agrupación política podría abstenerse de participar en el torneo electoral. Los nacionalistas se quejaban de que la Ley Electoral otorgaba un margen de dos a uno al Partido Liberal sobre el Nacional en la conformación de la maquinaria electoral, tanto a escala departamental como local. Al respecto, la embajada advirtió que estos comentarios constituían "propaganda nacionalista normal, diseñada para proporcionar al partido un tema y para convencer a los militares de que las elecciones honestas no son posibles en Honduras"[269].

El Partido Comunista de Honduras, por medio de su semanario Futuro, también pedía, en mayo de 1962, que modificaran la Ley Electoral para permitir la inscripción de nuevos partidos políticos, y criticó el requisito de tener que recolectar quince mil firmas.

En marzo de 1963, el presidente Villeda se reunió con 150 dirigentes liberales para discutir quién debía ser el candidato a elegir por la próxima convención; trató de buscar consenso a favor de José Ángel Ulloa, lo que fue visto por los seguidores de Alvarado Puerto

---

[268] Carlos A. Contreras, Entre el marasmo: análisis de la crisis del Partido Liberal de Honduras, 1933-1970. Tegucigalpa, HISA, 1970, pp. 74-76.

[269] Constable al Departamento de Estado, Pol. Hond XR Sog Hond /OAS XR Pol. OAS IA.

como una iniciativa que lo debilitaba y aseguraría la victoria de Rodas. En esta reunión acordaron emitir un manifiesto que elogiaba el liderazgo de Villeda y su gestión; lanzar otro pronunciamiento, firmado por los precandidatos, en el que comprometían su respaldo a quien fuera escogido por la convención; y, nombrar una comisión de "integración", conformada por representantes de los precandidatos, para resolver las diferencias intrapartidarias. En un informe remitido a Washington, el embajador comentó:

"Si el Presidente esperaba que esta reunión liquidara la candidatura de Rodas, entonces fracasó... Pero hay alguna ganancia para Villeda, como la inclusión de José Ángel Ulloa en la lista de precandidatos comprometidos a apoyar al escogido por la convención... Hasta ahora nada indica que la posición de Rodas se haya debilitado como resultado de la reunión".[270]

En la convención, realizada del 20 al 22 de abril de 1963, Rodas Alvarado fue electo candidato a la Presidencia de la República; y, como designados presidenciales, el ex gobernante Vicente Mejía Colindres, Andrés Alvarado Puerto y Roberto Suazo Córdova. Desde el inicio estuvo claro que los rodistas contaban con la mayoría de los delegados; esto se confirmó al momento de elegir la directiva de la convención, pues triunfaron con 182 votos a favor y 95 en contra.

El otro candidato, Andrés Alvarado Puerto, según los

---

[270] Burrows al Departamento de Estado, Pol. 2-1 Hond. La esposa del presidente Villeda afirma que él no apoyó a ningún precandidato en 1963, «habría dividido al Partido Liberal; y lo mismo habría sucedido de haber orientado su preferencia por Modesto Rodas Alvarado. El apoyo a Andrés Alvarado Puerto, que menciona Oscar A. Flores en su carta, no es exacto; lo que Villeda Morales deseaba, al igual que Oscar, era un candidato que no dividiera al Partido Liberal y que no fuese repudiado por los militares... No fue por indiferencia ni por egoísmo que Villeda Morales no apoyó a uno de los precandidatos, sino porque, por su formación liberal, no debía

y no deseaba señalar de dedo a su sucesor. Como Ramón lo dijo muchas veces, lo importante era que el Partido Liberal ganara para continuar las grandes reformas sociales que se habían comenzado a lo largo del sexenio 1957-1963. Puedo dar fe que Villeda Morales no deseaba un sucesor hecho a su medida y mucho menos manejarlo a su antojo cuando abandonara la Primera Magistratura... En, «Ramón Villeda Morales no apoyó a ningún precandidato en 1963». Revista Política de Honduras, año IX N° 40, abril-Junio 2007, p. 206.

diplomáticos estadounidenses, fue "relegado al limbo político", pues el resultado constituía una "verdadera derrota política tanto para él como para Villeda, quien comprometió su prestigio personal en busca de la derrota de Rodas»". El embajador interpretó así el triunfo del titular del Legislativo:

"Las fuerzas que le dieron a Rodas la victoria en la Convención aglutinan a muchos elementos, pero parece que el núcleo estaba compuesto, esencialmente, por liberales de la región occidental, de moderados a conservadores, reforzados por el apoyo del sur y de la región de Olancho. Rodas fue más débil en la Costa Norte, donde una combinación de fuerzas de izquierda y la fortaleza de Villeda militó en su contra. Muchos de los líderes prominentes en el grupo rodista son liberales de viejo cuño, o sus hijos, quienes apoyaron a Villeda en 1957. Si bien moderados ideológicamente, algunos de ellos pueden ser muy despiadados como políticos... La mayoría del grupo moderado-conservador que apoya a Rodas está comprometido con los objetivos de la Alianza para el Progreso, aunque algunos pueden resistirse ante medidas como nuevos impuestos o reforma agraria, dado que afectan sus grandes propiedades rurales y empresariales".[271]

En junio de 1963 la oficina de Relaciones Públicas de Casa Presidencial publicó un folleto intitulado El pueblo y Villeda Morales en el que señalaba que Modesto Rodas Alvarado alcanzó su candidatura a través de "sus prestigios personales, mediante el voto unánime de los Delegados a la Convención Nacional, y con el respaldo de un partido político que ha fortalecido sus filas por la acción fecunda del Gobierno que preside el Doctor Villeda Morales".[272]

El mensaje implícito era que el titular del Ejecutivo, con su gestión presidencial, había contribuido a la victoria del presidente del Congreso. Sin embargo, las relaciones entre ambos ya no eran cordiales: paulatinamente se habían enfriado, al comprender Rodas Alvarado que ya no contaba con la simpatía ni el apoyo de Villeda

---

271 Burrows al Departamento de Estado, Pol 2-1, Hond., 27 de abril 1963.

272 Oficina de Relaciones Públicas del Gobierno de Honduras, El Pueblo y Villeda Morales. Tegucigalpa, Ariston, 1963, pp. 3-4. Se recordaba la afirmación del Presidente de la República relativa a no estar a favor de nadie ni contra nadie».

Morales, quien veía en él a un exaltado, a un intransigente huérfano de la necesaria habilidad y flexibilidad, cualidades propias de un político; pero también a una personalidad independiente, que había acumulado suficientes cuotas de poder, prestigio e influencia para ya no tener que depender del patronazgo de "Pajarito".

Al presidente de la República le preocupaba la posible radicalización de un gobierno presidido por Rodas Alvarado que, por una parte, antagonizara con las Fuerzas Armadas, ya convertidas en un poder fáctico en la vida nacional; y que, por otra, marginara a las elites civiles, de por sí disgustadas desde la emisión del Código del Trabajo y la Ley de Reforma Agraria. Pero su desasosiego fundamental se originaba en el creciente activismo del campesinado sin tierra y en la posibilidad de que los campesinos o los terratenientes recurrieran a la violencia. Como civilista que era, el uso de la fuerza era ajeno a su personalidad y a sus convicciones. Quizá por todo lo anterior, en carta enviada al ex presidente Vicente Mejía Colindres, el 15 de enero de 1962, Villeda hizo las siguientes reflexiones:

"Estoy seguro de que si el Partido Liberal hubiera seguido los sabios consejos que usted le ofreciera tan oportunamente, encaminados a que nuestra agrupación política siguiera gobernando a través de correligionarios que fueran una garantía para el Partido y para el País [se refiere a José Ángel Zuñiga Huete, quien ganó la candidatura presidencial en 1932), el liberalismo jamás se hubiese visto en la fatal necesidad de abandonar el poder y la Patria nunca se hubiese visto aherrojada con las cadenas infamantes del despotismo (alusión al gobierno de Tiburcio Carías). Pero no se acataron esos consejos y entonces se produjo en nuestra historia política ese eclipse político que duró casi un cuarto de siglo. Hago esta cita histórica, porque se ha dicho de mí que estoy interviniendo en los asuntos del Partido Liberal y que quiero arrogarme las facultades de un gran elector, cuando la verdad es que no soy más que un ciudadano preocupado por el destino de la agrupación política a la que pertenece y dispuesto a que la democracia hondureña no vuelva a ser rasgada en pedazos por la dictadura. Convendrá usted conmigo en que nada es tan peligroso para un partido que ejerce el poder, como el momento en que deben designarse las candidaturas para nuevas autoridades supremas. Si en esta hora crítica confiamos las decisiones a la ambición y la intolerancia, si nos empeñamos en usar prácticas ya anuladas por la historia, si no somos capaces de renuncia y abnegación, prefiriendo que se pierda todo a conceder un palmo de terreno en nuestras pretensiones, entonces existe la posibilidad histórica de que todo se derrumbe y de que los escombros caigan sobre las cabezas de los recalcitrantes. Ante una perspectiva de esta naturaleza, sería imperdonable la impasibilidad de quienes somos leales a nuestro Partido y queremos bien a nuestra Patria[273]. Mientras, desde Casa Presidencial, se insistía en que Villeda buscaba la unidad partidaria, no por espíritu sectario sino porque se estima que sólo con la prolongación legal del Partido Liberal en el Poder pueden conservarse las obras trascendentales que el régimen de la Segunda República, del cual el Licenciado Rodas Alvarado es uno de sus más altos exponentes, vienen realizando por el bien público... Fue en Casa Presidencial donde el Doctor Villeda Morales planteó la situación y trazó tres caminos para alcanzar el objetivo antes mencionado: primero, llegar a la Convención con la diversidad de precandidatos; segundo, reunir a los precandidatos para que entre todos ellos escogieran el que debía ser postulado; y, tercero: en caso de no llegar a un acuerdo satisfactorio, seleccionar otro ciudadano liberal ajeno a las divergencias que existían, para presentarlo como candidato de integración liberal. Se optó por escoger la primera propuesta y allí mismo se redactó el Manifiesto que todos conocemos, en el cual los precandidatos se comprometían a apoyar a cualquiera de ellos que saliera postulado por la mayoría de los convencionales...".[274]

Posteriormente, se supo que Villeda Morales estaba disgustado con el Central Ejecutivo por los candidatos a diputados que seleccionó; él había enviado una lista en la que incluía a su esposa, doña Alejandrina Bermúdez, pero no la tomaron en cuenta y escogieron a otras personas. La embajada no dejó de comentar el hecho:

---

273 «Misivas de Ramón Villeda Morales». Revista Política de Honduras, año 1, N° 8, agosto de 1999, pp. 195-196.

274 El Pueblo y Villeda Morales, op. cit., p. 6.

"Si los rumores de que la lista de Villeda fue rechazada son ciertos, esto no solo indica una profunda división entre Rodas y el Presidente, sino también el aislamiento de Villeda dentro de la maquinaria partidaria; aparentemente, no pudo contar con el apoyo de viejos amigos políticos como Andrés Alvarado Puerto, Francisco Milla Bermúdez y José Ángel Ulloa, todos los cuales son miembros del Consejo Central Ejecutivo".[275]

Lo cierto es que persistían los resquemores en la dirigencia liberal; recuérdese que, durante la Convención, el presidente de la República fue objeto de silbatina por parte de un grupo de sus propios correligionarios, seguidores de Rodas, lo que causó humillación e indignación en Villeda Morales. Fue, sin duda, una acción injusta, que reflejaba los altos grados de intolerancia que aquejaban a un sector del Partido Liberal. Por otra parte, pese a la expulsión de Roque Rivera y su facción, el ala derechista del Partido Liberal continúo adversando a Villeda y su programa reformista. Como advierte un estudioso del periodo:

"Los liberales terratenientes, desde que se empezó a hablar de la Reforma Agraria, se pusieron contra ella. Los liberales patronos consideraron que el Código de Trabajo era una obra del mismísimo demonio. Que la Seguridad Social era un simple engendro del comunismo internacional. Dominado por los cuatro ricos que viven en nuestra geografía, el Liberal dejó de ser «el Partido de las reivindicaciones populares y se convirtió en simple tomadura de pelo. En frase de campaña. En notable mantenedor del statu quo".[276]

De esta forma, el Partido Liberal llegaba dividido a las elecciones presidenciales, programadas para octubre de 1963. El intento por escoger un candidato unificador, aceptable para las distintas facciones del liberalismo, había fracasado. Entretanto, los conspiradores no descansaban, fraguando el derrocamiento del régimen constitucional.

---

[275] POL 2-1, HOND, 31 de agosto 1963.

[276] Gautama Fonseca, «Palabras sobre Villeda Morales», La Tribuna, 23 de julio 2007, p. 4.

OBREROS Y CAMPESINOS EN LAS POSTRIMERÍAS DEL GOBIERNO LIBERAL

La emisión del Código del Trabajo en 1959 no significó el fin del conflicto entre capital y trabajo; las políticas estatales tendieron a favorecer al primero antes que, al segundo, pese a que obreros y campesinos, como clases sociales, constituían un soporte fundamental del régimen villedista. Habían votado masivamente por el Partido Liberal en 1954 y en 1957 por lo cual, justificadamente, reclamaban ser tomados en cuenta como grupo de presión y de influencia.

El gobierno de Villeda, como ya hemos visto, cortejó y otorgó su apoyo a la dirigencia obrera, tanto de la Costa Norte como de la región central, que seguía las directrices emanadas de la ORIT, a la vez que marginó y hostigó a los sectores que adoptaban posturas de izquierda. Por ejemplo, pocos meses después de que el presidente Kennedy anunciara la Alianza para el Progreso,

"Villeda Morales complementó su apoyo al Código Laboral con esfuerzos para respaldar el sistema de asistencia social del SITRATERCO con fondos de la mencionada Alianza (...) En agosto de 1961 el SITRATERCO recibió autorización ejecutiva para contraer un préstamo de 300.000 dólares con la Administración Internacional de Cooperación de los Estados Unidos, predecesora de la Agencia Internacional para el Desarrollo (AID), para financiar viviendas de bajo costo para sus afiliados"[277].

A los pocos días de haber tomado posesión, estallaron por lo menos siete movimientos huelguísticos en el transcurso de ocho días. Villeda Morales vio en estos hechos la mano de los comunistas, pues no comprendió, o no quiso comprender, sus verdaderas causas. A lo largo de su gobierno se produjeron otros movimientos; un elemento de constante agitación era la negociación de contratos colectivos, o la violación de los mismos.

La primera huelga, después de la emisión del Código del Trabajo, fue la de los mineros de Valle de Ángeles, que se inició el 1

[277] Darío Euraque, El Capitalismo de San Pedro Sula..., op. cit., pp. 192- 193.

de octubre de 1962. En este caso, el Congreso Nacional aprobó otorgarles 52 mil lempiras para socorrer a sus familias, en tanto continuaba el paro[278]. La protesta fue en contra de la compañía minera Los Ángeles —propiedad del estadounidense Paul Bundy—, que explotaba plomo, zinc y plata.

El conflicto más grande que se dio entre el movimiento obrero y el gobierno se debió a la "moción Gómez Cisneros" —del diputado liberal Orlando Gómez Cisneros—, que pretendió reformar el Código del Trabajo para excluir a los empleados de las instituciones autónomas de su protección. Esto provocó que la clase obrera se uniera y organizara un movimiento que estuvo a punto de desembocar en una huelga general, que se detuvo al retirarse la moción[279].

El 11 de marzo de 1963, el diputado por el Partido Nacional, Eugenio Matute Canizales, presentó una moción para incrementar el salario de los maestros, de modo que su sueldo base fuese igual a tres millonésimas partes del presupuesto nacional. El respaldo de los maestros a la "moción Matute Canizales" fue calorizada por la ciudadanía, que comprendió su justeza. Fue así que, tras masivas movilizaciones, en la sesión del 4 de junio fue aprobada por unanimidad y el salario base se fijó en 150 lempiras. El autor de esta iniciativa de ley concluye en sus memorias:

"La obstinación de los enemigos de la (moción Matute Canizales) fue vencida por la energía, la entereza, la firmeza, el talento y el entusiasmo del Gremio Magisterial, marcando... un hito en la marcha hacia su necesaria dignificación[280]".

Lo aprobado por el Legislativo significó un 50% de aumento a la escala mínima salarial de los docentes; el costo de este aumento, efectivo a partir de 1964, se calculó en más de 54 millones de lempiras. Es de encomiar la actitud asumida por el presidente Villeda, quien rehusó utilizar la fuerza para disolver el movimiento. La victoria de la moción fue interpretada por la diplomacia

---

[278] 715.00(W)/1-2663, 26 de enero 1963.

[279] S. Natalini de Castro, et al., op. cit., p. 108.

[280] Eugenio Matute Canizales, Algunas sendas que caminé. Tegucigalpa, La República, s.f., p. 165.

estadounidense como una derrota para el Ejecutivo y para el ala liberal del Congreso. «El aumento salarial para los maestros de primaria fue el primer tema importante y popular en el que los nacionalistas han sido capaces de tomar ventaja»[281].

En un discurso pronunciado el 1 de septiembre de 1963 en San Pedro Sula, el ya candidato presidencial, Modesto Rodas Alvarado, advirtió que no toleraría que la Asociación de Empleados Públicos interfiriera en sus deseos de nombrar a quien quisiera en puestos públicos; y que, si ocurrían nuevas manifestaciones, como las emprendidas por los maestros en junio, llamaría al pueblo para romper cualquier demostración contra el gobierno[282].

EL MOVIMIENTO CAMPESINO

En 1961, la población rural estaba conformada por 1.446.947 habitantes; la población ocupada ascendió a 567.988 personas, la mayoría de las cuales, 379.125, se dedicaba a la agricultura, silvicultura y pesca. Es decir que casi el 70% de la PEA seguía ocupada en labores agrícolas y rurales[283].

Los campesinos sin tierras, que se veían obligados a acceder a una parcela bajo diferentes modalidades, fueron los protagonistas de los principales conflictos agrarios durante el gobierno liberal, sobre todo en Guaymas, Las Guanchías, Choloma, San Francisco (Atlántida), Nueva Jacaleapa, Buenavista y Monjarás (Choluteca). Ellos dieron origen al movimiento organizado, creando la Federación Nacional de Campesinos de Honduras (FENACH), nacida de los grupos campesinos que luchaban por la tierra en la región de El Progreso, Yoro. Luego, el Instituto Americano para el Desarrollo del Sindicalismo Libre, con la cooperación de la FESITRANH y del gobierno, organizó la Asociación Nacional de Campesinos de Honduras (ANACH), a la que el Estado otorgó personería jurídica en 1962.

---

[281] Lab 6-1 Hond. XR Pol Hond Pol 26 Hond.

[282] Pol Hond., 7 de septiembre 1963.

[283] Marvin Barahona, op. cit., p. 203.

El movimiento campesino fue sumamente combativo. Sus acciones incluyeron tomas o recuperaciones de tierras, como marchas y manifestaciones masivas que causaron verdaderos problemas al gobierno, que no quería conflictos con las empresas estadounidenses ni con la oligarquía terrateniente. Varios de los conflictos en el campo fueron provocados por latifundistas que pretendían desalojar de sus tierras a los campesinos, quienes las alquilaban, o por jefes militares que deseaban apropiarse de las mismas. Estos problemas eran vistos por Villeda Morales como la obra de (agitadores comunistas) y no como la consecuencia lógica de la concentración de la propiedad de la tierra en manos de terratenientes locales y empresas de EUA[284].

La FESITRANH se involucró activamente en la capacitación y organización campesina, y sirvió de modelo para responder a las demandas del campesinado. En 1962 -cuando la aprobación de la Ley de Reforma Agraria estimuló la organización campesina-, el presidente Villeda se asoció con el sindicalismo colaboracionista de la Costa Norte y apoyó la creación de la ANACH, como instrumento para contrarrestar la potencialidad del agrarismo revolucionario que venía gestándose en aquella región. Tal dualidad impidió al gobierno de Villeda Morales evacuar una demanda social que resultó determinante para el futuro del Estado desarrollista: la exigencia campesina de modificar la estructura agraria del país[285].

Un programa de cinco puntos del gobierno para el obrerismo hondureño incluía la creación de una organización nacional campesina bajo la égida de la FESITRANH; además, proponía fusionar la FESITRANH con la FECESITLIH.

El presidente Villeda prometió otorgar ocho diputaciones al movimiento obrero organizado, en tanto que Oscar A. Flores afirmaba que Céleo Gonzáles, o bien Oscar Gale Varela, podía ser uno de los tres designados presidenciales en la fórmula liberal[286]. Obviamente, nada de esto sucedió.

---

[284] S. Natalini de Castro, et al., op. cit., p. 110.

[285] Marvin Barahona, op. cit., p. 193.

[286] 815.062/12-1562, 15 de diciembre 1962.

Es de señalar que el respaldo popular hacia el régimen villedista fue disminuyendo a lo largo de su sexenio, tanto por el divisionismo en las filas del Partido Liberal, como por el hecho de que el impulso reformista inicial perdió dinamismo ante la oposición de las fuerzas derechistas. Esto provocó el agotamiento del régimen y su distanciamiento de las fuerzas sociales que posibilitaron su ascenso al poder y su sobrevivencia, pese a la labor abiertamente subversiva, y a la vez de disimulada zapa, de la oposición civil y castrense que nunca aceptó los necesarios cambios impulsados por la gestión de Villeda Morales, especialmente la reforma agraria, el Código del Trabajo y la creación de la Guardia Civil, en un intento por reducir el creciente poder militar.

Finalmente, la candidatura de Modesto Rodas Alvarado percibida por las FFAA como una amenaza a su hegemonía, aceleró la polarización entre el reformismo la reacción, entre el civilismo y el militarismo.

CAPÍTULO XIII
EL GOLPE DE ESTADO

Para entender las causas del derrocamiento del régimen constitucional de Ramón Villeda Morales en 1963, es necesario reseñar hechos de diversa índole que se fueron acumulando a lo largo de ese año y que contribuyeron a justificar —desde la perspectiva de las Fuerzas Armadas y sus aliados civiles—, la acción militar.

En la convención de abril, Villeda Morales prometió solicitar reformas electorales al Congreso Nacional el cual, poco tiempo después, por unanimidad, aprobó cambios a la Ley Electoral de 1960. Se cumplía así con las demandas del Partido Nacional relativas a que se modificara la representación mayoritaria del Partido Liberal en los órganos electorales; en consecuencia, se estableció mayoría nacionalista en la mitad de los departamentos y consejos electorales, correspondiendo a los liberales la otra mitad. Luego de esto, se esperaba que los nacionalistas concentraran sus reclamos en los registros electorales los cuales, según ellos, contenían cien mil menores de edad, extranjeros e inscripciones múltiples.

El Partido Nacional había demandado, frecuentemente, que se elaborara un nuevo registro. Ante esto, los liberales respondieron que el Consejo Nacional de Elecciones estaba listo para investigar cualquier acusación de irregularidades y que se decretara un período automático de revisión de los registros ese verano, cuando los nacionalistas tendrían mayor oportunidad de presentar sus reclamos. Sin embargo, "los nacionalistas han limitado sus acusaciones públicas a generalidades, y aún no hacen acusaciones específicas sobre la ilegalidad de los registros".[287]

Una misión de la OEA, experta en procedimientos electorales, llegó a Honduras el 25 de julio, a petición del gobierno, a fin de brindar recomendaciones y observar las elecciones presidenciales

[287] Peter D. Constable al Departamento de Estado, 4 de junio 1963, Pols Hond XR Pol 14, Hond XR Pol 12 Hond.

del 13 de octubre. Según el embajador Burrows, era de esperar que la presencia de observadores imparciales impidiera acusaciones de fraude por parte de los nacionalistas y de cualquier otro grupo que estuviera pensando en un golpe de Estado[288].

El Partido Nacional pidió a esta misión que se corrigiera el censo electoral, y denunció la intervención de la Guardia Civil, las tácticas dilatorias del Partido Liberal y la existencia de una Ley Electoral defectuosa. También demandó total amnistía para los acusados de delitos políticos. Ante estas iniciativas, el embajador estadounidense comentó: Las demandas nacionalistas son vagas, probablemente basadas en una distorsión de la situación... parecen esgrimirlas para utilizarlas ante una posible derrota, y así respaldar renovadas acusaciones de "fraude" y demostrar la «inefectividad de los observadores de la OEA[289].

Días antes de la convención de abril, el presidente Villeda apeló a los precandidatos del Partido Liberal para que cerraran filas respaldando a un candidato de conciliación; sostuvo que los militares deseaban a alguien con esa cualidad, y advirtió que, si la convención postulaba a una persona "intolerante", podría significar el fin del gobierno constitucional, la salida del Partido Liberal del poder y la amenaza a las instituciones democráticas. La embajada informó que la reacción general hacia el discurso de Villeda había sido negativa, aun entre algunos de sus más cercanos seguidores, que opinaban que él había actuado demasiado tarde para impedir que Rodas ganara la candidatura[290].

La convención del Partido Nacional fue instalada en febrero, pero entró en receso el día 23, cuando López Arellano retiró su precandidatura. El hecho de no haber podido acordar la elección de un candidato presidencial significó para los galvistas una victoria sobre Carías Andino, pues representaba una oportunidad para aumentar la presión en pro de la postulación de Gálvez; y para los cariístas —muchos de los cuales, en privado, acusaban a la

---

[288] Burrows al Departamento de Estado, 27 de julio 1963, Pol 2-1, Hond.

[289] Burrows al Departamento de Estado, 3 de agosto 1963, Pol 2-1 Hond.

[290] Burrows al Departamento de Estado, Pol 2-1, Hond, 20 de abril 1963.

embajada de ser la responsable del retiro de López—, significaba otra oportunidad para persuadir al coronel "especialmente si los liberales escogen a Rodas, anatema para nacionalistas y militares... la crítica cariísta a la embajada es vista como un intento por encontrar un chivo expiatorio y encubrir su incapacidad para persuadir a López de que acepte la postulación, ante una muy fuerte oposición galvista".[291]

El 12 de mayo, el Consejo Nacional de Elecciones declaró abierto el período de campaña electoral para presidente y diputados. Desde el 7 de mayo, Modesto Rodas Alvarado había renunciado a la presidencia del Congreso para dedicarse a tiempo completo a la campaña presidencial: Héctor Gómez Cisneros lo reemplazó en la presidencia del Legislativo.

En la concentración obrera del Primero de Mayo que se realizó en Tela, y que contó con la asistencia de Villeda Morales, el presidente de la FESITRANH, Céleo Gonzáles, aseguró en su discurso que los trabajadores apoyarían a cualquier candidato presidencial libremente electo, sin importar de qué partido fuera, y advirtió que cualquier intento por impedir el traspaso pacífico y constitucional del poder sería enfrentado con una huelga general de obreros y campesinos.

UN GOLPE ANUNCIADO

En septiembre, el comandante de la Guardia Civil, teniente coronel Napoleón Cubas Turcios, ordenó a sus efectivos, estacionados en la capital, que entregaran las carabinas para su inventario y almacenamiento; los guardias civiles en Tegucigalpa contaban con unas quinientas carabinas. La embajada señaló que la disposición obedecía a que el asesor de la AID había pedido al ex jefe de la Guardia Civil, Marcelino Ponce, un inventario completo, pero éste no lo hizo. El asesor también recomendó que, tras el inventario, las carabinas sólo fueran entregadas a la Guardia Civil cuando fuese necesario, "pues los guardias ya están bien equipados con pistolas y garrotes". Debe anotarse que Cubas cumplió estas

[291] Political-Economic Assessment-Honduras, 1962, Pol 2-3 Hond.

órdenes en un mal momento, pues ya se difundían rumores respecto a la posibilidad de un golpe militar[292].

El 27 de septiembre, el periodista Gustavo Acosta Mejía comentó en su programa radial, Diario Matutino, sobre la posibilidad de que se produjera un golpe militar... "desde hace semanas se vienen denunciando en Honduras las actividades del ex presidente Luis Somoza, quien, en directa relación con el Departamento de Estado y el Pentágono, alientan las actividades de los militares golpistas".[293]

El embajador Burrows informaba a Washington que la campaña política se caracterizaba por la ausencia de incidentes violentos, "fenómeno que los veteranos líderes políticos describen como único en la historia hondureña".[294] Sin embargo, desde mediados de 1963, se respiraba en Tegucigalpa un clima de incertidumbre y desasosiego:

"La principal manifestación de esto es la casi generalizada presunción, entre los nacionalistas, de que «algo» va a suceder para evitar la celebración de elecciones el 13 de octubre... Hasta hoy, la Embajada no tiene evidencia confiable, aunque los rumores abundan-, de que los militares están dispuestos a actuar en contra del gobierno. Además, las condiciones generales, económicas y políticas en Honduras no proporcionan, hasta el momento, ni una justificación mínima para un golpe de Estado"[295].

Notas periodísticas, desde Tegucigalpa, afirmaban que el Departamento de Estado había anunciado la probabilidad de un golpe militar en Honduras, lo que el portavoz del Departamento refutó:

"Por el contrario, Honduras presenta un progreso real y significativo hacia la estabilidad democrática y la madurez institucional. Hasta ahora, la campaña política ha ocurrido en una atmósfera de completa calma... las perspectivas parecen

[292] Burrows al Departamento de Estado, Pol 2-1, Hond, 28 de septiembre 1963.

[293] Teg. 147, Pol 26 Hond.

[294] Burrows al Departamento de Estado, Pol 2-1, Hond, 21 de septiembre 1963.

[295] Clinton E. Knox, 24 de agosto 1963, Pol 2-1 Hond.

prometedoras para el fortalecimiento de las instituciones democráticas por medio de elecciones libres en octubre".[296]

Todavía el 1 de octubre, el presidente Villeda afirmó al embajador Burrows que las FFAA no se estaban preparando para un golpe, a lo que éste respondió que esa apreciación podía ser incorrecta. Y reportó a Washington el contenido de la conversación:

"Reiteré una vez más... las muchas razones por las que debe adoptar una posición firme, obligando a López a que desista de sus intenciones, e insistiendo en que López verifique que las Fuerzas Armadas no se aparten, en forma alguna, de su papel constitucional. En esta discusión enfaticé el daño a su prestigio, al de López y al de las Fuerzas Armadas, así como al gobierno de Honduras, si se permite que ocurra un golpe en este momento, interfiriendo con el proceso electoral constitucional. También enfaticé al Presidente, una vez más, lo deseable de una reunión entre él, Rodas, López, la Comisión Electoral de la OEA y el Presidente del Consejo Nacional de Elecciones, con el fin de discutir y formular un procedimiento conjunto aceptable para la supervisión de las elecciones".[297]

Desde San Salvador, el embajador estadounidense en esa nación informó al Departamento de Estado el contenido de su conversación con el mandatario salvadoreño:

"El Presidente Rivera me expresó esta tarde su gran preocupación sobre la situación hondureña; teme un probable derramamiento de sangre y guerra civil si se intenta un golpe. Procedió a darme todos los hechos.... empezando con los primeros acercamientos del Licenciado Zúñiga [Ricardo] en enero y febrero de 1963, quien, afirmando que representa a López, busca ayuda en armas para un golpe, que ocurriría antes de la reunión presidencial de San José. Rivera rehusó, respondiendo que el gobierno de El Salvador no patrocinaría ni apoyaría un golpe. Después de la reunión en San José, Rivera fue abordado por representantes del

---

296 Tegucigalpa 82, 26 Hond, 27 de septiembre 1963. También se afirma- ba que un grupo de expertos electorales enviados por la OEA estaban en Honduras por invitación del gobierno, observando la campaña y estudiando los procedimientos electorales.

297 Burrows al Departamento de Estado, PA 159, Pol 26 Hond, 1 de octubre 1963.

Partido Nacional, incluyendo al ingeniero Gálvez Barnes, quienes le dijeron que llevarían a cabo el golpe después de la elección, argumentando un probable fraude, pero él les dio la misma respuesta... En la reunión del 25 de septiembre con Villeda y Orlich (Francisco), el primero insistió en que López era absolutamente leal, que los rumores de un golpe eran falsos y que había recomendado a Rodas, si era electo, retener a López en la misma posición. En el mismo momento, López le estaba diciendo al ministro de Defensa de El Salvador, Zacapa, y oficiales hondureños comunicaban a sus homólogos salvadoreños, que el golpe estaba listo y debía llevarse a cabo antes de la elección...".[298]

Desde Nicaragua, el embajador estadounidense informó que le había expresado al presidente René Schick, "en los términos más enérgicos", la preocupación de su gobierno en cuanto a noticias de que el general Somoza estaba alentando las actividades golpistas de López Arellano. Schick le informó que, meses atrás, emisarios del Partido Nacional solicitaron al Partido Liberal de Nicaragua un préstamo por cincuenta mil dólares para gastos de campaña, pero que fue denegado; y que hacía dos semanas, emisarios de las Fuerzas Armadas de Honduras solicitaron ayuda para la búsqueda de guerrilleros en el río Patuca. Les facilitaron algunas medicinas, así como quinientos uniformes y pares de calzado. Schick también informó que, durante los últimos días, otros emisarios de López, como Zúñiga y Escalón, llegaron a Managua pidiéndole al general Somoza ayuda más efectiva para el golpe. Somoza consultó con el presidente, y juntos decidieron negar cualquier asistencia.

"Se cree que en el núcleo de complotistas civiles están Esteban Mendoza, Ricardo Zúñiga y, posiblemente, Horacio Moya Posas. Otros, como Jorge Fidel Durón, Martín Agüero y Roque Rivera, quizá no están directamente involucrados, pero, sin duda, han manifestado su apoyo a los militares. Se cree que, desde hace tiempo, el liberal Oscar A. Flores alienta al jefe de la Fuerza Aérea Hondureña, Armando Escalón, para que consume un golpe. Escalón parece ser el oficial más entusiasta para esto, y puede ser la principal

[298] 131 Pol 26 Hond, 1 de octubre 1963.

fuente de presión sobre López...".[299].

En una conversación, Jorge Bueso Arias afirmó a los funcionarios del Departamento de Estado, Sterling J. Cottrell y V. Lansing Collins que, durante varios meses, políticos asociados con Tiburcio Carías habían estado presionando a oficiales de las FFAA para que derrocaran al gobierno e impidieran la celebración de las elecciones, argumentando que el gobierno estaba infiltrado por comunistas; que la victoria de Rodas Alvarado conduciría al país al comunismo; que la elección sería fraudulenta, y que Rodas despojaría a las Fuerzas Armadas de su posición constitucional.

Bueso Arias comentó que la ambición de López —un factor que agravaba la situación se despertó en febrero de 1963—, como resultado de los esfuerzos de Carías para que fuera el candidato del Partido Nacional. También acotó que López creía que el Departamento de Defensa de EUA tenía puntos de vista contrarios a los del Departamento de Estado respecto a los golpes militares en América Latina, por lo que estaba seguro de que el "Pentágono protegería los intereses de las Fuerzas Armadas después de un golpe, a pesar de las políticas del Departamento de Estado".

Bueso cree que el principal disuasivo que se le puede presentar a López es una clara declaración del Departamento de Defensa urgiéndolo a no comprometerse en un golpe de Estado... Sin esto, piensa que el golpe ocurrirá antes del 13 de octubre, fecha de las elecciones[300].

Al día siguiente, el Departamento de Estado envió un telegrama a la embajada, instruyéndola para que transmitiera al coronel López, en la primera oportunidad, que el Departamento de Defensa pensaba que un golpe militar sería una calamidad para Honduras "y dañaría seriamente los esfuerzos colectivos hemisféricos en contra de la subversión comunista; que cada golpe militar aliena a la población civil y pone en peligro la reputación de las fuerzas militares; que el coronel López se serviría con honor a sí mismo y a su país si preserva la integridad de la Constitución hondureña, asegurando la

[299] Burrows al Departamento de Estado, Tegu 153, Pol 26 Hond, 30 de septiembre 1963.

[300] Memorandum de conversación, 30 de septiembre 1963, Pol 26 Hond.

transferencia constitucional del gobierno a través de la próxima elección".[301]

Además, el 30 de septiembre, el subsecretario de Estado envió el siguiente cable a los embajadores de EUA acreditados en los países centroamericanos:

"El Departamento de Estado, extremadamente preocupado por los reportes recientes de que López planea un golpe, desea ejercer toda la presión posible sobre López, y civiles y militares que lo empujan hacia ello. Si es posible, los países vecinos, especialmente Nicaragua y El Salvador, deben ser persuadidos de negar cualquier apoyo a López. El presidente Kennedy ha expresado su preocupación por el derrocamiento de Bosch [en República Dominicana], así como sus esperanzas en que la próxima declaración de Centroamérica fortalezca el apoyo a los regímenes constitucionalmente electos; propone una reunión entre Villeda Morales, López, Rodas, la Comisión Electoral de la OEA y Martínez Ordóñez (presidente del Consejo Nacional de Elecciones), y el trabajo coordinado entre el Ejército y la Guardia Civil para proteger las elecciones, tal como se hizo en las elecciones municipales de 1962. Otro aspecto clave es hacer dudar a López, y a aquellos militares y civiles que lo alientan, de que es posible un golpe fácil e incruento... La United Fruit y la Standard Fruit fueron contundentes al expresar que la calamidad caería sobre Honduras y estas compañías si ocurriera el golpe. ¿Podrían éstas acercarse a la gente que está empujando a López? Enfatice a Villeda que su fracaso en controlar a López en este momento crítico le causaría la pérdida del respeto de Betancourt [Rómulo], Orlich y otras fuerzas democráticas en Centro y Suramérica, así como del gobierno de EUA. Conociendo la estrecha relación de Villeda con López, y su odio por Rodas, debe persuadir a Villeda de que insista en la constitucionalidad"[302].

Pese a todas estas presiones para cambiar el rumbo de los acontecimientos, la situación política se continuaba deteriorando; así

[301] Telegrama del Departamento de Estado, 1 de octubre 1963, Defense Department, Pol 26 Hond.

[302] Tegu 84 Pol 26 Hond 30 septiembre 1963.

opinaban muchos observadores, a excepción, aparentemente, del presidente de la República:

"En presencia del embajador y López, Villeda expresó su confianza en unas elecciones ordenadas y desaprobó los rumores de un golpe. Cuando Villeda salió momentáneamente del despacho, López dijo que la situación no es tan agradable como el presidente parece pensar. Cuando él retornó y López ya se había ido, le sugerí que tal vez los rumores tenían más fundamento de lo que él pensaba... mostró preocupación y sugirió que habláramos más esa tarde, tal vez con López presente".[303]

Mientras, en la Costa Norte, las expectativas de una revuelta militar para abortar la elección de Modesto Rodas Alvarado se habían incrementado durante la última semana de septiembre. No obstante, los funcionarios locales continuaron despreocupados y no tomaron ninguna precaución. Cuando aerotransportaron refuerzos a San Pedro Sula y otros centros militares de la Costa Norte, la Guardia Civil no hizo nada y consideró el movimiento del ejército como algo rutinario en su programa de entrenamiento para nuevos reclutas.

De lo hasta aquí expuesto —con base en la correspondencia entre la embajada estadounidense y su cancillería—, emerge un Villeda Morales que no comprendía la trama que se estaba desarrollando a su alrededor, y que confiaba demasiado en el jefe de las FFAA. Es probable que su fino instinto político lo hubiera abandonado, o bien estaba consciente y al tanto de los preparativos de un golpe que se orientaba, en esencia, a impedir que Rodas Alvarado ganara la elección presidencial; esto era un hecho seguro, en razón de la popularidad de que disfrutaba entre sus correligionarios y la falta de carisma del candidato del Partido Nacional, Ramón Ernesto Cruz, escogido a última hora por la Convención, como una solución de compromiso.

UN HECHO CONSUMADO

Alrededor de la media noche del 2 de octubre, Villeda Morales notificó a las autoridades locales que le habían informado que, en

---

[303] TEG 1954, POL 14 Hond XR POL 26, 30 septiembre 1963.

San Pedro Sula, los militares se estaban armando y les pidió que investigaran; pero éstas reportaron que todo estaba en calma. Sin embargo, decidieron que, si la información era cierta, no resistirían y la Guardia Civil se rendiría, ya que solamente contaban con setenta balas para una fuerza de cincuenta hombres.

Un diplomático estadounidense señaló que la afirmación de las FFAA, respecto a que la Guardia representaba un ejército político cuyo único propósito era la destrucción de los militares, "es una distorsión de los hechos".

Ni en tamaño, entrenamiento o armamento, podía la Guardia representar una amenaza sustancial a la existencia de las Fuerzas Armadas, aunque muchos liberales habían esperado fortalecerla, aparentemente, como un contrapeso ante cualquier intento militar de golpe de Estado. Y aunque tenía una base política, es una exageración describir sus actividades como exclusivamente políticas y al servicio del partido en el poder...[304].

En la madrugada del día 3 de octubre, a las 4:30 horas, la esposa del presidente, doña Alejandrina Bermúdez, llamó al embajador Burrows para comunicarle que López Arellano le había enviado un mensaje informándole que el golpe había iniciado y que los militares estaban asumiendo el control del país. A las 4:45, nuevamente, la Primera Dama se comunicó con Burrows para pedirle que se trasladara a Casa Presidencial. También su esposo se comunicó con el embajador; le solicitó que reuniera al cuerpo diplomático y que EUA, desde Panamá, enviara ayuda lo más pronto posible.

Debido al fuego cruzado y a las fallas en el sistema telefónico, Burrows no pudo hacer lo solicitado. La Casa de Gobierno se encontraba rodeada por efectivos del ejército. Villeda no había tenido contacto durante esas horas con López Arellano y nadie le había pedido aún que entregara la presidencia.

Desde Santa Rosa de Copán, una radioemisora local anunció que las Fuerzas Armadas habían tomado el control del gobierno debido "a las condiciones caóticas imperantes". Al parecer, inicialmente, la Cuarta y Sexta Zona Militar no participaron, por lo que un avión de

---

[304] Peter D. Constable, al Departamento de Estado. «El golpe del tres de octubre: mitos y realidades», 3 noviembre 1963, POL 26 Hond.

la Fuerza Aérea sobrevoló sus instalaciones para persuadirlas de que se unieran al alzamiento.

A las 4:30 horas del 3 de octubre, el ejército inició operaciones en San Pedro Sula; encontró leve resistencia en el cuartel de la Guardia Civil y un poco más en el Centro Penal. La Guardia Civil se rindió al cabo de dos horas; a las 6:30 cesó la lucha con un saldo de siete muertos: tres soldados, tres guardias, un civil, y cuatro heridos. Pero, en el resto de la Costa Norte, debido principalmente a la resistencia de la Guardia Civil, no fue tan fácil. En El Progreso, doce de los catorce guardias fueron muertos y la resistencia continuó hasta el día 7. En Tela, los guardias fueron ultimados mientras dormían. En La Ceiba, cinco o seis guardias murieron, y prácticamente no hubo resistencia. En Puerto Cortés hubo treinta muertos, incluyendo todos los efectivos la Guardia Civil, a quienes no se les dio la oportunidad de rendirse; varios cuerpos fueron encontrados a lo largo de la playa hacia Omoa, y misioneros estadounidenses informaron de asesinatos en Yoro. En Santa Bárbara, murieron siete guardias.

Se calculó en cuatrocientos el número total de víctimas en la Costa Norte y el resto del Distrito Consular de San Pedro Sula. En un aparente intento por ocultar sus acciones, el ejército despojó a los guardias civiles muertos de su uniforme y de cualquier otra identificación, y rápidamente los enterraron en fosas comunes[305].

Otro despacho diplomático aseveró que, a partir de los informes sobre nuevas víctimas que lentamente llegaban de varias partes, se evidenciaba que "el derrocamiento de Villeda Morales fue un asunto sangriento".

"También parece claro que el odio fanático del Ejército hacia la Guardia Civil condujo a una matanza insensible y contribuyó a elevar la lista de víctimas. La verdad, probablemente, nunca será conocida. Cálculos conservadores del número de muertos, hasta ahora, es de unos trescientos, pero reportes fragmentarios indican que el total verdadero puede alcanzar los mil. La mayoría eran guardias civiles, muchos ultimados arbitrariamente, cuando

305 Robert S. Ashford, Cónsul. Pol 26 Hond., San Pedro Sula, 25 de octubre 1963.

intentaban rendirse. Las bajas del Ejército son en apariencia mínimas, aunque probablemente más que los quince muertos admitidos por éste... los líderes militares, o bien sancionaron un irreflexivo derramamiento de sangre, o fueron incapaces de controlar a sus subordinados".[306]

El Primer Batallón de Infantería llegó a la capital a las cuatro de la mañana del día 4 y, a las siete horas, tenía controlada la situación. A juicio de los analistas estadounidenses, el golpe militar fue eficientemente ejecutado, como producto de su cuidadoso planeamiento y un sólido liderazgo militar. A su éxito también contribuyó la desorganización de las fuerzas leales al gobierno. La Guardia Civil no se desplegó correctamente en la capital y resistió en las condiciones más desventajosas.

"Aparentemente, el llamado Ejército Negro —la supuesta milicia del Partido Liberal—, nunca entró en acción (al menos en la capital); esto indica que su fortaleza fue sobreestimada, o bien que su débil organización no le permitió actuar a tiempo para ser efectiva. Muchos de los argumentos expuestos para perpetrar el golpe son alegatos espurios, que pudieron tomarse de la propaganda nacionalista y ortodoxa... Se piensa que el factor clave radicó en el intenso temor de las Fuerzas Armadas ante el candidato liberal, Modesto Rodas Alvarado, a quien ven como un antimilitar que intentaba abolir o reducir el poder de las Fuerzas Armadas. El mismo Rodas no hizo un esfuerzo directo y significativo, durante la campaña, para descartar estos temores"[307].

El embajador Burrows también coincidía en que el levantamiento militar fue cuidadosamente planeado y bien ejecutado; y que la resistencia gubernamental, a cargo principalmente de la Guardia Civil, fue pobremente organizada, descoordinada e ineficiente. Había indicios de que las comunicaciones entre la Guardia y las escasas fuerzas militares progubernamentales colapsaron, por lo que carecieron de un comando unificado. "En consecuencia, los guardias civiles resistieron brevemente. Sufrieron muchas bajas, se

---

[306] Knox al Departamento de Estado, FW Pol 26 Hond. XR Pol 29 Hond., Tegucigalpa, 11 de octubre 1963.

[307] Aerograma A-113, Pol 2-1 Hond. XR Pol 26 Hond, 5 de octubre 1963.

desmoralizaron y se rindieron o desertaron en masa".[308]

Mientras, López Arellano presentó un ultimátum a Villeda Morales: abandonar el país a las dos de la tarde del 3 de octubre, o buscar asilo. Cuando éste le comunico que buscaría asilo diplomático, el mílite le respondió que ya era demasiado tarde, y que sería deportado. El mismo día, el presidente Villeda Morales fue expulsado hacia Costa Rica en un avión de la Fuerza Aérea Hondureña; lo acompañaban Modesto Rodas Alvarado, Jorge Arturo Reina, Dionisio Matute Gutiérrez, Edgardo Cáceres, Felipe Benicio Flores, Delmer Urbizo Panting, Héctor Ismael Gutiérrez, Inés Alonso Tróchez, Rodil Rivera Rodil, Juan Antonio Martel, Salvador Avilés, Alejandro Paz Barnica, Roberto Jones Fajardo, Jorge Bonilla, Rolando Valerio, Filánder Díaz Chávez, Mario Mencía Gamero, Mario Sosa Navarro, Pedro Silva y Juan José Ríos Lazo (salvadoreño).

Esto se hizo sin el conocimiento ni autorización del gobierno costarricense, por lo que el presidente Francisco Orlich declaró que su gobierno consideraba como un virtual acto de guerra que el avión de la Fuerza Aérea Hondureña hubiese aterrizado, sin permiso, conduciendo a los deportados, quienes portaban armamento[309]. Por tanto, el presidente Orlich comunicó a Raymond Téllez, el embajador estadounidense, que serían expulsados, probablemente de regreso a Honduras; sin embargo, el gobierno militar negó el permiso, por lo que se pensó trasladarlos vía terrestre hacia Nicaragua, y abandonarlos en la frontera de esta nación con Honduras. Pero las autoridades nicaragüenses también rehusaron otorgar el permiso de tránsito; debido a ello, el gobierno costarricense autorizó la permanencia de los deportados en San José. A los pocos días de haber llegado a San José, Villeda Morales

[308] Burrows al Departamento de Estado, Tegucigalpa 173, Pol 26 Hond., telegrama 173, 4 de octubre 1963.

[309] San José, 286 Pol 30 Hond.; San José, 291 Pol 30 Hond., 31 de octubre 1963. El embajador Téllez reportaba al Departamento de Estado que los esfuerzos del presidente Orlich por restablecer la constitucionalidad en Honduras no solo se basaban en apoyar a Villeda Morales sino, además, en el temor a que el éxito de López Arellano constituyera un peligro para otros países centroamericanos, incluyendo Costa Rica. San José, 240, Pol 15, Hond., 11 de octubre 1963.

recibió el siguiente mensaje, "personal y confidencial" del Presidente Kennedy, fechado el 8 de octubre:

"Comprendo totalmente la muy difícil situación creada por el desafortunado golpe militar en su país. Le aseguro que los Estados Unidos mantendrán una enérgica posición en los actuales acontecimientos. Hemos suspendido relaciones diplomáticas y estamos en el proceso de retirar, de manera ordenada, nuestro personal de ayuda militar y económica. Nuestro Embajador ha regresado a los Estados Unidos y permanecerá aquí indefinidamente. Usted puede tener la seguridad de que ejerceremos nuestra influencia procurando que otras agencias Inter-Americanas e internacionales sigan acciones similares. Continuaremos manteniendo completamente informado al Embajador Téllez de otros pasos que puedan tomarse que apresuren el retorno al gobierno constitucional y representativo en su país".

JOHN F. KENNEDY

Al retransmitir este mensaje a las demás embajadas de EUA en Centroamérica, el embajador Téllez agregó el siguiente comentario:

"Villeda está particularmente satisfecho con el mensaje del Presidente Kennedy, el cual pareció levantar su ánimo, así como los de Rodas y del Presidente Orlich. Villeda estuvo de acuerdo en no publicar ningún mensaje de o hacia el Presidente Kennedy y dijo que en futuros mensajes radiales a Honduras pedirá calma en vez de manifestaciones, en la creencia de que el problema será solucionado con base en la constitucionalidad. Rodas dijo que, en vista de la evolución, ahora intenta cancelar la alocución radial a Honduras el día 13".[310]

Según el historiador Darío Euraque, el golpe de 1963 representó la culminación de varios intentos de derrocar al presidente Villeda Morales, incluidos algunos que involucraron a Anastasio Somoza, a Rafael Leónidas Trujillo y al coronel Armando Velásquez Cerrato.

"La viabilidad política de Villeda Morales no sólo dependía de este transformado contexto hemisférico, sino de la forma en que sus enemigos locales manipularon la situación para sus propios

[310] R. Téllez, 9 de octubre 1963, San José, 227 Pol 15, Hond., RG 59.

propósitos. Entre sus enemigos se contaban los nacionalistas, además de poderosos intereses económicos opuestos a su liberalismo y a sus posibles simpatías con la revolución cubana. El hecho de que la Alianza para el Progreso también se comprometiera con el reformismo, permitió a Villeda Morales algún respiro después de 1961; pero, en 1963, éste, finalmente, se acabó...".

Este autor también consigna que, el 2 de octubre de 1963, el general Theodore F. Bogart, comandante de las Fuerzas Militares de los EUA estacionadas en Panamá, se encontraba en Tegucigalpa; sus superiores lo enviaron para intentar disuadir a López Arellano de derrocar al presidente Ramón Villeda Morales. Obviamente, la misión de Borgart fracasó.[311] (véase anexo 5).

Pocos días después, William Doherty, del Instituto Americano para el Desarrollo del Sindicalismo Libre (IADSL), comentó a Edgar M. Powell, a cargo de los asuntos hondureños en el Departamento de Estado, que su representante en la Costa Norte, George Mishe, había retornado de Honduras con la idea de que Villeda Morales había sido cómplice del golpe, ya que a las 3:30 horas del 3 de octubre llamó a los gobernadores políticos para decirles que todo estaba bien; no obstante, a esa hora ya se sabía que el golpe se estaba consumando[312].

LA SOCIEDAD HONDUREÑA ANTE LA NUEVA REALIDAD

La actitud de los diferentes sectores sociales ante el nuevo régimen fue tan diversa como los intereses que los animaban. Desde antes de que se concretara, la conspiración contaba con el respaldo y la simpatía del Partido Nacional, los disidentes liberales derechistas (ortodoxos), la Cámara de Comercio de Tegucigalpa, la Federación de Estudiantes Universitarios (controlada por el Frente Unido Universitario), y el Círculo de Mujeres Democráticas.

Se opusieron a la sublevación y a la ruptura del régimen de

---

[311] Darío Euraque, op. cit., pp. 214-15, 218, 205.

[312] Pol 26 Hond XR LAB Hond., 12 de octubre 1963.

derecho el Partido Liberal, el SITRATERCO, la FESITRANH, la FECESITLIH, la Asociación de Estudiantes de Derecho, la Asociación de Estudiantes de Medicina, y el Frente de Reforma Universitaria.

La dirigencia del movimiento obrero estuvo a la vanguardia de las iniciativas emprendidas para el restablecimiento del régimen constitucional, dando así un ejemplo de dignidad a los políticos liberales, la mayoría de los cuales se llamó al silencio o bien colaboró activamente, asumiendo cargos en el nuevo régimen.

Las gestiones de los líderes de las federaciones obreras de la Costa Norte se iniciaron a los pocos días del alzamiento castrense. La posición del SITRATERCO, en noviembre de 1963, era la siguiente: restaurar en lo posible la Constitución de 1957; proceder a revisar el censo electoral; emitir una amnistía general; respetar la Declaración Universal de los Derechos Humanos; y, priorizar medidas que condujeran a elecciones libres.

En una carta del 7 de octubre de 1963, enviada desde La Lima a William Doherty, del IADSL, el presidente del SITRATERCO, Oscar Gale Varela, pedía al movimiento obrero de Estados Unidos que solicitara a su gobierno el no reconocimiento del régimen de López Arellano, y que públicamente condenara el golpe[313]. En la carta, Gale afirmaba que lo único que el golpe había conseguido era brindar a los comunistas una bandera de lucha, (que los fortalecerá para combatirnos en el futuro)[314]. El ministro de Trabajo del nuevo régimen había prometido al SITRATERCO el otorgamiento de tierras, la cooperación gubernamental y la asistencia de la AID y del IADSL, Si apoyaba al gobierno militar; pero Gale Varela comprendió que sólo se trataba de promesas, en tanto el régimen se consolidaba. Céleo González había prometido al presidente Villeda, públicamente y en tres ocasiones, que él encabezaría la huelga general de los obreros de la Costa Norte si el proceso democrático era interrumpido; para ello necesitaba el apoyo del SITRATERCO, ya que el 60% de la membresía de la FESITRANH la constituían los afiliados a este sindicato.

---

[313] Pol Hond XR LAB-3-2 Hond., 9 de octubre 1963.

[314] Ídem.

Pero la inicial unidad de criterios de la dirigencia obrera no se mantuvo por mucho tiempo. En oposición a González, Gale Varela, al igual que los directivos de la FECESITLIH, adoptaron una actitud conciliadora y moderada hacia el régimen castrense; por tanto, decidieron no irse al paro general, y prometieron, en cambio, emitir un pronunciamiento condenando el golpe y reclamando el rápido retorno al orden constitucional. Esta posición fue favorecida tanto por la embajada como por el movimiento laboral de EUA[315].

En cuanto al Partido Comunista, tanto su dirigencia como sus militantes fueron objeto de persecución por parte de las autoridades militares, que emitieron órdenes de arresto y deportación. Su Comisión Política debió refugiarse en la clandestinidad y luego marchar al exilio. Lograron, eventualmente, trasladarse a México, Dionisio Ramos Bejarano, Rigoberto Padilla Rush y Mario Sosa Navarro, en tanto que Agapito Robleda Castro y Feliciano Lara permanecieron ocultos en Honduras[316].

Ya a principios de 1963 existía preocupación entre varios dirigentes del Partido Comunista por el viraje del gobierno villedista hacia posiciones de derecha y la creciente amenaza de un golpe de Estado. Desde diferentes puntos del país, algunos militantes advertían el peligro y se preguntaban qué hacer en caso de que el golpe se consumara; sin embargo, no hubo eco en la dirección comunista para esas preocupaciones y más bien, en algún momento, ridiculizaron a los pronosticadores, llamándolos "los golpistas". El tiempo demostró que la preocupación era válida.

El clima político de la primera etapa del gobierno de Villeda Morales había hecho caer al PCH en un cierto legalismo muy obvio. Este se volvió una organización muy abierta, semilegal... cuando se produce el golpe... el Secretario General y otros dirigentes fueron detenidos con suma facilidad y, además, con todo el archivo del Partido. Por eso es que la represión desatada por Osvaldo López afectó

---

315 John Mc Grady, agregado laboral al Departamento de Estado, Pol 26 Hond, LAB 3-2 Hond; Robert S. Ashford, cónsul, «La revolución de octubre 1963 y sus consecuencias», Pol 26 Hond, SPS, 25 de octubre 1963.

316 Edgardo Rodríguez, La izquierda hondureña en la década de los ochenta. Tegucigalpa, Guardabarranco, 2005, p. 41.

tanto a la militancia, ya que no se tomaron precauciones para pasar a la clandestinidad y responder a la nueva situación política[317].

Para agravar la situación, disputas ideológicas, e incluso de tipo personal, fueron acumulando tensiones internas, que desembocaron en la ruptura de 1964, con la conformación de dos grupos: el que continuó leal a la línea política trazada desde Moscú, y el que se alineó con la emanada de Pekín, lo que también era un reflejo del cisma internacional. En 1967 ya estaba constituido el Partido Comunista Marxista Leninista de Honduras, opuesto a las directrices y liderazgo del Partido Comunista de Honduras.

Así, el golpe de Estado del 3 de octubre de 1963 generó cambios en la dinámica organizativa y la cultura política hondureña, cuyas consecuencias se prolongaron en el tiempo. El derramamiento de sangre, la represión, las delaciones y el colaboracionismo de algunos civiles, conformaron un nuevo escenario: las Fuerzas Armadas asumían la conducción del Estado de manera directa, subordinando a la sociedad civil a sus objetivos y planes. Y este proceso inédito en la historia nacional fue dirigido por un milite que, de manera gradual pero sistemática, fue consolidando cuotas crecientes de poder, tanto dentro de las FFAA como a escala nacional: Osvaldo López Arellano, con la asesoría política y jurídica del abogado Ricardo Zúñiga Augustinus, quien participó activamente en la planificación del golpe de Estado.

Mientras, la dirigencia liberal se dividió aún más: una parte se mantuvo leal a Villeda Morales, ahora en el destierro, y otra se reacomodo con la nueva realidad; relegó los principios doctrinarios a un segundo plano, buscando, antes que nada, satisfacer sus intereses personales y ubicarse en el nuevo orden de cosas. Esto marcó el inicio del gradual eclipse del Partido Liberal y su pérdida de carisma y credibilidad entre amplios sectores ciudadanos que lo habían identificado con las aspiraciones por el avance democrático y el respeto a la legalidad.

El asesinato del presidente Kennedy en noviembre de 1963, y la llegada a la Casa Blanca de su vicepresidente, Lyndon B. Johnson, significó un viraje en la política exterior estadounidense hacia los

---

[317] Ibíd., pp. 88-89.

regímenes castrenses que habían accedido al poder mediante el derrocamiento de gobiernos constitucionales. De hecho, incluso antes de su muerte, Kennedy no protestó públicamente cuando los militares derrocaron al gobierno constitucional de Arturo Frondizi, en Argentina, en marzo de 1962.

Con Johnson, el énfasis puesto anteriormente en alentar a las elites latinoamericanas a emprender reformas moderadas en el marco de la Alianza para el Progreso, fue reemplazado por el orden y la estabilidad, de cara a la amenaza que, para Washington, significaba la consolidación de la Revolución Cubana, tras el fracasado intento, a cargo de la CIA, de provocar su derrocamiento en 1961.

Ese orden y estabilidad -vía la represión e intolerancia-, prometía ser garantizado por las Fuerzas Armadas latinoamericanas, a cambio del reconocimiento diplomático y la ayuda económica y militar. Y esta nueva estrategia de EUA contribuyó a consolidar el gobierno de facto de Osvaldo López Arellano. Así, el avance hacia la democracia llegaba a su fin en Honduras, al menos temporalmente.

CONCLUSIONES

RAMÓN VILLEDA MORALES fue un reformista por convicción; esto es, un abanderado del cambio social gradual e implantado desde el poder. Esa concepción política la aplicó una vez electo Presidente de la República, apelando a la conciliación y al diálogo, a fin de acelerar la modernización capitalista de Honduras, impulsada por Marco Aurelio Soto y Ramón Rosa a finales del siglo XIX, y por Juan Manuel Gálvez y Julio Lozano entre 1949 y 1954. Fue, junto con Céleo Arias y Policarpo Bonilla, una de las tres figuras claves del liberalismo hondureño a lo largo de los siglos XIX y XX. Se posicionó ideológica y políticamente a mitad del camino entre los dos extremos: el de derecha y el de izquierda, como un liberal centrista a tono con el signo político de su tiempo, y con simpatías hacia la socialdemocracia latinoamericana.

A PARTIR DE 1949 se dedicó a reorganizar su partido a escala local, departamental y nacional, ya que estaba desarticulado como producto de los dieciséis años de hostigamiento y represión de Tiburcio Carías Andino y sus testaferros.

Paralelamente, se dio a conocer a lo largo y ancho de Honduras en visitas periódicas a sus correligionarios, haciendo gala de sus dotes de orador, de su simpatía personal y de su carisma. Esos viajes, sin duda, lo familiarizaron con las expectativas y los problemas que agobiaban a sus compatriotas; fortalecieron su sensibilidad y le revelaron lo mucho que se podía hacer en lo social y en lo económico para actualizar históricamente al país.

EN 1954, CUANDO EL PARTIDO LIBERAL lo postuló por vez primera como su candidato presidencial, ya era el político más popular de la nación; la manipulación del resultado electoral y la eventual oposición del jefe de Estado, Julio Lozano Díaz, contribuyeron a incrementar su prestigio y estima entre sus compatriotas. Aprovechó su estadía en Washington -como embajador de Honduras durante el gobierno transitorio de la Junta Militar-, para darse a conocer entre los círculos del Partido Demócrata, sobre todo entre aquellos del ala progresista; esos contactos personales le fueron de mucha utilidad cuando llegó a la Presidencia de la República.

LUEGO DE LAS ELECCIONES para integrar la Asamblea Nacional Constituyente, tras la ruptura del orden constitucional, cometió un grave error de cálculo que traería consecuencias funestas para Honduras, para el Partido Liberal y para sí mismo: negociar y otorgar a la cúpula militar garantías y privilegios que se incorporaron en la Carta Magna de 1957, dando lugar así a una figura jurídica que se constituyó en una permanente espada de Damocles para la estabilidad de los gobiernos civiles. En el punto más alto de su popularidad, cuando pudo haber rechazado cualquier tipo de pretensión hegemónica de carácter corporativo, se vio superado por la astucia y habilidad estratégica de Osvaldo López Arellano. En su deseo de acceder al poder, no reparó en la trampa que se le tendía a él, a su partido y a la Nación.

A PARTIR DE DICIEMBRE DE 1957, el nuevo régimen tuvo dos cabezas y dos centros de poder. Uno fue creciendo y consolidándose a expensas del otro, y el presidente Villeda Morales debió sostener un precario punto de equilibrio, buscando no antagonizar a los uniformados ni a los sectores medios y populares que, junto con la burguesía industrial y comercial de San Pedro Sula, constituían sus bases de apoyo.

PERO NO SOLO DEBIÓ HACER FRENTE a las crecientes presiones y exigencias de las Fuerzas Armadas, tanto en lo relativo a las asignaciones presupuestarias como en sus prerrogativas derivadas del fuero militar; también debió encarar la persistente labor subversiva de sectores derechistas de su propio partido, del Partido Nacional y de la Nicaragua de los Somoza, así como los reclamos de la izquierda local, que buscaba la radicalización y profundización del experimento reformista del villedismo. Ese sentido de urgencia por profundizar las reformas emprendidas por su gobierno se aceleró con el triunfo de la Revolución Cubana en 1959.

LA REACCIÓN OFICIAL DE ESTADOS UNIDOS se hizo sentir en la Honduras de esa época. Por una parte, presionaba al régimen para que actuara enérgicamente en contra de los sectores izquierdistas; y, por otra, apoyaba política y financieramente, por medio de la Alianza para el Progreso, las reformas moderadas emprendidas. Esa combinación de apertura con represión provocó el desencanto de obreros, campesinos y estudiantes, que percibieron un giro hacia la derecha y, por ende, una ruptura con la postura centrista de los primeros años. Así, su régimen estuvo sometido al fuego cruzado y a presiones externas e internas: las procedentes de Washington y Managua, y las surgidas de la sociedad hondureña, en la que unos grupos buscaban impedir o debilitar las reformas que, supuestamente, afectaban sus privilegios e intereses, en tanto que otros aspiraban a profundizarlas y ampliarlas.

AUN EN ESE DIFÍCIL CONTEXTO, decretó legislación progresista como la Ley de Fomento Industrial, el Código del Trabajo, la Ley de Reforma Agraria, la del Seguro Social y la de Emisión del Pensamiento. La institucionalidad del Estado se amplió con la creación de la Junta Nacional de Bienestar Social, del Patronato Nacional de la Infancia, Banco Municipal Autónomo, Instituto Técnico Vocacional, la Escuela de Artes Industriales y el Hospital Materno-Infantil. En este periodo también se edificó obra material de importancia: se concluyó la primera etapa del Proyecto Hidroeléctrico Río Lindo, se amplió la red vial y aumentó el número de escuelas y centros de salud; hubo construcción masiva de viviendas populares y se impulsó el proceso integracionista centroamericano.

HECHOS CRUENTOS ENSOMBRECIERON SU SEXENIO. Por ejemplo, el sangriento intento golpista dirigido por el coronel Armando Velásquez Cerrato, en 1959, con el respaldo económico y político de A. Somoza y Rafael L. Trujillo. El fracaso de este intento evidenció el respaldo popular del que disfrutaba su gobierno, pues fueron civiles armados, la Guardia de Honor Presidencial y el resguardo de la Penitenciaría Central quienes repelieron y derrotaron la asonada, y no las Fuerzas Armadas, como era su deber constitucional. Otros hechos fueron el fusilamiento de civiles desarmados en Los Laureles, en 1961, acusados de conspirar contra el régimen, lo que causó justificada indignación y repudio; la ejecución sumaria de prisioneros nicaragüenses por parte del ejército hondureño en El Chaparral (1959), así como la ejecución, también sumaria, de los jóvenes Carlos Oquelí y Enrique Vargas en el Primer Batallón de Infantería. Finalmente, el pérfido golpe de Estado que puso fin a su mandato (perpetrado por las Fuerzas Armadas con la colaboración y anuencia de prominentes personalidades de los dos partidos históricos), y que provocó uno de los mayores baños de sangre registrados en la historia nacional.

UNA NUEVA ERA SE INICIÓ en la vida política nacional. El estamento castrense se consolidó, mediante el ejercicio directo del poder, y la consiguiente subordinación del sector civil. Correspondería a otro presidente y a otro régimen liberal, el de Carlos Roberto Reina, ya en la década de 1990, suprimir del texto constitucional la autonomía militar y, con ello, subordinar a los uniformados al poder civil.

EL LEGADO DE VILLEDA MORALES SOBREVIVIÓ a su mandato y ha perdurado hasta la fecha, en mayor o menor grado, por lo que, con justicia, se le considera como uno de los más sobresalientes gobernantes hondureños del siglo XX, junto con Juan Manuel Gálvez. Villeda por sus medidas de carácter social, y Gálvez por sus logros económicos e institucionales. Al hacer el balance histórico, ambos tuvieron más aciertos y logros que errores y fracasos, ya que impulsaron la gradual democratización del sistema político, el desarrollo económico y social de Honduras, y cierto grado de consolidación del sector público, dentro de los parámetros de la democracia representativa.

VILLEDA MORALES IMPRIMIÓ un sentido de urgencia a su gestión, al comprender que la problemática social, de no ser atendida prontamente, se tornaba cada vez más compleja tanto por el rápido crecimiento demográfico, como por el hecho de que los gobernantes anteriores la habían ignorado, o bien hicieron muy poco por atenderla. Por ello, tanto en el exilio como al retornar a la patria, continuó disfrutando de popularidad y estima entre una parte significativa de la población, lo que constituye el más elocuente testimonio de su tránsito por esta vida y este país.

Ramón Villeda Morales en Chamelecón, departamento de Cortés, en 1952, cuando se dedicó a reorganizar el Partido Liberal.

En plena labor proselitista durante la campaña electoral de 1954.

En las elecciones para la Asamblea Nacional Constituyente realizadas en 1957, Villeda Morales ejerció el sufragio en la Dirección de Estadísticas y Censos, en Comayagüela. Lo acompañó Adolfo Alemán y Jorge Alberto Vilorio Flores.

Durante su breve permanencia en Washington como embajador, Villeda Morales estableció relaciones con funcionarios del Departamento de Estado como Spruille Braden, con quien aparece en esta fotografía.

La Junta Militar de gobierno; mayor Roberto Gálvez Barnes, coronel Héctor Carraccioli y el general Roque J. Rodríguez.

Teniente coronel Osvaldo López Arellano. En 1957, siendo ministro de Defensa, pasó a integrar la Junta Militar en sustitución de Gálvez Barnes; y, en diciembre de ese año, fue nombrado jefe de las Fuerzas Armadas.

21 de diciembre de 1957, día de la toma de posesión de Ramón Villeda Morales como Presidente Constitucional de la República en el Estadio Nacional. A la izquierda, Osvaldo López y Héctor Carracciolo, los dos integrantes de la Junta Militar.

Los diputados al Congreso Nacional, ingresando al Estadio el día de la toma de posesión del nuevo gobierno.

Ramón Villeda Morales, dirigiendo su mensaje a la Asamblea Nacional Constituyente y al pueblo de Honduras el 21 de diciembre de 1957.

La pareja presidencial: doña Alejandrina Bermúdez Milla y el doctor José Ramón Villeda Morales.

Modesto Rodas Alvarado, Andrés Alvarado Puerto y Villeda Morales.

Juan ángel Núñez Aguilar, Jorge Bueso Arias, Francisco Milla Bermúdez y Villeda Morales.

En la Unión, el Salvador, durante la firma de un convenio con el vecino país en 1962. De izquierda a derecha: presidente electo de el Salvador, Julio A. Rivera; el presidente de Honduras, R. Villeda Morales; el presidente provisional de El Salvador, Rodolfo Cordón, y, el presidente del Congreso Nacional de Honduras, M. Rodas Alvarado.

Pese a los constantes conflictos con el régimen somocista, Villeda Morales trató de mantener relaciones cordiales con Nicaragua, como lo muestra esta foto con Anastasio Somoza.

Villeda Morales es, sin duda, el líder político del siglo XX que más entusiasmo y adhesión ha despertado en las masas populares.

BIBLIOGRAFÍA

I. Fuentes primarias

United States National Archives, Diplomatic Records, Record Groups (RG) 59 y 165[318].

Entrevistas a Mario Hernán Ramírez y Benjamín Solano.

II. Fuentes secundarias

Baciu, Stefan, Ramón Villeda Morales: ciudadano de América. San José, Lehman, 1970.

Barahona, Marvin, Honduras en el siglo XX. Una síntesis histórica.

Tegucigalpa, Guaymuras, 2005.

___, comp. El silencio quedó atrás. Testimonios de la huelga bananera de 1954. Tegucigalpa, Guaymuras, 1994.

Bueso Arias, Jorge, «El intento de golpe de Estado de 1959». Re- vista Política de Honduras, año III, N° 27, mayo-junio 2001, pp. 117-129.

Bulmer-Thomas, Victor, La economía política de Centro América desde 1920. San José, Banco Centroamericano de Integración Económica, 1989.

Contreras, Carlos A., *Entre el marasmo: análisis de la crisis del Partido Liberal de Honduras, 1933-1970*. Tegucigalpa, HISA, 1970.

Checchi, Vincent, *Honduras, a problem in economic development*. New York, Twentieth Century Fund, 1959.

Euraque, Darío, *El capitalismo de San Pedro Sula y la historia política de Honduras*. Tegucigalpa, Guaymuras, 1996.

Fonseca, Gautama, *Cuatro ensayos sobre la realidad política de Honduras*. Tegucigalpa, Universitaria, 1982.

---

[318] Gran parte de esta obra se basa en la correspondencia diplomática intercambiada entre los embajadores y demás funcionarios de la embajada de los Estados Unidos de América en Honduras con el Departamento de Estado, en Washington. La correspondencia y documentos citados, originalmente en inglés, fueron traducidos al español por el autor de esta obra.

Funes Valladares, Matías, *Los deliberantes. El poder militar en Honduras.* Tegucigalpa, Guaymuras, 1995.

Martínez, Juan Ramón, *El asalto al cuartel San Francisco: el día que la juventud hizo temblar a la dictadura.* Tegucigalpa, 18 Conejo, 2003.

Molina Chocano, Guillermo, «Honduras: de la guerra civil al Reformismo militar», en González Casanova, Pablo, ed., *América Latina: historia de medio siglo.* México, Siglo XXI editores, 1981.

Natalini de Castro, Stefanía; Mendoza Saborío, María de los Ángeles y, Pagán Solórzano, Joaquín, *Significado histórico del Gobierno del Dr. Ramón Villeda Morales.* Tegucigalpa, Universitaria, 1985.

Paz Barnica, Edgardo, *Las garantías y los principios sociales en la Constitución de Honduras de 1957.* Tegucigalpa, Calderón, 1963.

Posas, Mario y del Cid, Rafael, *La construcción del sector público y del Estado nacional en Honduras, 1875-1979.* San José, EDUCA, 1981.

Turcios R. Israel, *Movimiento militar del 12 de julio de 1959.* Tegucigalpa, Calderón, 1990.

Villeda Bermúdez, Mauricio, ed., *El pensamiento vivo de Villeda Morales.* Tegucigalpa, López, 2007.

ANEXOS

1
DELEGADOS A LA XI CONVENCIÓN DEL PARTIDO LIBERAL

Estos convencionales o delegados de los departamentos firmaron los estatutos del Partido Liberal de 1953:

Abel Arturo Valladares B.
Abel Gamero
Abraham C. Trejo
Abraham Gúnera R.
Abraham Zúñiga Rivas
Adán L. García
Adolfo Martínez D.
Adolfo Mejía
Adolfo S. Núñez
Alberto Moncada
Alberto Paz Paredes
Alberto Rubí
Alejandro Mayer
Alejandro Paz
Alfonso Alvarado O.
Alfredo Lara L.
Amílcar Girón Aguilar
Andrés Alvarado Puerto
Andrés López Gonzáles
Ángel Lanza
Ángel Levy Castillo
Cristóbal Ortiz Morales
Darío Montes
Edmundo Pinto Mejía
Eduardo Fernández Cárcamo
Eduardo Gauggel
Efraín Urquía
Elías Castillo E.
Antonio Gómez Milla
Antonio Martínez Cerrato
Antonio Miralda Santos
Antonio Oviedo
Antonio R. Reina
Antonio Rosa
Antonio S. Maradiaga
Antonio Soto
Antonio Zúñiga Idiáquez
Armando Elvir
Arturo G. Matute
Arturo Rivera
Arturo Santos Pineda
Atanasio Hernández Madrid
Carlos A. Solís
Carlos Cano A.
Carlos F. Dubón
Carlos Galeano F.
Carlos Roberto Reina
Claudio Lara Coto
Cristino Ponce
Encarnación Suazo
Epaminondas Portillo M.
Ernesto F. Salgado
Ernesto Paz Alvarado
F. Isidro Zúñiga
F. Medina Nolasco

Fabián Benítez
Fabio A. Idiáquez
Fausto Raimundo Lozano
Federico Aguiluz M.
Federico Ordóñez
Félix Canales Salazar
Francisco Gutiérrez
Francisco Hinestroza Matute
Francisco Matta
Francisco Valeriano
Gabriel A. Izaguirre
Gabriel Vidaurreta
Gregorio A. Velásquez
Guillermo Bustillo R.
Gumersindo Rivera M.
Héctor Alfonso Pineda López
Héctor F. Bustillo
Héctor Muñoz
Héctor Rolando Gómez
Heriberto Lazo
Hilario Mena Meléndez
Humberto Aplícano C.
J. Antonio Quiroz
Jacinto A. Meza
Jerónimo Mercado
Jesús Antonio Pineda
Joaquín Aguiluz
José C. Carrasco
José Castillo Melhado
José Fernando Ortega
José L. Rivera
José María Ardón U.
José María Flores
José María Matute Brito
José María Matute Gutiérrez
José María Sandoval M.
José María Valle
José Max Ayala
José Moribio Palomo
José Rivera Zúñiga
Juan Ángel Sauceda Alonzo
Juan Bocanegra
Juan Francisco Suazo
Juan Miguel Mejía
Juan V. Vásquez
Julio C. Garrigó
Julio César Bueso
Julio César Zúñiga
Julio Rendón Cuellar
Justiniano Díaz Alvarado
Justo Castro García
Lázaro Díaz
Lázaro Montoya
Lisandro Arguijo M.
Lisandro Valle
Luis M. Vásquez
Luis Sevilla R.
M. Armando Paredes
Macario Melgar
Manuel Corrales
Manuel de J. Flores
Manuel Guzmán R.
Manuel Villeda Morales
Marco A. Mendoza
Mario Armando Idiáquez
Mario Reina
Máximo Sánchez
Medardo Izaguirre Z.
Miguel A. Zelaya
Miguel Cubero L.
Miguel Díaz Gómez
Miguel Rafael Muñoz
Miguel Salazar
N. Jesús Chinchilla

Nicolás Raudales
Oscar A. Flores
Oscar Guerrero
Oscar Mejía Arellano
Pedro Arturo Zúñiga
Pedro Guzmán Franco
Pedro Rovelo Landa
Pompilio Aguiluz Mena
Rafael Bustillo C.
Rafael Díaz Chávez
Rafael Medina Raudales
Ramón Galindo
Ramón Maradiaga
Ramón Nolasco Osorio F.
Ramón Sierra
Ramón Villeda Morales
Raúl Girón
Raúl Leitzelar
Raúl Suazo
Ricardo Alduvín Abaunza
Ricardo Pineda Tábora
Ricardo Zelaya M.
Roberto Gamero
Rolando Melghem
Roque J. Rivera
Rosendo Torres R.
Rubén Barahona h.
Rubén Gutiérrez
Salomón L. Fernández
Salomón Paredes Regalado
Salvador Corleto
Salvador Larios Ulloa
Salvador Zelaya
Santiago Mejía Isaula
Santiago Oviedo
Sebastián Martínez Landero
Sixto Quezada Soto
Teodoro Coello
Terencio García G.
Terencio Ponce Flores
Terencio Z. Amador
Tomás Kelly Fúnez
Tomás Umaña Palomo
Trinidad Danilo Paredes
Trinidad Hernández Madrid
Tulio A. Bueso
Vicente García Rivera
Vicente Moreno
Virgilio Cardona
Virgilio Joya
Virgilio Rivera España
Visitación Padilla
Zoilo M. Valle

2

EL INTENTO DE GOLPE DE ESTADO DE 1959[319]

Por JORGE BUESO ARIAS[320]

I

A instancias de algunas personas amigas y en virtud de que creo que es conveniente hacer del conocimiento público los eventos que a uno le tocó vivir cuando ocupó un alto cargo público y, que de una u otra manera, han influenciado las políticas gubernamentales, he decidido relatar lo que vi y viví en ocasión del intento de golpe de Estado del coronel Armando Velásquez Cerrato el 12 de julio de 1959.

Pero antes, para que se comprenda por qué empecé a actuar ese día en la forma que lo hice, tengo que remontarme al intento de rebelión cuando el 7 de febrero de dicho año, elementos velasquistas, al mando de un oficial de nombre Máximo Bejarano se tomaron la ciudad de Santa Bárbara. Creo que también participó en este intento el entonces teniente o capitán César Elvir Sierra.

El día anterior a ese intento de rebelión, el presidente Ramón Villeda Morales, con algunos miembros de su gabinete, del cual yo formaba parte como ministro de Economía y Hacienda, viajó a Comayagua. Yo le acompañe en ese viaje. Él y algunos de sus acompañantes durmieron en las instalaciones del Centro de Ganadería en las afueras de la ciudad.

No me acuerdo si dormí allí o en una casa particular en Comayagua. Lo cierto es que fui a desayunar con el Presidente

---

[319] Tomado de Revista Política de Honduras, año III, N° 27, mayo-junio 2001, pp. 117-129.

[320] Licenciado en Economía, secretario del Consejo Superior de Planificación Económica, ministro de Economía y Hacienda en el régimen de Ramón Villeda Morales, candidato a la Presidencia de la República por el Partido Liberal en 1971. Actualmente es presidente del Banco de Occidente, S.A.

Villeda Morales al centro. Vimos pasar, a bastante altura, dos aviones AT6 de la Fuerza Aérea Hondureña volando en dirección noroeste. Alguno de los asistentes dijo que se rumoraba que Velásquez Cerrato se había tomado la ciudad de Santa Bárbara.

Después, con el Presidente y su comitiva viajamos a Siguatepeque, donde él estuvo por unas dos o tres horas dialogando con las autoridades locales y algunos vecinos. Allí alguien volvió a decirnos que se tenían noticias de que los rebeldes se habían tomado la ciudad de Santa Bárbara, pero sin ninguna confirmación plena. Con el Presidente Villeda Morales seguimos viaje hasta el Lago de Yojoa. Desde allí regresamos a Tegucigalpa...

Llegué a mi casa de Tegucigalpa alrededor de las 7:00 de la noche; iba a ducharme cuando recibí una llamada telefónica del Presidente de la República. Él me dijo: «Jorge, parece que es cierta la noticia de la toma de Santa Bárbara. Le ruego que se venga a la Casa Presidencial. Aquí estamos con unos amigos para ver qué hacemos». Le contesté: «Con mucho gusto, sólo déjeme quitarme el polvo del camino» (lo cual, literalmente, era cierto, porque en aquel viaje sólo los automóviles del Presidente y el del Canciller Andrés Alvarado Puerto tenían aire acondicionado. Todos los demás vehículos no lo tenían y la vía al norte era todavía carretera de tierra, razón por la cual veníamos cubiertos de polvo).

Cuando llegué a la Presidencial estaban varias personas, entre ellas, me acuerdo, el profesor Armando Cárcamo, creo que el doctor Modesto Rodas Alvarado y otros señores. El Presidente nos dijo que tenía noticias casi seguras de la toma de Santa Bárbara. Que el coronel Osvaldo López Arellano, Jefe de las Fuerzas Armadas, le había informado que era cierto que elementos velasquistas la habían tomado. Sabiendo que yo era muy amigo de Osvaldo, el Presidente nos pidió a su secretario privado, Jack Agurcia, y a mí, que fuéramos donde el coronel López Arellano, quien tenía su oficina en la Escuela Militar Francisco Morazán, para ver qué se hacía. El Presidente lo llamó por teléfono, avisándole que Jack y yo íbamos para su oficina.

Al llegar y preguntarle cómo estaba lo de Santa Bárbara, nos dijo que estaban seguros de que se la habían tomado. Le pregunté: "¿Cómo lo sabés?". Y nos dijo: "Miren, de Santa Bárbara nos comunicaron que los aparatos de radio se habían descompuesto. Por tanto, hoy en la mañana mandamos en aviones de la Fuerza Aérea (los que habíamos visto pasar sobre Comayagua) al capitán Jaime Mondragón (quien después ascendió a coronel) que es un experto en radiocomunicaciones, para que los reparara. Le dimos instrucciones de que, al reparar los radios, por clave nos avisara si estaba tomada Santa Bárbara. Al llegar los aviones al campo de aviación, los soldados que estaban allí les dijeron a los pilotos que todo estaba normal. Fue el informe que los pilotos nos trajeron cuando regresaron. Pero, más tarde, el capitán Mondragón reparó los radios y cuando logró comunicarse, nos dijo que Santa Bárbara estaba tomada. Estamos, pues, seguros de que está tomada".

Como yo tuve instrucción militar por dos años en el Cuerpo de Cadetes de la Lousiana State University, más o menos tengo idea de cómo funciona la mente de los militares. Así es que allí mismo le dije: "En ese caso, Osvaldo, el Presidente te ordena que recuperés Santa Bárbara. Esas son las órdenes del Presidente". Él nos contestó: "Si el Presidente lo ordena, tenemos que cumplir. Pero, miren, la única fuerza con que podríamos actuar sería la del Primer Batallón de Infantería y necesitaríamos más aviones de los que tiene la Fuerza Aérea para transportarlo a San Pedro Sula y después movilizarnos por carretera hasta Santa Bárbara. Por favor, díganle al Presidente que nos consiga unos seis aviones con SAHSA. Que hable a su gerente, el señor Raúl Zelaya Romero, para ver si nos los pueden habilitar para mañana temprano". Por teléfono hablé a la Casa Presidencial y recuerdo que me contestó el profesor Armando Cárcamo. Le dijimos al Presidente lo que habíamos platicado con Osvaldo y lo que éste pedía. Creo que inmediatamente se comunicó con el señor Zelaya Romero, porque después de unos diez o quince minutos nos llamaron para avisarnos que ya todo estaba arreglado y que los aviones estarían a las órdenes del coronel López Arellano a las 6:00 de la mañana del día siguiente.

Mientras tanto, Osvaldo había empezado a dar las órdenes para la movilización. Después de que había dado algunas instrucciones telefónicas y verbales a sus subalternos, nos dijo: "Miren, Santa Bárbara no tiene ninguna importancia militar ni estratégica. Vean no sea una finta o un amago de Velásquez (que estaba en Nicaragua) para distraernos y despistarnos y que nosotros nos movilicemos hacia aquel lugar, mientras él nos invade por aquí, por el Oriente". Cabe recordar que el coronel Velásquez hacía llamados desde Nicaragua en el sentido de que necesitaba "cortadores de café", queriendo decir, elementos que se unieran a su movimiento.

Tanto Jack como yo estuvimos de acuerdo en que, en realidad, podría ser una finta para distraer la atención del gobierno. Entonces le preguntamos: "¿Qué podemos hacer?". Osvaldo nos contestó: "Aquí la única que puede lograr que no se permita a Velásquez salir de Nicaragua es la Embajada americana. Tendríamos que ir a hablar con el embajador Robert Newbegin". No estoy seguro si llamamos al Presidente para que él le pidiera a Newbegin que nos recibiera o directamente Jack le habló al Embajador, la cosa es que nos dio una cita inmediatamente y llegamos a su residencia, en la colonia Viera de Tegucigalpa, alrededor de las 9:00 de la noche. Llegamos los tres: Osvaldo, Jack y yo. Le expusimos el motivo de nuestra visita y el deseo del Presidente y de nosotros tres, naturalmente, de que se hiciera un esfuerzo para evitar que el Gobierno de Nicaragua permitiera la salida de Velásquez de aquel país, mientras no se resolviera el problema de Santa Bárbara. El Embajador estuvo de acuerdo en ayudarnos y allí mismo mandó a llamar al radio-operador de la Embajada. Cuando éste llegó, frente a nosotros le dio en inglés el mensaje para el Embajador de Estados Unidos en Nicaragua, para que procurara comunicarse con el general Anastasio Somoza y atendiera la solicitud del Gobierno de Honduras de impedir la salida del coronel Velásquez de aquel país.

Cuando se retiró el radio-operador, el Embajador nos dijo: "Aquí vamos a tener que esperar unas dos o tres horas" (recuérdese que en ese entonces no había buenas comunicaciones telefónicas (como hoy las hay entre los países de Centroamérica), "así que les invito a un trago"... Lo cierto es que como a las dos horas, el radio-operador le trajo el mensaje al Embajador diciéndole que el general Somoza garantizaba que el coronel Velásquez no saldría de Nicaragua y que ya lo tenían vigilado.

Ya con ese mensaje, Osvaldo, Jack y yo bajamos a Tegucigalpa en el carro de Osvaldo. Cuando llegamos a Casa Presidencial le preguntamos: "¿No quieres ir a informarle al Presidente?". Y nos contestó: "No, hombre, no quiero que los correligionarios de ustedes me vean con los tragos que traigo adentro. Además, tengo que ir a preparar lo de la movilización de mañana. Sólo díganle al Presidente que todo está en marcha y que mañana salimos muy temprano".

Cuando Jack y yo entramos a la Presidencial, recuerdo que el Presidente ya se había retirado a su dormitorio y en la sala de la rotonda, en el segundo piso, en los sofás, estaban acostados algunos miembros del gabinete y algunos liberales esperando el resultado de nuestra misión. El doctor Villeda Morales salió y le informamos lo que se había hecho, lo que se había logrado con el embajador Newbegin y el mensaje que mandaba Osvaldo. Le explicamos que el coronel López Arellano tenía que ir a hacer los preparativos y que por eso no había subido personalmente para informarle. Él se retiró a dormir ya más tranquilo.

Todos sabemos, pues, que ese intento fue sofocado al día siguiente y algunos elementos salieron huyendo hacia Guatemala. Afortunadamente, no hubo desgracias personales que lamentar. Eso sí, me quedó el recuerdo de cómo se había actuado en aquel momento.

II

Ahora voy a lo que sucedió el domingo 12 de julio de 1959.

Habíamos convenido con mi suegra, doña Juanita Bonilla de Callejas, mi señora y unos amigos, entre ellos el doctor Luis Callejas Zelaya, que el sábado 11 nos iríamos a dormir a la hacienda San Fernando, perteneciente a mi suegra, y que queda cerca de Morocelí, para pasar allí el fin de semana y regresar el domingo.

Habíamos quedado de salir a las tres de la tarde del sábado. Como ese sábado tenía mucho trabajo en el Ministerio: documentos que leer, cartas que firmar o dictar, ni siquiera había subido a almorzar a la casa de mi suegra en la colonia Palmira (con mi esposa allí vivíamos con ella); a eso de las cuatro de la tarde llamé por teléfono a mi señora, Mercedes Callejas Bonilla de Bueso, para decirle que definitivamente no podía salir ese sábado, pero que nos fuéramos a San Fernando al siguiente día domingo bien temprano, ya que nuestros hijos e invitados estaban entusiasmados con el viaje.

En eso quedamos. Cuando terminé mi trabajo y regresé a mi casa, como a eso de las seis de la tarde, le pedí a mi chofer, Calixto, que por favor llegara a la casa al día siguiente a las cinco de la mañana para irnos a San Fernando.

El domingo 12, recién me había duchado antes de las cinco de la mañana, cuando llegó a la casa de mi suegra el doctor Luis Callejas, quien nos iba a acompañar, y me dijo: "Mirá, Jorge, algo está pasando, porque en las calles hay pelotones de policías y dicen que están levantados en armas". Le contesté: "Hombre, ustedes sólo andan pensando en golpes de Estado, yo creo que no hay nada de eso". Él me dijo: "No, algo hay porque yo vi los pelotones". Le dije: "Pues, por favor, andá a ver qué está pasando; mientras tanto, yo me voy a rasurar". Como a los quince minutos regresó y me dijo: "Efectivamente hay un levantamiento de la Policía". "Bien —dije—, me voy para la Presidencial". Me puse la corbata y la chaqueta y le dije a mi señora que iba a la Casa Presidencial. Mi suegra me advirtió que podría ser muy peligroso, pero yo le dije que era mi deber hacerlo y que para allá iba. Mi señora dijo lo mismo: "Es su deber y tiene que ir". Solo pedí un jugo de tomate para no perder tiempo desayunando.

Eran alrededor de la 5:30 de la mañana cuando salí para la Presidencial. Para decir la verdad, no encontré policía alguno en el trayecto, pero noté que las calles estaban anormalmente desiertas. Al llegar a la puerta de la Presidencial, toqué y el coronel Napoleón Cubas Turcios abrió el postigo. Cuando me vio tuvo la expresión de alegría como que si yo llevara una división de soldados para defenderlos. Inmediatamente me dijo: «Pase adelante, Jorge». Pregunté: "¿Dónde está el Presidente?". Está arriba, me contestó. Subí por las escaleras de la rotonda y, cuando llegué al segundo piso, salió el Presidente de su aposento y me dijo: "Hay un levantamiento". "Por eso vengo", le dije. "Vamos a mi oficina", me contestó. Recuerdo que, cuando bajábamos me dijo: "Estos pícaros hasta el teléfono me han cortado". Le comenté medio en broma: "Doctor, y qué esperaba, ¿qué se lo dejaran operando para que usted se comunicara libremente con sus amigos y subalternos y con su verbo los convenciera de que tenían que defender al Gobierno?".

Tranquilo por ver que la Embajada Americana no tenía

conocimiento de lo que iba a pasar y que nos ayudarían, y urgido por llegar nuevamente a la Casa Presidencial y seguir para donde Osvaldo, bajamos a Tegucigalpa con mi chofer. Cuando íbamos por la calle de La Ronda vimos un pelotón de policías en la esquina de Rivera y Compañía. Le dije a mi chofer que pidiera vía como que si fuéramos recto para abajo porque no nos iban a dejar pasar, y que nos dirigiéramos hacia la izquierda por la calle que nos llevaría directamente a la Presidencial. A Dios gracias, sucedió como lo había previsto. Mi sorpresa desagradable fue que miré otro pelotón en la esquina de la Joyería Cantero y le dije a mi chofer "Ay, Calixto, estos no nos van a dejar pasar".

Por fortuna en ese momento pasó un carro repartidor de pan y los policías que tenían hambre —no hay duda— se fueron tras de él, todos a la carrera, de tal manera que pudimos pasar. Cuando pasábamos por la esquina volví a ver hacia abajo, a mi derecha, y vi a los policías rodeando el carro, me imagino que apoderándose del pan para desayunar y así pudimos seguir para la Presidencial.

Tengo presente que en la subida para llegar a la Casa Presidencial, a media calle estaba don Fernando Villar en una camioneta platicando con el teniente don Marco Tulio Mendieta. Les pitamos para que nos dejaran pasar. Lo hicieron y entré a la Presidencial a informarle al Presidente de mi visita al embajador americano. En ese momento si había ya alguna gente con el Presidente. En su oficina estaban el designado a la presidencia y Ministro de Educación, abogado Juan Miguel Mejía, y el Ministro de Trabajo y Previsión Social, Oscar A. Flores. El Presidente nos informó que estaba tomada la Escuela Militar Francisco Morazán y el Cuartel de la Policía.

Le informé que por el lado de la embajada todo estaba bien y que de allí me iba a ver a Osvaldo. Cuando iba saliendo, todavía con la puerta entreabierta, reflexioné y le dije: "Doctor, que se venga Juan Miguel conmigo". "Y ¿por qué Jorge?", me preguntó. Y medio en broma y medio en serio, le dije: "Porque así yo ando con la Constitución". "¿Cómo así?", preguntó el Presidente. "Doctor por cualquier cosa tenemos que ser prácticos, él es un Designado Presidencial y constitucionalmente es alguien que lo puede suceder a usted". Me dijo: "Jorge, siempre con sus cosas, pero creo que es lo correcto, que se vaya Juan Miguel con usted".

Decidimos irnos por el estadio para evitar pasar por la calle frente a la Escuela Francisco Morazán. Cuando pasamos a la par del estadio vimos que en la azotea del edificio del Banco Nacional de Fomento estaban policías o soldados. Yo le pedí a Calixto (mi chofer) que fuera despacio, como que, si no teníamos urgencia de pasar, para no despertar sospechas que íbamos a una misión. Así pasamos, mientras observábamos a los soldados. Cuando empezábamos a bajar hacia la colonia El Prado, hicieron unos tiros, no sabemos si los hicieron a nosotros o no. Cuando íbamos bajando hacia el puente de la colonia El Prado, pregunté: "Juan Miguel, usted puede caminar o correr en campo abierto". "Sí, Jorge, ¿por qué?". "Porque si nos tienen bloqueada la pasada, nos tendríamos que ir a pie por todos estos potreros para llegar a Toncontín y lograr comunicarnos con el Coronel Armando Escalón, comandante de la Fuerza Aérea". Al salir del puentecito que comunicaba la colonia El Prado y asomarnos a la carretera que va hacia el aeropuerto de Toncontín, vimos un soldado que estaba recostado sobre la rueda de hierro de una antigua aplanadora, pero vimos que tenía el rifle apuntando en dirección al puente Guacerique. Así que comprendimos que él no era de los rebeldes. A Dios gracias, pasamos y nos dirigimos al Primer Batallón. Cuando íbamos llegando encontramos unos soldados que estaban tendiendo líneas telefónicas a la orilla de la carretera, con el casco puesto y con uniforme de fatiga. Le dijimos al oficial a cargo de ellos que iba el designado a la presidencia, Juan Miguel Mejía, y un servidor como ministro, a visitar al coronel López Arellano. Se comunicó con él por los teléfonos que estaban instalando e inmediatamente autorizó que pasáramos.

Nos llevaron a su oficina y recuerdo que Osvaldo estaba sentado en un sofá con los pies puestos en la mesa del centro y con una especie de látigo golpeándose sus piernas y me dijo: "Mirá, Jorge, dónde nos tiene este hijo de p... otra vez", refiriéndose a lo que había pasado en Santa Bárbara. "Si, le dije, y a eso venimos con Juan Miguel a ver qué se puede hacer porque el Presidente nos ha pedido comunicarnos contigo". "Sí —dijo— nos han cortado las líneas telefónicas. "Lo que sabemos es que la policía se ha rebelado, que parece que en Comayagua se unieron algunas fuerzas al coronel Velásquez, ha ocupado la Escuela Militar Francisco Morazán y se han tomado el cuartel de la Policía de Tegucigalpa. No creo que otra de las unidades nuestras se haya unido al movimiento. Sabemos que trajeron preso al coronel Alonso Flores Guerra, El Chato, que estaba en Comayagua. Estamos tratando de tener más información, pero no creo que Velásquez goce de la simpatía en las Fuerzas Armadas". Empezamos a hablar de cómo podría ayudar a someter al movimiento y nos manifestó que así tendría que ser. Pero, dijo: "Miren, los informes que tenemos es que ustedes los liberales les han hecho creer que las Fuerzas Armadas están involucradas en este lanzamiento, lo cual no es cierto. Tengo miedo que al movilizar nuestras tropas hacia Tegucigalpa, los liberales crean que vamos a apoyar al coronel Velásquez y nos agarren a tiros, lo cual sería trágico porque nuestros soldados contestarían y se armaría la de no acabar. Eso hay que evitarlo a toda costa". "Estamos de acuerdo en eso", le dijimos. Él agregó: "Yo les rogaría a ustedes que le dijeran al Presidente que gire instrucciones a toda la guardia presidencial y a toda la gente que está armada, que no las vayan a hostilizar". "Con gusto", le dijimos. Yo quería estar bien seguro de que lo que Osvaldo nos estaba diciendo era cierto, porque en la Casa Presidencial alguien había dicho que Osvaldo estaba involucrado en el movimiento y no teníamos mucho deseos de alejarnos de las instalaciones del Primer Batallón, pero comprendíamos que teníamos que ir donde el Presidente a dar el mensaje de Osvaldo. "Vienen a visitarnos tres oficiales (no me acuerdo qué grado tenían) en nombre de Velásquez, les ruego dejarnos solos porque a éstos los vamos a meter presos". Me acuerdo que uno de los oficiales era mi paisano copaneco Gilberto Medina ("Chele Gil", como le llamábamos en la escuela y en la secundaria).

Salimos con Juan Miguel y efectivamente a los quince minutos los vimos salir de uno en uno y que los llevaban detenidos. Antes, los habían desarmado. Ya con eso, volvimos donde Osvaldo y nos dijo "Estos venían a proponernos que nos uniéramos al movimiento, pero como ustedes vieron, fueron detenidos. Les ruego ir a hablar con el Presidente para que imparta las instrucciones a su gente de no molestar a nuestras tropas". Pocos días después dejaron libres a esos oficiales.

Cuando llegamos a la Presidencial —que debe haber sido entre diez y once de la mañana— ya estaba llena de gente. En la oficina del Presidente había un gran número de personas hablando, opinando, tratando de obtener información, en fin, ya pueden imaginarse en una situación como es el estado de ánimo y de confusión que reina. Para poder hablar con el Presidente tuvimos que encerrarnos en el baño y le dimos el mensaje de Osvaldo. Él nos dijo que estaba de acuerdo, llamó a varios oficiales y a su gente allegada y les dijo que el Primer Batallón iba a entrar, pero en apoyo al Gobierno. Que no lo fueran a molestar.

Me quedé sentado un rato con el Presidente hablando y comentando la situación. Había mucha gente armada y algunos de ellos inexpertos en el manejo de armas, le dije: "Doctor, yo me voy a donde Osvaldo para que no vaya a flaquear. Además porque a uno de éstos se le puede ir un tiro y no me gustaría que me fuera a pegar a mí". (Me refería a los que andaban con rifle, pues se echaba de ver que no sabían manejarlo). "Si Jorge, puede irse", me dijo.

Juan Miguel se quedó porque se notaba que el movimiento iba a fracasar y no había necesidad de que estuviera en un sitio distinto al que estaba el Presidente. Me contaron que ya se estaba atacando al cuartel de la policía y disparando a la casa del general Tiburcio Carías. Les dije que habría que evitar que le dispararan a la casa del general Carías. No creo que él esté metido en esto y si le disparan puede crear resentimiento sin necesidad.

Cuando regresé al Primer Batallón ya estaba el coronel Armando Escalón con Osvaldo y les dije: "Ya el Presidente dio las instrucciones y todo mundo sabe que el Primer Batallón va a entrar en apoyo al Gobierno, así que ya pueden marchar sobre Tegucigalpa". Estaban una o dos compañías listas. Una de ellas o las dos, comandadas por el capitán Juan Alberto Melgar; allí vi por primera vez a quien llegó a ser Jefe de Estado. Ordenaron que los camiones fueran marchando lentamente y que tuvieran mucho cuidado de no disparar innecesariamente. Me quedé con Osvaldo y con Escalón, que estaba muy contrariado con el coronel Velásquez por lo que estaba sucediendo... Después que vi salir el último camión, me quedé media hora o más y a eso de las 4:00 de la tarde decidí irme para Casa Presidencial, o sea hasta que estuve seguro de que todas las tropas habían marchado en apoyo del Gobierno. Entonces me vine por la calle del puente Guacerique y al desembocar del puente a la calle frente a la Escuela Francisco Morazán, un oficial se me acercó y me dijo: "Señor Ministro, es peligroso pasar frente a la escuela, porque pueden disparar (por el lado del Gobierno, ya estaban los soldados del Primer Batallón tirados sobre el suelo apuntando los rifles hacia la Escuela)". Le dije: "No creo que se atrevan a eso, si ya están rodeados". A mi propio riesgo me dejaron pasar.

Cuando llegué a la Presidencial, me dijeron que se había recuperado el edificio de la Policía y que había cogido fuego, que todo estaba controlado y que estaban negociando con el coronel Velásquez para que se rindiera. Cuando todo estaba más o menos controlado, el Presidente me dijo: "Jorge, vamos a comer algo allá arriba". "Con gusto, doctor, porque no he desayunado ni almorzado". Nos sentamos en una mesa pequeña para cuatro personas, pero no me acuerdo quiénes eran las otras dos que nos acompañaban. En un momento el doctor se inclinó hacia mí y me dijo al oído, "fíjese que fulano de tal (un buen líder liberal) se asiló en la embajada de Venezuela". "Uy hombre —le dije—, ya se cayó ante el Partido y ante la opinión pública, qué barbaridad la que hizo". La comida que nos sirvieron era típica, la que le gustaba al doctor -y a mí también: frijoles fritos, huevos revueltos, queso, mantequilla rala, etcétera.

Al Presidente lo mantenían al tanto de las negociaciones con el coronel Velásquez, que no me acuerdo quién las llevaba a cabo. Después de transcurridas una o dos horas le informaron que el coronel Velásquez estaba asilado en la Embajada de Costa Rica. El doctor Villeda, para estar seguro de ello, nos pidió a Jack Agurcia, su Secretario Privado, y a mí, que fuéramos a confirmar si eso era cierto. Nos fuimos a la Embajada de Costa Rica. El señor Embajador, a quien le explicamos el motivo de nuestra visita, nos dejó entrar. Así de lejos, vimos al coronel Velásquez hojeando un libro en la biblioteca de la Embajada. El Embajador nos confirmó que era considerado como un asilado político.

Ya no me acuerdo a qué horas me fui a descansar a mi casa.

Debe haber sido por la media noche, ya cuando se tenía plena seguridad del fracaso de la intentona. Pero antes, con el capitán Melgar, me había tocado ir a visitar unos dos sitios de Tegucigalpa y Comayagüela, ocupados por las tropas del Primer Batallón.

III

Al día siguiente que nos reunimos con el Presidente, en Consejo de Ministros, se discutió si se declaraba el Estado de Sitio o no. Varios opinamos que no y explicamos que teníamos que dar muestras de que nos sentíamos seguros en el Gobierno, que no teníamos que dar muestras de debilidad y que más bien habría que darle la tranquilidad al pueblo hondureño y volver pronto a la normalidad. Que en nuestra opinión sería un error declarar el Estado de Sitio. Después de una corta discusión, el Presidente decidió no declararlo.

Lo que tengo presente es que en ese levantamiento nunca le dispararon a la Casa Presidencial —o si le dispararon fueron pocos tiros— ni a lugares cercanos a ésta... Lo que sí sucedió en aquel día del intento de golpe, o al día siguiente, fue que llegaron las tropas del coronel Andrés Espinoza (más conocido como Chaparral) que se habría movilizado desde Ojo de Agua, departamento de El Paraíso, y ocuparon el edificio de la Joyería Cantero. Algunos soldados, uno o dos días después del fracasado intento, creyeron ver movimientos sospechosos en el edificio del Hotel Lincoln que queda relativamente cercano y dispararon hacia aquel edificio. Pero todo fue falsa alarma porque allí no había tropas rebeldes.

Y, por último, para que se vea cómo actuaba el Presidente Villeda Morales, yo había sido compañero y amigo del coronel Tomás Martínez (más conocido como "Tomas Caquita") quien algunas veces nos acompañaba cuando íbamos de cacería con el doctor José Ramón Durón. Desafortunadamente, él se había unido al movimiento rebelde y había sido uno de los capturados al recuperar el cuartel de la policía. Alguien le había dado un culatazo en la cabeza —lo que indudablemente fue merecido— y estando en la Penitenciaría se le había infectado la herida y además era diabético. Un hijo o hija de él, no me acuerdo quién, me pidió que intercediera para que lo dejaron salir. Le pedí al doctor Villeda Morales, quien conocía bien a Tomás, que tal vez podría dejársele libre por razones humanitarias. Él me dijo: "Sí Jorge, hay que darle la libertad, ya para ir olvidando esas cosas. Lo único que les pido es que lo saquen de la Penitenciaria sigilosamente, en la noche, porque nuestros correligionarios si lo miran salir, podrían molestarse". Esto, para que se vea el buen corazón que tenía el doctor Villeda Morales.

Todavía está vivo el general Osvaldo López Arellano y él puede confirmar, agregar o variar lo que aquí he escrito, porque algo se me puede haber olvidado o no recordado correctamente, ya que esto sucedió hace más de cuarenta años. Escribo esta nota porque quiero dejar constancia de lo que vi y viví en esos momentos. Espero que mi memoria no me haya traicionado mucho.

Santa Rosa de Copán, 7 de febrero de 2001.

3

LOS PRECANDIDATOS DEL PARTIDO LIBERAL[321] UN ANÁLISIS DE LOS DIPLOMÁTICOS DE EUA EN HONDURAS

(...) Actualmente hay tres prominentes liberales trabajando abiertamente por la candidatura partidaria. El presidente del Congreso, Modesto Rodas Alvarado, el ministro de Trabajo, Óscar Flores y el ex ministro de Relaciones Exteriores, Andrés Alvarado Puerto. De éstos, Rodas Alvarado y Alvarado Puerto son considerados, actualmente, como los principales contendientes.

Rodas Alvarado ha trabajado callada y efectivamente para forjarse una fortaleza organizativa, usando como herramientas básicas su completo control sobre el Congreso Nacional y la casi absoluta lealtad que suscita entre los diputados. Ha buscado edificar con el apoyo del mismo grupo que llevó a Villeda Morales al poder y que ha dominado todas las convenciones del Partido Liberal, desde 1954. La fuerza de este grupo radica en la región occidental del país, donde la proliferación de municipios otorga a esa región un papel dominante en los asuntos partidarios. (En la Convención del Partido Liberal cada municipio tiene un voto, lo que le resta importancia en los asuntos partidarios a centros urbanos como San Pedro Sula y Tegucigalpa, muy importantes en otras facetas de la vida nacional.)

Se cree que Rodas ahora cuenta con promesas de respaldo de los departamentos de Ocotepeque, La Paz, Intibucá y Copán, lo que le daría una ventaja formidable en la Convención (...)

Hasta hace algunas semanas, parecía que la campaña de Rodas iba a una velocidad tal, que sería casi imposible detenerlo para cuando se reuniera la Convención. El único factor de peso que opera en su contra y esto no se veía como decisivo es la actitud de los militares, quienes lo consideran como una de las posibilidades liberales menos deseable. No obstante, han sucedido dos hechos significativos que pueden haber desacelerado la campaña de Rodas...

---

[321] Mensaje de la embajada de EUA en Honduras al Departamento de Estado, aerograma confidencial 908, 27 de noviembre 1962, 715.00/11- 2762, RG 59.

Se cree que, al menos por el momento, el presidente Villeda favorece a Alvarado Puerto (esto es admitido por los seguidores de Rodas). Con el prestigio e influencia de Villeda en su contra, Rodas no logrará fácilmente la mayoría en la Convención, a menos que pueda asegurarse nuevos e importantes aliados políticos.

La segunda desventura es su no encubierta acometida por el control político del Banco Nacional de Fomento. El intento por lograrlo no es nuevo, pero la magnitud de la ambición de Rodas fue evidenciada cuando obligó al Congreso a aprobar medidas que le otorgaban el control político sobre el relativamente independiente Banco Nacional de Fomento. El desenmascaramiento de este arrebato de poder, finalmente derrotado por un veto presidencial, le ha costado a Rodas el prestigio dentro de su propio partido, como la sospecha, si no la abierta oposición, del obrerismo organizado. Sus seguidores esperan que la polvareda causada por este hecho se aplaque rápidamente y que su papel en el mismo sea pronto olvidado.

En dos meses, Andrés Alvarado Puerto se ha levantado de las profundidades de la desesperación a su actual posición como uno de los principales contendientes. Sin embargo, su posición es precaria y descansa en leves ventajas. La más importante, es el favor aparente que al fin ha podido arrancar del presidente Villeda. Este favor fue concedido probablemente con renuencia, y puede que no tenga más base que el deseo de Villeda de entorpecer la marcha de Rodas hacia la candidatura. Su segunda ventaja radica en el control del Consejo Central Ejecutivo del Partido Liberal. Cuando Roque J. Rivera se retiró del Consejo, un seguidor de Alvarado Puerto ocupó su puesto, como miembro con derecho a voto. El control del Consejo es un excelente instrumento para posicionarse en la Convención, ya que éste nombra a los candidatos a diputados (...) La mayor debilidad de Alvarado Puerto es carecer del tipo de fortaleza que le asegura a un candidato los delegados a la Convención, pero ahora tiene dos herramientas para empezar a construir esa fortaleza. Por los momentos está ocupado regateando con otras figuras del partido que controlarán algunos delegados, como Roberto Martínez Ordóñez, un aspirante presidencial que ahora se muestra interesado en un arreglo.

Oscar A. Flores, el tercer precandidato es, sin duda, el más débil.

Aparentemente, en un inicio pensó que podía obtener la candidatura con base en una condición que, frecuente y exageradamente, se ha visto como necesaria para llegar a ser presidente: ser aceptado por los militares y la embajada americana. Ha buscado transformar lo que son esencialmente factores negativos en virtudes, asegurando a todos, en privado, que las FFAA y la Embajada lo apoyan activamente. Mientras tanto, ha fallado en construir una verdadera fortaleza organizativa y hasta hace poco parecía verla con desdén. Solamente en los pasados tres o cuatro meses ha hecho algún esfuerzo por controlar los consejos locales que nombrarán a los delegados a la Convención, pero, por lo general, ha sido rechazado. Ante estos rechazos, sus reacciones han sido, frecuentemente, petulantes y amenazadoras, y no ha vacilado en lanzar corrosivos ataques públicos contra aquellos que obstaculizan su candidatura.

Actualmente, el apoyo más fuerte a Flores proviene de Francisco (Paco) Milla Bermúdez, también un aspirante presidencial que ha abandonado sus aspiraciones al no ser aceptable para los militares. A pesar de muchos reveses políticos, Milla aún es una figura popular entre muchos liberales de base y, sin duda, controla algunos delegados que ha comprometido a favor de Flores. Su otro apoyo importante radica en el movimiento obrero organizado; sin embargo, existe considerable evidencia de que varios líderes obreros no son ardientes seguidores de Flores. Es difícil concebir la combinación de circunstancias que podrían, en los próximos cinco meses, catapultar a Flores a una posición dominante en la Convención de abril.

¿Qué desea Villeda?

Por largo tiempo, la Embajada ha creído que el presidente Villeda condiciona su actitud hacia un posible sucesor en términos de mantener la máxima influencia en los asuntos partidarios, con vista a su futuro retorno al poder. Este punto de vista aún parece válido, aunque las tácticas de Villeda para alcanzar tal fin parecen haber sufrido varios reveses. En criterio de la Embajada, el Presidente ha permitido con base en una aparente política de estricta neutralidad, a cada uno de los cinco o seis dirigentes liberales desarrollar su campaña haciendo acopio de un segmento de apoyo, pero ninguno en una posición dominante. Así, si la Convención se encontrara en un callejón sin salida, Villeda resolvería, posiblemente a favor de uno de los cinco, o quizá de un candidato inesperado, que sería un dócil instrumento en sus manos. (Esta última opción puede ser la óptima para Villeda pero, ciertamente, es la más difícil de lograr.)

Su primera maniobra en esa dirección fue el intento de incluir a todos los candidatos en el Consejo Central Ejecutivo. El plan fue trastornado, primero, por la negativa de Oscar Flores a aceptar un puesto. Luego, la constante disputa con Roque Rivera y sus liberales ortodoxos, que concluyó con el retiro de Rivera del Consejo y su expulsión del Partido, terminó con cualquier esperanza de mantener un balance imparcial. Además, desde el principio, Rodas Alvarado trastornó el balance mediante una vigorosa y parcialmente exitosa campaña para ganar los consejos locales y construir un fuerte bloque de delegados a la Convención (...)

En la improbable eventualidad de una Convención estancada, los candidatos que podrían ser nombrados a última hora son el ministro de Salud, Rafael Martínez Valenzuela; el presidente del Consejo Nacional de Elecciones, Roberto Martínez Ordóñez; el embajador en México, José Ángel Ulloa y, el designado presidencial Juan Miguel Mejía. Villeda ha dicho en privado que preferiría a Rafael Martínez como el candidato del partido, pero que éste no posee la (magia) política necesaria para ganar la postulación.

¿Qué clase de Presidente?

Asumiendo que uno de los tres principales contendientes sea seleccionado como el candidato liberal y que el partido tenga éxito en 1963, es útil un breve examen de los tres individuos. Flores, Rodas y Alvarado Puerto son liberales orientados ideológicamente hacia el centro-izquierda, pero capaces de amplias fluctuaciones según lo demande la ocasión. Hay poca evidencia en la actividad pública de los tres que indique que son procomunistas o revolucionarios. Los tres son esencialmente políticos oportunistas -dentro de ciertas limitantes- y cabe esperar que, ya en la presidencia, continuarán con el mismo programa de desarrollo económico y social iniciado por Villeda.

De los tres, Rodas es, probablemente, el de personalidad más fuerte. Tiende a ser un encarnizado militante liberal, demagogo, y recuerda mucho la imagen de un caudillo latinoamericano. Muchos de sus seguidores, y la mayoría de los nacionalistas, piensan que él emplearía el sistema del botín para construir una poderosa maquinaria personal y para destruir a cualquier nacionalista que aún quede en el gobierno... se sabe que estuvo en desacuerdo con las políticas financieras conservadoras seguidas por el gobierno de Villeda bajo el liderazgo del ministro de Hacienda, Jorge Bueso Arias, y el presidente del Banco Central, Roberto Ramírez. Sin embargo, en meses recientes, ha modificado su imagen pública: sus discursos son más moderados y omite la clase de referencias hacia los nacionalistas que les ponían los pelos de punta; ha hecho saber a la Embajada que es decididamente anticomunista y opuesto a la influencia comunista en los asuntos del Partido Liberal; y hay indicios de que ha cambiado de opinión respecto a las políticas financieras, tal vez a cambio del apoyo de Bueso —quien tiene una importante base política en el departamento de Copán—, y tal vez en ajuste con la realidad de tratar con la comunidad financiera internacional en lo relativo a los planes hondureños de desarrollo. También, por medio de su patrocinio a la nueva Ley de Petróleo y su cooperación con la Pure Oil Company, ha buscado hacerse la reputación de que favorece la inversión extranjera. Físicamente, Rodas es un hombre alto, con voz sonora; sería, sin duda, el mejor colector de votos que los liberales podrían tener, aunque en la actualidad no parece suscitar ninguna particular atracción entre las masas.

Alvarado Puerto es un individuo muy inteligente y de mente ágil. A pesar de su pasada asociación con la Legión del Caribe y el régimen de Árbenz, en Guatemala, se cree que no posee ningún compromiso ideológico con la izquierda. Es, probablemente, el más oportunista de los tres y el más habilidoso para adaptarse a los vientos de cambio, con rapidez y agilidad. Ahora es moderado políticamente y, de acuerdo con sus declaraciones, un firme anticomunista. Es un orador efectivo y buen organizador y, si le fuera políticamente útil, podría dejar su partidarismo a favor de gestos conciliatorios hacia la oposición nacionalista, tal como lo ha insinuado. Con relación al débito, Alvarado Puerto tiene problemas financieros y con frecuencia se rumora que está involucrado en actividades sospechosas para reforzar su declinante fortuna. Tal vez el muy generoso salario presidencial solucionaría sus problemas y obviaría la necesidad de utilizar las ventajas del puesto para su engrandecimiento personal. También Alvarado Puerto tiene la reputación de perezoso y, probablemente, bebe más de lo que debiera.

Flores, como ministro de Trabajo, tiene un excelente récord bajo la Administración Villeda por el manejo honesto y razonablemente imparcial de los asuntos laborales. Es muy inteligente y capaz en su exposición verbal, aunque no tan hábil políticamente como sus competidores. Por convicción es, de los tres, el más cercano al centro político. Pese a esto, ha tratado de utilizar a amigos comunistas para avanzar en su carrera política en meses recientes. La explicación es sencilla: Flores está perdiendo la batalla y está muy marginado de la maquinaria organizativa del Partido Liberal; por tanto, está aceptando ayuda de cualquier fuente, sin ningún escrúpulo. Similarmente, hizo un arreglo con Roque Rivera, un virulento anticomunista y mucho más conservador que él, con la esperanza de romper la maquinaria del partido que lo adversa. Un factor muy importante en su contra es su matrimonio con Margarita Facussé, miembro de la colonia Árabe-Hondureña. Aunque la mayoría de los árabes son ciudadanos hondureños, no son ampliamente aceptados como tales y, políticamente, son vistos como intrusos. Flores, como presidente, sería sin duda un administrador capaz, pero quizá no sea capaz de suscitar en los miembros de su propio partido el tipo de lealtad política que es esencial para una exitosa administración.

Los comunistas bajo un presidente liberal

Una constante e importante pregunta se refiere a la actitud de los tres precandidatos hacia el comunismo. Como antes se indicó, los tres se autodefinen como anticomunistas y los tres, según se afirma, en algún momento tuvieron conexiones con los comunistas, principalmente en Guatemala en tiempos del gobierno de Árbenz.

Se cree que Rodas, actualmente, emplea a un exiliado nicaragüense procomunista en su bufete; Flores, como ya se dijo, no ha mostrado mucha discreción en utilizar a los comunistas para avanzar hacia su candidatura. Alvarado Puerto es quien, recientemente, ha mostrado mayor sensibilidad hacia el tema y ha sido el más franco, en conversaciones con funcionarios de la Embajada, respecto a la necesidad de controlar a los comunistas locales y de adoptar una fuerte línea anticomunista a escala internacional, especialmente contra Cuba. La actitud de Alvarado Puerto puede no obedecer tanto a un asunto de convicción, sino de agilidad para juzgar el temple de los tiempos. Probablemente piensa que la marea está en contra de Fidel Castro y que los comunistas locales, si bien a veces útiles al Partido Liberal, son también una carga y no son aliados enteramente confiables. Probablemente ninguno de los tres esté profundamente convencido de que existe un real peligro comunista en Honduras, como tampoco Villeda lo ha estado.

Ya que, esencialmente, los tres son políticos prácticos más que teóricos, es probable que sus actitudes hacia los comunistas locales variarían con las acciones de estos y con el clima internacional. Un cambio pronunciado, como el resurgimiento de la influencia de Castro en América Latina y una consecuente reducción del prestigio de los Estados Unidos, o la captura del poder por un movimiento del tipo castro-comunista en Guatemala, Nicaragua o El Salvador afectaría profunda y adversamente sus actitudes hacia los comunistas locales (...)

La actitud de un futuro presidente del Partido Liberal hacia los comunistas también estará significativamente condicionada por la campaña presidencial. Si los nacionalistas presentan un candidato muy popular (muchos consideran que el ex presidente Gálvez llenaría este requisito), un candidato liberal puede verse obligado a proteger su flanco izquierdo por medio de algún arreglo con los comunistas. En criterio de la Embajada, tal arreglo no sería vital para el Partido Liberal, pero los analistas liberales pueden pensar de manera diferente.

Un presidente liberal y la Alianza para el Progreso

Las posibilidades de un presidente liberal en Honduras estarán íntimamente enlazadas con la Alianza para el Progreso, más que las del gobierno de Villeda y tal vez más que las de un presidente nacionalista. El presidente Villeda ha sido capaz de generar un clima político de libertad y reformas sociales como lo más notable de su período, soslayando a la vez que el progreso económico es difícil y apenas evidente. (Los efectos económicos de algunos proyectos que se están implementando, como construcción de carreteras, energía hidroeléctrica y educación no se harán sentir hasta después de 1963.) La siguiente administración tendrá que enfrentarse con los problemas de desempleo, la ausencia de una significativa inversión extranjera y un crecimiento poblacional más rápido que el del producto nacional bruto.

La solución a estos problemas, por supuesto, dependerá en gran medida de la asistencia de la Alianza para el Progreso y ningún nuevo presidente podrá desconocer esto (...) Sin embargo, si la tarea en Honduras resulta estar más allá de la capacidad de la Alianza y del Gobierno, cualquier presidente liberal estará bajo enorme presión, que lo desplazaría hacia la izquierda revolucionaria, y con toda probabilidad se deslizaría en esa dirección. (Un régimen nacionalista, ante una situación similar, puede reaccionar de manera muy diferente, empleando tácticas de represión política para controlar la agitación y, con ello, la emergencia de elementos izquierdistas dentro del Partido Liberal y tal vez una revolución incontrolable.)

Para el Embajador

PETER D. CONSTABLE
Segundo Secretario
CONFIDENCIAL

4

CARTA DE LOS CAMPESINOS DE MONJARÁS AL PRESIDENTE VILLEDA[322]

Aldea de Monjarás, 6 de marzo de 1960.
Excelentísimo Sr. Presidente de la República
Dr. Ramón Villeda Morales.

Con el mayor respeto dirigimos a usted esta humilde súplica. Deseando y pidiendo se nos conceda la petición que nosotros hacemos. Es que se nos reparta la tierra que... no nos quieren dejar trabajar. También le manifestamos a Usted que vino aquí el Ing. Fernando Lanza con una Orden Escrita diciendo que Usted lo había enviado a Remedir dichas tierras, y nosotros no permitimos la Remedición porque la tierra ya está medida, y nos pertenece legalmente.

La súplica que le hacemos es porque no tenemos donde trabajar. Estamos con grave necesidad somos muy pobrecitos y esperamos de Ud. que cuando se haga la distribución de la tierra se le de Publicidad por la Radio. Si es posible para estar poseídos de la verdad. También le manifestamos que hace varios meses metieron a la cárcel a los compañeros Feliciano Núñez, Luis Núñez y Concepción Rodríguez quienes se encuentran en la cárcel de Choluteca por orden del Presidente del Congreso Modesto Rodas Alvarado; ellos se encuentran detenidos injustamente Únicamente por defender la Tierra y se pide su libertad Inmediata.

Sin más de Ud. Sus att. s.s.
EL PUEBLO.

Hay un sello que dice: "Organización Campesina para la Defensa de la Tierra y Bienestar Social". Aldeas Monjarás y Marcovia. Firmas.

---

322 Esta carta, respetando la ortografía original, al igual que aquí, fue publicada en El Cronista el 30 de marzo de 1960, pp. 1-2.

5

INFORME SOBRE LA ENTREVISTAS DEL GENERAL BOGART CON LÓPEZ ARELLANO[323]

De: Embajada Americana en Tegucigalpa
A: Ruehcr/Secretario de Estado, Washington D.C.
Desde: Tegucigalpa, 2 de octubre, 5 p.m.
(Secreto)

A continuación, un resumen de la conversación entre el general A Theodore F. Bogart y el coronel López, que se llevó a cabo esta mañana. Un informe completo será elaborado por el general Bogart al regresar a Panamá.

El general Bogart, quien fue bien recibido por López, empezó presentando las opiniones contenidas en OSD 0118154, expresando al mismo tiempo su particular preocupación respecto a la situación. Adicionalmente destacó que el golpe, en este momento, no sería entendido y que ningún régimen democrático podría aceptarlo como justificado. En respuesta, López afirmó que todos estos puntos habían sido seriamente tomados en cuenta, pero que no veía alternativa a la acción previa a las elecciones.

La discusión, que duró una hora, aparentemente no cambió el punto de vista de López respecto a las acciones que debía adoptar.

Su única concesión a los repetidos argumentos del general Bogart en contra del golpe, fue la promesa de hablar con al presidente Villeda Morales, en un último esfuerzo por alcanzar un arreglo. Expresó pesimismo respecto a cualquier resultado positivo (yo le informé a Villeda esta mañana sobre las repercusiones del rumor de golpe en Honduras en el Senado, de parte de los senadores Morse, Humphrey, Javits, Cruening, con base en telecomunicación con Fisher. También le enfaticé nuevamente la importancia de reunirse con López y otros...).

Durante la conversación, López esgrimió en su defensa la

[323] Tegucigalpa, 161 Pol 2 Hond., RG 59. La ortografía original, propia de los cablegramas, se ha enmendado para facilitar su lectura (N. del E.).

amenaza de una Guardia Civil armada, que caracterizó como milicia política y como un hecho que muchos miembros del Partido Liberal habían sido armados por la administración Villeda Morales. Claramente, evidenció que no tenía fe en Villeda Morales ni en el candidato del Partido Liberal, Rodas Alvarado. Reveló que había estado en contacto con Cubas Turcios, nuevo jefe de la Guardia Civil, encontrándolo cooperador, pero incapaz de adoptar una acción efectiva, debido a que elementos de la Guardia Civil reciben instrucciones de políticos liberales. También manifestó temor a que, después de las elecciones, el Partido Liberal aboliría el ejército y fortalecería la Guardia Civil por medio de nombramientos políticos para asegurar el control del Partido Liberal.

Si bien el general Bogart piensa que sus esfuerzos fueron bien recibidos por López, al considerarlos consejos de un amigo, tiene dudas de que esté preparado para cambiar su posición, aunque fue persuadido a hacer un intento adicional para llegar a un compromiso con Villeda Morales.

Con relación a la cena que Villeda ofrecerá mañana a oficiales de las Fuerzas Armadas, el general Bogart y yo acordamos que su presencia sería contraproducente y daría pie a especulaciones desfavorables respecto a la actitud de los Estados Unidos.

El general Bogart regresó a Panamá a las 3:15 p.m.

Nota: Se transmitió a la Casa Blanca el 2 de octubre de 1963, a las 9:15 p.m.

CATÁLOGO COLECCIÓN ERANDIQUE

Erandique Historicos
BIOGRAFÍA DEL GENERAL FRANCISCO MORAZÁN
CENSOS ANTIGUOS DE LA REPÚBLICA DE HONDURAS HASTA 1889
ANTONIO R. VALLEJO
HISTORIA DE HONDURAS
ARCHIVOS DE PRENSA (1874-1890)
DOCUMENTOS SOBRE LÍMITES ENTRE HONDURAS Y NICARAGUA (1938)
ARCHIVOS OFICIALES
HONDU REÑIS MOS
ALBERTO MEMBREÑO
SOÑABA EL ABAD DE SAN PEDRO Y YO TAMBIÉN SÉ SOÑAR
JOSÉ C. DEL VALLE
MORAZÁN
LORENZO MONTÚFAR
MORAZÁN, EL PADRE TRINO Y OTROS ENSAYOS
RAMÓN ROSA
RESUMEN ESTADÍSTICO DEL DEPARTAMENTO DE GRACIAS (1857)
JOSÉ MARÍA CACHO
HONDURAS, BOLÍVAR, NAPOLEÓN Y OTROS ESCRITOS
JOSÉ C. DEL VALLE
LA CONQUISTA Y COLONIZACIÓN DE HONDURAS (1502-1550)
ROBERT S. CHAMBERLAIN
BOLETÍN DE LA DEFENSA NACIONAL (1924)
FROYLÁN TURCIOS
CRÓNICAS DE LA GUERRA CIVIL DE 1924
EL NEGOCIO VALENTINE: EL FERROCARRIL NACIONAL Y EL MUELLE Y FARO DE PUERTO CORTÉS (1911)
DIARIO EL OBSERVADOR
VIDA Y HECHOS DEL GENERAL SANTOS GUARDIOLA
ESTEBAN GUARDIOLA
LA CÁRCEL Y MIS CARCELEROS
(PRESO EN LOS TIEMPOS DE CARÍAS)
SALOMÓN M. SANABRIA
@Coleccionerandique
www.erandique.com

Erandique Historicos
EL COMBATE DE EL OBRAJUELO (1845)
GUSTAVO A. CASTAÑEDA
NOCIONES DE FORTIFICACIÓN DE CAMPAÑA
ABEL VILLACORTA
FAMILIAS DE ALCURNIA EN LA HISTORIA HONDUREÑA
PATRICIA E. CASTILLO
Erandique Literatura
JUAN RAMÓN MOLINA
EL VAMPIRO Y CUENTOS DE MISTERIO
FROYLÁN TURCIOS
PROSAS
JUAN RAMÓN MOLINA
MEMORIAS
FROYLÁN TURCIOS
LAS PASTORELAS
JOSÉ TRINIDAD REYES
CUENTOS DEL AMOR Y DE LA MUERTE
FROYLÁN TURCIOS
HONDURAS LITERARIA
RÓMULO E. DURÓN
REPOLLOS Y REYES
(CABBAGES AND KINGS)
O. HENRY
Erandique Gráficos
LEMPIRA
@Coleccionerandique
www.erandique.com

Astria Ediciones
Julio Verne
Jane Austen
@Coleccionerandique
www.erandique.com

www.ingramcontent.com/pod-product-compliance
Lightning Source LLC
Chambersburg PA
CBHW050751150726
48196CB00004B/423

* 9 7 9 8 8 9 2 6 7 0 3 3 3 *